新编中国文化产业政策法规与典型案例评析

于小涵　林日葵　编著

浙江工商大学出版社 | 杭州
ZHEJIANG GONGSHANG UNIVERSITY PRESS

图书在版编目(CIP)数据

新编中国文化产业政策法规与典型案例评析 / 于小涵,林日葵编著. —杭州:浙江工商大学出版社, 2017.11(2022.1 重印)

ISBN 978-7-5178-2312-4

Ⅰ. ①新… Ⅱ. ①于… ②林… Ⅲ. ①文化产业—产业政策—研究—中国②文化产业—法律—研究—中国 Ⅳ. ①G124②D922.164

中国版本图书馆 CIP 数据核字(2017)第 209873 号

新编中国文化产业政策法规与典型案例评析
XINBIAN ZHONGGUO WENHUA CHANYE ZHENGCE FAGUI YU DIANXING ANLI PINGXI

于小涵　林日葵　编著

责任编辑	王　耀　白小平
封面设计	林朦朦　喻　康
责任印制	包建辉
出版发行	浙江工商大学出版社
	(杭州市教工路 198 号　邮政编码 310012)
	(E-mail:zjgsupress@163.com)
	(网址:http://www.zjgsupress.com)
	电话:0571 - 88904980,88831806(传真)
排　版	杭州朝曦图文设计有限公司
印　刷	广东虎彩云印刷有限公司绍兴分公司
开　本	710mm×1000mm　1/16
印　张	16.5
字　数	262 千
版 印 次	2017 年 11 月第 1 版　2022 年 1 月第 6 次印刷
书　号	ISBN 978-7-5178-2312-4
定　价	48.00 元

前　言

　　文化产业政策与法规是文化产业极其重要的组成部分,它从政策与法制的层面规范文化产业的健康发展。从我国近几年来发展的情况看,文化产业已经逐步成为国家的一个支柱产业。在这种历史背景下,文化产业政策与法规在文化产业中的作用显得越来越重要,已成为国家法律体系中调整产业发展的"稳压器"。

　　从导向性来看,文化产业政策与法规是在规范的前提下推动着文化产业的有序发展。文化产业与其他产业不同,它不仅有物质的属性,还有精神的属性,直接起到文化引领、文化教育的作用。在这样的情况下,文化产业政策与法规的导向性反映了国家文化产业的商业思维、商业逻辑与商业模式,体现的是一种"软实力"。

　　从文化产业政策与法规的连续性来看,随着我国文化产业的创新发展,新业态、新内容、新产品不断出现,需要制定新的政策与法规,使文化产业政策与法规的内容体系得以不断丰富。

　　由此看来,文化产业政策与法规是发展文化产业的一个基本而重要的问题,无论是从文化产业的产业组织、产业结构、产业关联,还是从产业布局与产业发展来看,都跟文化产业的政策与法规密不可分。因此,政策与法规对我国文化产业的发展既有导向的意义,又有规范性的作用。

　　为了使大家深入学习我国文化产业政策法规的历史和现状,本书主要从两个层面进行分析:一是文化产业政策,二是文化产业法规。这样的划分是为了使大家更好地认识文化产业政策与法规的问题。当然,本书将政策与法规作为并列的研究范畴也存在着一些问题。比如说,在我国,文化产业法规的发展还是滞后的,更多的行业规范和规划依靠政策来调整,尤其是在有些情况下,政策与法规也很难进行明确的区分,有的本身就交织在一起,有的既是政策,又起到法规的作用。从这个意义上来说,本书这样的划分可能不一定完全合理,但还是符合目前我国文化产业政策与法规发展现状的,也并不影响大家对文化产业政策与法规的认识和理解。所以,本书仍然将政策与法规综合纳入,这样可以帮助大家学习、认识和理解文化产业政策与法规的问题。

于小涵　林日葵

2017 年 7 月 6 日

目　　录

第一章 文化产业政策与法规概述

第一节 文化政策的历史发展

文化政策是国家在文化艺术、新闻出版、广播影视、文物博物等领域实行意识形态管理、行政管理和经济管理时所采取的一整套制度性规定、规范、原则和要求的总称，是有别于教育政策、科技政策的一种政策形态。文化政策的产生、形成和发展是一个历史过程。它既是文化现象，又是政治现象，是文化政治现象的综合；它既是精神现象，也是制度管理行为，是精神现象领域管理的规范和要求。

文化是人类的一种生存方式和行为方式，是人类文明成果的承载，同时也是文明本体运动的表现，更多地体现在实践意义而非描述意义上。相对于满足生存需要而从事的物质的获取行为而言，文化行为不仅是人的物质行为方式从盲目获取走向自觉生产的提升，同时也是对人的物质行为关系的规范整理。原始社会没有私有制，没有阶级对立和作为阶级统治工具的国家，却有协调人与人之间相互关系的行为准则，这就是氏族公社内部形成和实行的原始民主文化——一种被社会公众所共同享有的习俗和习惯，它以血缘关系和原始公有制为基础，反映全体氏族的集体意志和利益，成为全体氏族成员生存和发展的共同需要。因而，遵守氏族公共事务的管理权威，就成为每个氏族成员应当履行的事务。

虽然在氏族中，个体的行为可能千变万化，但总体行为却有一定的规律可循。绝大多数氏族社会行为总是存在"共同享有的习俗和习惯"，即在文化可以接受的限度之内。习俗和习惯作为一种原始民主文化，成为限制个人行为变异的一个主要和重要因素，从这个意义来说，文化具有规范和约束的意义。不论是在行为还是心理的意义上,文化都是人类的生存方式和实践方式,也是对人类行为从无序走向有序的一种自然化规范过程。

人类从蒙昧走向野蛮,又从野蛮走向文明,就是从行为和生存方式的盲目走向自觉,从无政府走向有组织的过程。正是这种组织行为和组织过程,合成了巨大的物质生产力,实现了人对自然的把握,把人类社会推向前进。这是一种一旦形成便以不可遏止的惯性作用而产生的互为因果的加速过程。

上升到文化本体的层面上,文化行为则又需要在自己的领域中接受规范。因为文化作为精神文明也要生存和发展,并且获得与物质同样重要的价值。如果说,作为一种生存方式,文化是对人的物质行为规范的集体无意识行为,那么,对文化行为的规范——各种价值观念体系及制度保障,则是人类自觉的集体有意识行为。因为人类已经通过实践历史性地意识到和感觉到,对物质行为规范和约束的结果是社会的进步和生产力的解放与发展,是使人的物质行为合规律性和合目的性。因此,作为一种更高层次的生存方式,对文化行为的整理和规范并使之上升到规则的理性形态上,不但成为人的自我提升和解放的不断需要,而且也成为社会进步和人类文明发展必不可少的条件和动力。

所以,文化政策的发生和起源不是基于某种外在于文化的力量,而是文化自身为寻求生存和发展而产生的一种需要的结果,一种文化的自我规范和约束,一种历史的约定俗成,是整个人类文明走向规范和有序的文化关系的反映。

法国著名国际事务专家路易·多洛(Louis Dolor)在描述现代国际文化关系的历史演变过程时提出:从 20 世纪以来,文化领域已发生了三次革命。第一次革命是文化发展由自发状态转向要求国家参与。国家不仅要对国民的文化生活做出一定的安排,给予必要的指导,还要建立相应的机制和制定相应的文化政策。第二次革命是随着再现手段和传播技术的发展,人民大众真正获得享受文化财富的权利,人与人之间的智力联系和精神联系得到空前的增强。第三次革命是国际文化合作,文化给予与接受汇合而成的文化互惠成为主导潮流。按照这一理论,文化政策的制定属于第一次文化变革。虽然人类的这一次文化变革有一个相当长的历史过程,其起始阶段距今也相当久远,而并不如多洛所说的那样,是"从 20 世纪以来"

才发生的,但是,把国家对文化的参与,对文化生活的安排、指导和制定相应的文化政策看作是文化走出"自发状态"的标志性革命,则是一个深刻的见解,从而在政策科学的意义上提出了文化政策发生和文化政策性质构成的政治学基础——国家行为。

国家通过对文化行为的方向和目标的有效规范,实现对文化的统治权,包括国家关于文化建设、文化发展的战略性规定,即国家文化策略。正是这两个方面的相互作用生成的合力,使规范得以具体落实,推动和引导一定历史时期文化发展和文化运动的走向和格局。

文化政策概念的形成,要比文化政策的实践滞后得多。西方国家最初没有"政策"这个概念。现在的Policy(政策)是随着近代资本主义的发展,从Politics(政治)中派生出来的,而"文化政策"概念的提出则更晚。在中国,"政策"和"文化政策"这两个概念,也是近代从日本传入中国的。"政策"和"策略"作为马克思主义的科学概念并成为政治科学和政策科学的通用术语,大约形成于19世纪80年代。把马克思主义关于"政策"和"策略"的概念、理论运用于中国的实际,并以西方现代政策科学理论中的合理因素研究中国的政策科学和文化政策学,则始于20世纪80年代中期。

第二节 文化产业政策的历史发展

文化产业政策是文化政策的一部分,是市场经济条件下政府对文化进行宏观调控的重要手段。要求着眼于调整文化产业结构和布局,改革文化管理体制和文化运行机制,以推动文化产业的全面发展,增强文化产业的市场竞争力。

一、文化产业政策的早期发展

中华人民共和国的前30年中,文化一直是意识形态的主要部分。在行政体制上,文化作为党和人民的事业受到党政双重管理。在组织体制上,它属于党的宣传部门,主要执行宣传党的方针政策的任务;在经费上,主要由政府财政拨款,是由国家全资投资的事业单位,文化从业人员几乎全部都是在编的国家干部;在文化消费上,文化产品虽然一般是以商品的形式通过流通渠道到达受众方,但是文化经营单位并不以营利为目的。

当代中国文化产业的起步可以追溯到改革开放之初的 1979 年。当时,广州东方宾馆开设了国内第一家音乐茶座。随后营业性舞厅等经营性文化活动场所在全国各大城市陆续出现,我国产生了真正的文化市场。

随着我国社会主义市场经济体制的确立,文化也开始了由事业向产业、由自发向自觉的艰难转变。20 世纪 80 年代,自发性的文化产业是随着流通领域突破国有经营管理体制开始兴起的。1981 年,基层文化单位开展了"以文补文"的文化生产经营活动。1983 年开始,全国文化事业单位试行以承包经营责任制为主要形式的体制改革。改革开放以后,由于市场经济的发展,文化行业的书刊发行、销售环节,以及文化娱乐业率先进行了产业化经营。

1985 年,国务院转发国家统计局《关于建立第三产业统计的报告》,把文化艺术作为第三产业的一个组成部分列入国民生产统计的项目中,这事实上确认了文化艺术可能具有的"产业"性质。1987 年初,文化部、财政部和国家工商局联合颁发了《文化事业单位开展有偿转换服务和经营活动的暂行办法》,这是文化事业向文化产业转换的起点。

1987 年 2 月,文化部、公安部、国家工商局联合发出了《关于改进营业性舞会管理问题的通知》,其中第一项就明确了举办营业性舞会的合法性,文化经营活动正式成为我国社会主义文化事业的合法组成部分。

1988 年,文化部、国家工商局联合发布了《关于加强文化市场管理工作的通知》,不仅在政府文件中首次出现了"文化市场"字眼,而且对众说纷纭的文化市场的范围、管理原则和任务等做出了界定。

1991 年,国务院批转《文化部关于文化事业若干经济政策意见的报告》,正式提出了"文化经济"的概念。1992 年,江泽民同志在党的十四大报告中明确提出要"完善文化经济政策"。1992 年 6 月 16 日,《中共中央国务院关于加快发展第三产业的决定》(以下简称《决定》)把"文化卫生事业"当作了加快第三产业发展的重点。《决定》指出,我国国民经济已经进入第三产业迅速发展的时期,发展第三产业对于优化国民经济结构,深化体制改革,增加就业,满足人民群众日益增长的物质和文化生活需要具有重大的战略性意义。此后,以加快发展第三产业为主要标志,深化改革和促进产业结构提升一直是中国经济发展战略的基本特点,文化产业就是在这个大的背景下进入发展轨道的。同年,国务院办公厅综合司编辑出版了《重大战略决策——加快发展第三产业》一书,提出"在改革开放中发展文化产业",全面阐述了对于文化产业的政策性意见。

1999年,九届人大二次会议的《政府工作报告》和《关于1998年国民经济和社会发展计划执行情况与1999年国民经济和社会发展计划草案的报告》中,明确提出要"积极引导居民增加文化、娱乐、体育健身和旅游等消费,拓宽服务性消费领域","推动文化、体育、非义务教育和非基本医疗保健的产业化"。文化产业第一次被正式纳入国家发展计划的政策视野。

二、文化产业政策的中期发展

2000年10月,中国共产党第十五届中央委员会第五次全体会议通过的《中共中央关于制定国民经济和社会发展的第十个五年计划的建议》提出,要"深化文化体制改革,建立科学合理、灵活高效的管理体制和文化产品生产经营体制……完善文化产业政策,加强文化市场建设和管理,推动有关文化产业发展",要"推动信息产业与文化产业的结合",文化产业发展和建设问题被首次列入了我国国民经济和社会发展的文件中。2001年3月,这一建议为九届人大四次会议所采纳,并正式被纳入"十五"规划纲要。"文化产业"第一次正式进入党和国家政策性文件,发展文化产业成为我国下一个阶段国民经济和社会发展战略的重要组成部分。

2002年11月,党的十六大报告中明确提出要积极发展文化产业,要坚持"一手抓繁荣、一手抓管理的方针,健全文化市场管理体系,完善文化市场管理体制,为繁荣社会主义文化创造良好的社会环境","发展各类文化事业和文化产业都要贯彻发展先进文化的要求,始终把社会效益放在首位。国家支持和保障文化公益事业,并鼓励它们增强自身发展活力。坚持和完善支持文化公益事业发展的政策措施,扶持党和国家重要的新闻媒体和社会科学研究机构,扶持体现民族特色和国家水准的重大文化项目和艺术院团,扶持对重要文化遗产和优秀民间艺术的保护工作,扶持老少边穷地区和中西部地区的文化发展。加强文化基础设施建设,发展各类群众文化。积极推进卫生体育事业的改革和发展,开展全民健身运动,提高全民健康水平,努力办好2008年奥运会。发展文化产业是市场经济条件下繁荣社会主义文化、满足人民群众精神文化需求的重要途径。完善文化产业政策,支持文化产业发展,增强我国文化产业的整体实力和竞争力"。

在党的十六大明确提出大力发展文化产业之后,国家集中出台了一系列加快文化体制改革和鼓励各种经济成分共同发展文化产业的规定。如2003年6月,全国文化体制改革试点工作会议在北京召开,按照党的十六大关于深化文化体制改革的要求,会议专门研究部署了文化体制改革试点工作,为制定文化体制改革总体方案、推动文化体制改革做准备。2003年10月,党的十六届三中全会通过的《中共中央关于完善社会主义市场经济体制若干问题的决定》,开始将文化产业列入国民经济的重要产业,纳入国民经济发展总体规划,文化产业的战略地位得到了进一步确立。

2005年初国务院下发《国务院关于鼓励支持和引导个体私营等非公有制经济发展的若干意见》之后,《国务院关于非公有资本进入文化产业的若干决定》也公布实施,使得非公有资本进入文化产业既具备了理论依据,也具备了现实和法律依据。与此同时,文化部、国家广电总局、新闻出版总署制定了具体实施办法,明确了国家鼓励、允许、限制和禁止投资的产业目录。

2005年10月11日,中国共产党第十六届中央委员会第五次全体会议通过了《中共中央关于制定国民经济和社会发展第十一个五年计划的建议》,将积极发展文化事业和文化产业,深化文化体制改革,完善文化产业政策作为"十一五"期间丰富人民群众精神文化生活,推进社会主义和谐社会建设的重大措施。

2006年8月5日,中共中央办公厅、国务院办公厅印发了《国家"十一五"时期文化发展规划纲要》(以下简称《"十一五"纲要》)。《"十一五"纲要》明确了优先发展公共文化服务和公益性文化事业,积极稳妥地推进文化体制改革的基本战略思想。《中华人民共和国国民经济和社会发展第十一个五年规划纲要》提出要大力提倡和扶持文化创新,突出内容创新的核心地位,以科技与文化的融合提升国家文化自主创新能力和文化竞争力。

2009年3月,财政部、海关总署、国家税务总局联合发布了《关于文化体制改革中经营性文化事业单位转制为企业的若干税收政策问题的通知》和《关于支持文化企业发展若干税收政策问题的通知》(以下简称《税收通知》),这些改革配套政策的出台,为深入开展文化体制改革提供了新的政策保障。

税收优惠政策主要包括：第一，重点支持经营性文化事业单位转制。《税收通知》要求，经营性文化事业单位转制为企业，自转制注册之日起免征企业所得税。由财政部门拨付事业经费的文化单位转制为企业，自转制注册之日起对其自用房产免征房产税。《税收通知》同时规定，党报、党刊将其发行、印刷业务及相应的经营性资产剥离组建的文化企业，自注册之日起所取得的党报、党刊发行收入和印刷收入免征增值税。对经营性文化事业单位转制中资产评估增值涉及的企业所得税，以及资产划转或转让涉及的增值税、营业税、城建税等实行适当优惠政策。第二，积极推动已转制文化企业的发展。从事电影制片、发行、放映的电影集团公司、电影制片厂及其他电影企业取得的销售电影拷贝收入、转让电影版权收入、电影发行收入以及在农村取得的电影放映收入免征增值税和营业税。对于为生产重点文化产品而进口国内不能生产的自用设备及配套件、配件免征进口关税。第三，鼓励文化企业"走出去"。出口图书、报纸、期刊、音像制品、电子出版物、电影和电视完成片按规定享受增值税出口退税政策。文化企业在境外演出从境外取得的收入免征营业税。第四，支持技术创新。在文化产业支撑技术等领域内，依据相关规定认定的高新技术企业，减按15%的税率征收企业所得税。文化企业开发新技术、新产品、新工艺产生的研究开发费用，允许按税法在计算应纳税所得额时加计扣除。《税收通知》还对18类可以享受税收优惠政策的文化企业进行了界定。

2009年7月22日，国务院常务会议讨论并原则通过了《文化产业振兴规划》，9月26日正式发布实施的《文化产业振兴规划》（以下简称《振兴规划》）主要分为5个部分。

（1）加快文化产业振兴的重要性和紧迫性。《振兴规划》提出，文化产业是市场经济条件下繁荣发展社会主义文化的重要载体，是满足人民群众多样化、多层次、多方面精神文化需求的重要途径，也是推动经济结构调整、转变经济发展方式的重要着力点。党的十六大以来，党中央、国务院高度重视发展文化产业，采取了一系列政策措施，深入推进文化体制改革，加快推动文化产业发展。国有经营性文化单位转企改制取得重要进展，涌现出一批具有较强实力和竞争力的文化企业和企业集团，文化产业规模逐步壮大，以公有制为主体、多种所有制共同发展的文化产业格局初步形成。文化"走出去"步伐加快，文化进出口贸易逆差逐步缩小，我国文化产业的国际竞争力不断增强。总的来看,我国文化产业呈现出健康向上、蓬勃发展的良好态势,正在成为推动社会主义文化大发展大繁荣的重要引擎和经济发展新的增长点。

(2)指导思想、基本原则和规划目标。《振兴规划》提出3个方面内容。

①指导思想。全面贯彻党的十七大精神,坚持以邓小平理论和"三个代表"重要思想为指导,深入贯彻落实科学发展观,紧紧围绕《国家"十一五"时期文化发展规划纲要》确定的文化产业发展的各项目标任务和当前文化体制改革的重点,大力培育市场主体,加快转变文化产业发展方式,进一步解放和发展文化生产力,切实维护我国文化安全,推动文化产业又好又快发展,将文化产业培育成国民经济新的增长点。

②基本原则。坚持把社会效益放在首位,努力实现社会效益和经济效益的统一;坚持以体制改革和科技进步为动力,增强文化产业发展活力,提升文化创新能力;坚持走中国特色文化产业发展道路,学习借鉴世界优秀文化,积极推动中华民族文化繁荣发展;坚持以结构调整为主线,加快推进重大工程项目,扩大产业规模,增强文化产业整体实力和竞争力;坚持内外并举,积极开拓国内国际文化市场,增强中华文化在国际上的影响力。

③规划目标。完成经营性文化单位转企改制,文化市场主体进一步完善,活力进一步增强,文化产业规模不断扩大,推动经济社会发展的功能和作用得到较好发挥。

(3)重点任务。《振兴规划》提出,当前和今后一个时期,要着力做好8个方面工作。

①发展重点文化产业。以文化创意、影视制作、出版发行、印刷复制、广告、演艺娱乐、文化会展、数字内容和动漫等产业为重点,加大扶持力度,完善产业政策体系,实现跨越式发展。文化创意产业要着重发展文化科技、音乐制作、艺术创作、动漫游戏等企业,增强影响力和带动力,拉动相关服务业和制造业的发展。影视制作业要提升影片、电视剧和电视节目的生产能力,扩大影视制作、发行、播映和后产品开发,满足多种媒体、多种终端对影视数字内容的需求。出版业要推动产业结构调整和升级,加快从主要依赖传统纸介质出版物向多种介质形态出版物的数字出版产业转型。出版物发行业要积极开展跨地区、跨行业、跨所有制经营,形成若干大型发行集团,提高整体实力和竞争力。印刷复制业要发展高新技术印刷、特色印

刷,建成若干各具特色、技术先进的印刷复制基地。演艺业要加快形成一批大型演艺集团,加强演出网络建设。动漫产业要着力打造深受观众喜爱的国际化动漫形象和品牌,成为文化产业的重要增长点。

②实施重大项目带动战略。以文化企业为主体,加大政策扶持力度,充分调动社会各方面的力量,加快建设一批具有重大示范效应和产业拉动作用的重大文化产业项目。继续推进国产动漫振兴工程,国家数字电影制作基地建设工程,多媒体数据库和经济信息平台,"中华字库"工程,国家"知识资源数据库"出版工程等重大文化建设项目,选择一批具备实施条件的重点项目给予支持。

③培育骨干文化企业。着力培育一批有实力、有竞争力的骨干文化企业,增强我国文化产业的整体实力和国际竞争力。坚持政府引导、市场运作、科学规划、合理布局,在重点文化产业中选择一批成长性好、竞争力强的文化企业或企业集团,加大政策扶持力度,推动跨地区、跨行业联合或重组,尽快壮大企业规模,提高集约化经营水平,促进文化领域资源整合和结构调整。鼓励和引导有条件的文化企业面向资本市场融资,培育一批文化领域战略投资者,实现低成本扩张,进一步做大做强。

④加快文化产业园区和基地建设。加强对文化产业园区和基地布局的统筹规划,坚持标准、突出特色、提高水平,促进各种资源合理配置和产业分工。对符合规划的产业园区和基地,在基础设施建设、土地使用、税收政策等方面给予支持。建设若干辐射全国的区域文化产品物流中心,建设一批文化创意、影视制作、出版发行、印刷复制、演艺娱乐和动漫等产业示范基地,支持和加快发展具有地域和民族特色的文化产业群。

⑤扩大文化消费。不断适应当前城乡居民消费结构的新变化和审美的新需求,创新文化产品和服务,提高文化消费意识,培育新的消费热点。加强原创性作品的创作,打造一批具有核心竞争力的知名文化品牌。努力降低成本,提供价格合理、丰富多样的精神文化产品和服务。加快建设具有自主知识产权、科技含量高、富有中国文化特色的主题公园。开发与文化结合的教育培训、健身、旅游、休闲等服务性消费,带动相关产业发展。

⑥建设现代文化市场体系。建立健全门类齐全的文化产品市场和文化要素市场,促进文化产品和生产要素的合理流动。重点建设传输快捷、覆盖广泛的文化传播渠道。发展文艺演出院线,推动主要城市演出场所连

锁经营。支持全国文化票务网络建设。推进有线电视网络整合,鼓励通过并购、重组等方式,进行广电网络的区域整合和跨地区经营。推进电影院线、数字电影院线的跨地区整合,以及数字影院的建设和改造。支持国有出版发行企业以资本为纽带实行跨地区兼并重组。鼓励非公有资本进入文化创意、影视制作、演艺娱乐、动漫等领域。支持优先选用拥有自主知识产权、产品质量水平高的文化设备及产品。

⑦发展新兴文化业态。采用数字、网络等高新技术,大力推动文化产业升级。支持发展移动多媒体广播电视、网络广播影视、数字多媒体广播、手机广播电视,开发移动文化信息服务、数字娱乐产品等增值业务,为各种便携显示终端提供内容服务。加快广播电视传播和电影放映数字化进程。积极推进下一代广播电视网建设,发挥第三代移动通信网络、宽带光纤接入网络等网络基础设施的作用,制定和完善网络标准,促进互联互通和资源共享,推进三网融合。积极发展有声读物、电子书、手机报和网络出版物等新兴出版发行业态。发展高新技术印刷。运用高新技术改造传统娱乐设施和舞台技术,鼓励文化设备提供商研发新型电影院、数字电影娱乐设备、便携式音响系统、流动演出系统及多功能集成化音响产品。加强数字技术、数字内容、网络技术等核心技术的研发,加快关键技术设备改造更新。

⑧扩大对外文化贸易。落实国家鼓励和支持文化产品和服务出口的优惠政策,在市场开拓、技术创新、海关通关等方面给予支持。制定《2009—2010年度国家文化出口重点企业和项目目录》,形成鼓励、支持文化产品和服务出口的长效机制。重点扶持具有民族特色的文化艺术、展览、电影、电视剧、动画片、网络游戏、出版物、民族音乐舞蹈和杂技等产品和服务的出口,抓好国际营销网络建设。支持动漫、网络游戏、电子出版物等文化产品进入国际市场。鼓励文化企业通过独资、合资、控股、参股等多种形式,在国外兴办文化实体,建立文化产品营销网点,实现落地经营。办好国家重点支持的文化会展,通过中国(深圳)国际文化产业博览会、中国国际广播影视博览会、北京国际图书博览会等推动文化产品和服务出口。支持文化企业参加境外图书展、影视展、艺术节等国际大型展会和文化活动。

（4）政策措施。《振兴规划》提出了5项政策措施。

①降低准入门槛。落实国家关于非公有资本、外资进入文化产业的有关规定，根据文化产业不同类别，通过独资、合资、合作等多种途径，积极吸收社会资本和外资进入政策允许的文化产业领域，参与国有文化企业的股份制改造，形成以公有制为主体、多种所有制共同发展的文化产业格局。

②加大政府投入。中央和地方各级人民政府要加大对文化产业的投入，通过贷款贴息、项目补贴、补充资本金等方式，支持国家级文化产业基地建设，支持文化产业重点项目跨区域整合，支持国有控股文化企业股份制改造，支持文化领域新产品、新技术的研发。支持大宗文化产品和服务的出口。大幅增加中央财政"扶持文化产业发展专项资金"和文化体制改革专项资金规模，不断加大对文化产业发展和文化体制改革的支持力度。

③落实税收政策。贯彻落实《国务院办公厅关于印发文化体制改革中经营性文化事业单位转制为企业和支持文化企业发展两个规定的通知》中的相关税收优惠政策，研究确定文化产业支撑技术的具体范围，加大税收扶持力度，支持文化产业发展。

④加大金融支持。鼓励银行业金融机构加大对文化企业的金融支持力度。积极倡导鼓励担保和再担保机构大力开发支持文化产业发展、文化企业"走出去"的贷款担保业务品种。支持有条件的文化企业进入主板、创业板上市融资，鼓励已上市文化企业通过公开增发、定向增发等再融资方式进行并购和重组，迅速做大做强。支持符合条件的文化企业发行企业债券。

⑤设立中国文化产业投资基金。按照有关管理办法，由中央财政注资引导，吸收国有骨干文化企业、大型国有企业和金融机构认购。基金由专门机构进行管理，实行市场化运作，通过股权投资等方式，推动资源重组和结构调整，促进国家文化发展战略目标的实现。

（5）保障条件。《振兴规划》提出了一些保障条件。

①加强组织领导。地方各级人民政府要按照科学发展观的要求，切实将《振兴规划》的实施列入重要议事日程，把《规划》提出的目标任务纳入经济社会发展总体规划，建立相关的考核、评价和责任制度，作为评价地区发展水平、衡量发展质量和领导干部工作实绩的重要内容。文化行政主管部门在党委宣传部门协调指导下，具体组织实施，相关部门密切配合，确保

政策法规与典型案例评析

《振兴规划》提出的各项任务落到实处。

②深化文化体制改革。通过深化文化体制改革,进一步解放和发展文化生产力,激发全社会的文化创造活力。要紧紧抓住转企改制、重塑市场主体这个中心环节,加快推进出版发行单位转企改制和兼并重组,加快电影制片、发行、放映单位和文艺院团转企改制,抓好党报党刊发行体制和广播电视节目制播分离改革。大力推动行政管理体制改革和政府职能转变,建立统一高效的文化市场综合执法机构。

③培养文化产业人才。继续抓好全国宣传文化系统"四个一批"人才培养工程,着力加强领军人物和各类专门人才的培养。继续办好经营管理人才培训班,培养一批熟悉市场经济规律,懂经营、善管理的人才。吸引财经、金融、科技等领域的优秀人才进入文化产业领域。注重海外文化创意、研发、管理等高端人才的引进,为我国文化产业发展提供强有力的人才保障。

④加强立法工作。进一步完善法律体系,依法加强对文化产业发展的规范管理。完善国家知识产权保护体系,严厉打击各类盗版侵权行为,促进国家文化创新能力建设。

《振兴规划》是我国第一部关于文化产业发展的专项规划,是继钢铁产业、纺织产业、汽车产业、船舶产业、装备制造业、电子信息产业、轻工业、石化产业、物流业、有色金属产业等十大产业规划后出台的又一个国家级重要产业规划,标志着文化产业已经上升为国家的重要战略性产业。

三、文化产业政策的近期发展

2011年10月,党的十七届六中全会将文化产业提升到支柱产业的地位,这是我国文化产业发展历程中极为重要的事件。会议对推进文化改革发展做出了部署,强调要推进社会主义核心价值体系建设,大力发展公益性文化事业,推动文化产业成为国民经济支柱性产业。会议提出了多项原则性主张,涉及社会主义文化建设的公共性基本定位,市场参与的原则和发展目标,文化改革发展的动力机制和制度保障。会议提出,满足人民基本文化需求是社会主义文化建设的基本任务。必须坚持政府主导,加强文化基础设施建设,完善公共文化服务网络,让群众广泛享有免费或优惠的基本公共文化服务。要加快城乡文化一体化发展。在社会效益与经济效益的关系上,会议明确表示:发展文化产业必须坚持把社会效益放在首位,社会效益和经济效益相统一。要构建现代文化产业体系,形成公有制为主体、多种所有制共同发展的文化产业格局,推进文化科技创新,扩大文化消费。市场的作用也得到了充分强调,会议提出,必须牢牢把握正确方向,加快推进文化体制改革,发挥市场在文化资源配置中的积极作用。要深化国有文化单位改革,健全现代文化市场体系。文化建设的领导机制和人才保障制度也放在了突出位置。会议强调,要把文化建设纳入经济社会发展总体规划,把文化改革发展成效纳入科学发展考核评价体系,要加快培养造就德才兼备、锐意创新、结构合理、规模宏大的文化人才队伍,要造就高层次领军人物和高素质文化人才队伍。

从 2012 年开始,我国文化产业政策进入了新的时期,政府工作报告经全国人民代表大会表决通过,通过法定程序明确了"文化产业建设成为国民经济支柱产业"的发展目标。作为主管全国文化产业的核心部门,文化部继续加强规划引导,发布了《文化部"十二五"时期文化产业倍增计划》,进一步规定了文化产业发展的目标、任务和手段,牵头制定了《文化部关于鼓励和引导民间资本进入文化领域的实施意见》,进一步完善了文化产业发展的政策环境,为文化产业协调健康发展创造条件。中共中央办公厅、国务院办公厅印发了《国家"十二五"时期文化改革发展规划纲要》。

2013 年 11 月,十八届三中全会把文化纳入国家全面深化改革的大格局中,确定了面向新时期的文化大政方针,文化领域进入了政策密集出台的时期。全会提出推进文化体制机制创新,完善文化管理体制,建立健全现代文化市场体系,构建现代公共文化服务体系,提高文化开放水平等要求。会议通过的《中共中央关于全面深化改革若干重大问题的决定》中关于文化建设的内容如下:

建设社会主义文化强国,增强国家文化软实力,必须坚持社会主义先进文化前进方向,坚持中国特色社会主义文化发展道路,培育和践行社会主义核心价值观,巩固马克思主义在意识形态领域的指导地位,巩固全党全国各族人民团结奋斗的共同思想基础。坚持以人民为中心的工作导向,坚持把社会效益放在首位、社会效益和经济效益相统一,以激发全民族文化创造活力为中心环节,进一步深化文化体制改革。完善文化管理体制。按照政企分开、政事分开原则,推动政府部门由办文化向管文化转变,推动党政部门与其所属的文化企事业单位进一步理顺关系。建立党委和政府监管国有文化资产的管理机构,实行管人管事管资产管导向相统一。健全坚持正确舆论导向的体制机制。健全基础管理、内容管理、行业管理,以及网络违法犯罪防范和打击等工作联动机制,健全网络突发事件处置机制,形成正面引导和依法管理相结合的网络舆论工作格局。整合新闻媒体资源,推动传统媒体和新兴媒体融合发展。推动新闻发布制度化。严格新闻工作者职业资格制度,重视新型媒介运用和管理,规范传播秩序。

建立健全现代文化市场体系。完善文化市场准入和退出机制,鼓励各类市场主体公平竞争、优胜劣汰,促进文化资源在全国范围内流动。继续推进国有经营性文化单位转企改制,加快公司制、股份制改造。对按规定转制的重要国有传媒企业探索实行特殊管理制度。推动文化企业跨地区、跨行业、跨所有制兼并重组,提高文化产业规模化、集约化、专业化水平。鼓励非公有制文化企业发展,降低社会资本进入门槛,允许参与对外出版、网络出版,允许以控股形式参与国有影视制作机构、文艺院团改制经营。支持各种形式小微文化企业发展。在坚持出版权、播出权特许经营的前提下,允许制作和出版、制作和播出分开。建立多层次文化产品和要素市场,鼓励金融资本、社会资本、文化资源相结合。完善文化经济政策,扩大政府文化资助和文化采购,加强版权保护。健全文化产品评价体系,改革评奖制度,推出更多文化精品。

构建现代公共文化服务体系。建立公共文化服务体系建设协调机制,统筹服务设施网络建设,促进基本公共文化服务标准化、均等化。建立群众评价和反馈机制,推动文化惠民项目与群众文化需求有效对接。整合基层宣传文化、党员教育、科学普及、体育健身等设施,建设综合性文化服务中心。明确不同文化事业单位功能定位,建立法人治理结构,完善绩效考核机制。推动公共图书馆、博物馆、文化馆、科技馆等组建理事会,吸纳有关方面代表、专业人士、各界群众参与管理。引入竞争机制,推动公共文化服务社会化发展。鼓励社会力量、社会资本参与公共文化服务体系建设,培育文化非营利组织。

提高文化开放水平。坚持政府主导、企业主体、市场运作、社会参与,扩大对外文化交流,加强国际传播能力和对外话语体系建设,推动中华文化走向世界。理顺内宣外宣体制,支持重点媒体面向国内国际发展。培育外向型文化企业,支持文化企业到境外开拓市场。鼓励社会组织、中资机构等参与孔子学院和海外文化中心建设,承担人文交流项目。积极吸收借鉴国外一切优秀文化成果,引进有利于我国文化发展的人才、技术、经营管理经验。切实维护国家文化安全。

2014 年,我国政府关于文化产业的政策文件发布进入井喷时期。政府工作报告对文化产业明确提出了发展增速达到 15% 的要求,说明了文化产业在整个国家建设当中的地位和作用。4 项支持文化产业发展的重要国家政策出台,《国务院关于推进文化创意和设计服务与相关产业融合发展的若干意见》(国务院发文,2014 年 3 月 14 日),《关于深入推进文化金融合作的意见》(文化部、中国人民银行、财政部发文,2014 年 3 月 17 日),《关于大力支持小微文化企业发展的实施意见》(文化部、工信部、财政部发文,2014 年 7 月 11 日),《关于推动特色文化产业发展的指导意见》(文化部、财政部发文,2014 年 8 月 8 日),都传递出文化产业成为支撑和引领经济结构优化升级重要抓手的强烈信号。

其中,《国务院关于推进文化创意和设计服务与相关产业融合发展的若干意见》提出,促进工业设计向高端综合设计服务转变。支持文化产业的"跨界融合",一方面促进文化产业与科技的融合,包括移动互联网在内的数字文化产业和动漫等文化创意企业都将获得扶持;另一方面促进文化产业与资本的融合,大规模资本运作将催生更多综合性文化产业集团;此外,还要促进文化产业与实体经济的融合,提升产业附加值,推动其他产业创新和转型升级。

《关于深入推进文化金融合作的意见》是继中宣部、财政部、文化部等九个部门《关于金融支持文化产业振兴和发展繁荣的指导意见》实施后的又一金融支持政策,涉及创新文化金融体制机制,创新符合文化产业发展需求特点的金融产品和服务,也是落实十八届三中全会关于"鼓励金融资本、社会资本、文化资源相结合"的具体举措。包括对小微文化企业发展的扶持政策,开启了文化企业,尤其是小微文化企业进一步与金融对接,拓展融资渠道的新天地。

《关于大力支持小微文化企业发展的实施意见》(以下简称《实施意见》)是在国家部委层面上,首次发文对支持小微文化企业发展工作进行专门部署。明确以"积极营造有利于小微文化企业创新能力,扩大发展规模,促进企业可持续发展的良好环境,进一步解放文化生产力,激发全社会文化创造活力"为目标,集中各方资源,综合运用多种政策手段,对提高小微文化企业自身发展能力和其外部发展环境中具有共性的问题提出有针对性的、普惠性的措施,充分发挥市场机制作用,促进小微文化企业通过公平竞争、优胜劣汰来提高整体发展水平。

文化部副部长项兆伦指出,小微文化企业是实现我国文化产业蓬勃发展的重要力量,是激发全民族文化创造活力的重要源头,是保持和发展当代中国文化多样性的重要载体,是广大文化创业者实现梦想的广阔舞台。时任文化部部长助理的刘玉珠指出,《实施意见》为小微文化企业"雪中送炭":强调以丰富金融产品、提高金融服务水平、充分发挥金融服务机构作用等为切入点,在巩固和深化政府部门与金融机构合作的基础上,促进银企对接,积极引导金融机构不断创新面向小微文化企业的金融服务,并大力支持债券融资、小额贷款、股权投资、金融中介服务等项目的发展,不断改善小微文化企业的融资环境。《实施意见》的一个亮点就是首次将支持小微文化企业发展与公共文化体系建设相结合,明确要求完善相关扶持措施,鼓励小微文化企业参与公共文化服务和政府采购。这样,在丰富公共文化服务内容的同时,也将为小微文化企业提供更大的发展空间,激发更多的创造活力。

《关于推动特色文化产业发展的指导意见》(以下简称《指导意见》)强调要在推动区域经济社会发展、促进社会和谐、加快经济转型升级和新型城镇化建设中思考地方文化产业发展问题,注重发挥文化育民、乐民、富民作用,并提出了打造特色文化城镇和乡村的任务。特色文化产业是指依托各地独特的文化资源,通过创意转化、科技提升和市场运作,提供具有鲜明区域特点和民族特色的文化产品和服务的产业形态。近年来,我国特色文化产业发展势头良好,但还存在产业基础薄弱,市场化程度不高,知名品牌较少,高端创意和管理人才不足等问题。《指导意见》提出以"传承文化,科学发展;因地制宜,突出特色;创意引领,跨界融合;市场运作,政府扶持"为基本原则推动特色文化产业发展,在产业发展尤其是特色街区、特色村镇、园区基地建设中,注重保护乡村原始风貌、文化特色和自然生态,突出传统特点,不搞大拆大建,不拆真建假,不毁坏古迹和历史记忆。《指导意见》确定了发展重点领域,发展区域特色文化产业带,建设特色文化产业示范区,打造特色文化城镇和乡村等主要任务。提出到 2020 年,实现基本建立特色鲜明、重点突出、布局合理、链条完整、效益显著的特色文化产业发展格局,形成若干在全国有重要影响力的特色文化产业带等一系列目标。

2015 年,我国根据调结构、促升级的宏观经济发展实际情况,对文化发展战略进行部署。从体系构建、土地供给、财政投入、立法保障、社会参与等方面对公共文化服务建设进行全方位、立体化部署;"一带一路"作为国家发展的重大战略布局,全面指导我国政治、经济、文化等领域的发展;通过全面推进"三网"融合,加快建设光纤网络,大幅提升宽带网络速率,发展物流快递等举措来加快落实"互联网+"计划。以破除体制机制障碍、推动要素市场一体化、构建京津冀协同发展的体制机制等一系列政策措施为京津冀三地文化协同发展提供有力的战略支撑。

2016 年 3 月 30 日,在中宣部和财政部的组织和指导下,中国资产评估协会制定并发布了《文化企业无形资产评估指导意见》,为我国版权等无形资产进一步参与融资体系与资本市场打开了方便之门,对文化金融的进一步融合发展具有极其深刻的意义。

2016 年 5 月 11 日,文化部、国家发展改革委、财政部、国家文物局发布《关于推动文化文物单位文化创意产品开发的若干意见》,提出要充分调动文化文物单位积极性,发挥各类市场主体作用,鼓励众创、众包、众扶、众筹,以创新创意为动力,以文化创意设计企业为主体,开发文化创意产品,打造文化创意品牌,推进文化文物单位各类文化资源的系统梳理、分类整理和数字化进程,明确可供开发资源。深入挖掘文化资源的价值内涵和文化元素,广泛应用多种载体和表现形式,开发艺术性和实用性有机统一、适应现代生活需求的文化创意产品,满足多样化消费需求。

2016 年 12 月 20 日,国务院印发的《"十三五"国家战略性新兴产业发展规划》中,把数字创意产业列入国家战略性新兴产业,从创新数字文化创意技术和装备,丰富数字文化创意内容和形式,提升创新设计水平,推进相关产业融合发展等四个方面展开,提出到 2020 年,要形成文化引领、技术先进、链条完整的数字创意产业发展格局,相关行业产值规模达到 8 万亿元,这一国家级战略新兴产业规划对互联网文化产业的发展有重大的意义。

2017 年 1 月 4 日,《文化部"一带一路"文化发展行动计划(2016—2020

年）》公布，以"政府主导，开放包容；交融互鉴，创新发展；市场引导，互利共赢"为基本原则，重点任务包括健全"一带一路"文化交流合作机制、完善"一带一路"文化交流合作平台、打造"一带一路"文化交流品牌、推动"一带一路"文化产业繁荣发展、促进"一带一路"文化贸易合作。

具体包括"一带一路"国际交流机制建设计划、"一带一路"国内合作机制建设计划、"一带一路"沿线国家中国文化中心建设计划、"一带一路"文化交流合作平台建设计划、"丝绸之路文化之旅"计划、"丝绸之路文化使者"计划、"一带一路"艺术创作扶持计划、"一带一路"文化遗产长廊建设计划、"丝绸之路文化产业带"建设计划、动漫游戏产业"一带一路"国际合作行动计划、"一带一路"文博产业繁荣计划和"一带一路"文化贸易拓展计划共 12 项子计划。

第三节　文化产业法规的历史发展

文化产业是 20 世纪发端于美国，盛行于西方，随着新经济之势迅速兴起的一种文化经济现象。作为"朝阳产业"和新的经济增长点，文化产业在各国经济发展中占据了越来越重要的地位。在我国，随着经济结构的调整优化，第三产业在整个国民经济中的比重日益增长，文化产业作为知识、技术和智力密集型产业，已成为第三产业的重要组成部分，发展势头强劲，前景广阔。特别是在 2008 年全球爆发金融危机的社会历史背景下，中国的文化产业出现逆势而上的趋势，引起了中央和社会各界的关注。从这个意义上来说，我国文化市场正面临着一个百年难遇的大好发展时机。

改革开放以前，我们过分强调了文化的政治功能，几乎抹杀了其蕴含的经济属性。在这一阶段，文化产业的相关法规基本上是空白的。改革开放之后，文化产业的发展空间不断扩展，政府也出台了一些相关法规，但这些法规主要是针对发展迅速的文化外围产业或相关产业。在这一阶段，文化的"产业"属性和地位并未获得其公开的合法性，真正意义上的文化产业也没有出现。但一些与意识形态关系并不密切的个别行业，开始出现产业化发展的苗头，如广告业、文化硬件制造业、大众娱乐业等。既然没有产业化，也就没有所谓的"文化产业法规"。

20 世纪 80 年代初，一些文化事业单位迫于生存，展开了生产自救，它们利用文化资源举办主业以外的各种生产、经营活动，以获取收益，缓解经费不足的矛盾，提高职工福利待遇。这些活动一开始不被允许。后来文化部、财政部正式发文确认了"以文补文"的合法性，从法规上给予了支持。

20 世纪 80 年代中期，随着人民生活水平的不断提高，各种文化娱乐场所如雨后春笋般涌现，这些文化娱乐场所在丰富了人民日常生活的同时，也存在着各种问题。为了加强对这些文化娱乐场所的管理和规范，确保其健康发展，国家有关部门出台了相关法规。如 1987 年文化部、公安部、国家工商局联合发布了《关于改进营业性舞会管理的通知》，使文化娱乐经营活动合法化有规可依。

20 世纪 80 年代后期和 90 年代初期，文化硬件制造、广告、文化服务等有关领域已经开始了产业化的初步发展，各种形式的以营利为目的的广告公司、文化硬件生产企业、文化娱乐团体不断出现。针对这些企业在产业化发展过程中的问题，国家有关部门也出台了相关法规。如国务院颁布了《广告管理暂行条例》，以规范广告业的健康发展。

1992 年，党的十四大明确提出建设社会主义市场经济的发展目标，在这一宏观背景下，文化的产业化发展也已经成为一种不可避免的事实和发展趋势。国家有关部门先后出台了各种文化产业法规，为推动中国文化产业的实践发展提供了保障。为了进一步加强法制建设，先后颁布的主要法规有：

《中华人民共和国文物保护法》（1982 年 11 月 19 日第五届全国人民代表大会常务委员会第二十五次会议通过，2015 年 4 月 24 日第十二届全国人民代表大会常务委员会第十四次会议第四次修正，以下简称《文物保护法》）；

《中华人民共和国档案法》（1987 年 9 月 5 日第六届全国人民代表大会常务委员会第二十二次会议通过，根据 1996 年 7 月 5 日第八届全国人民代表大会常务委员会第二十次会议通过的《关于修改〈中华人民共和国档案法〉的决定》修正）；

《中华人民共和国著作权法》（1990 年 9 月 7 日第七届全国人民代表大会常务委员会第十五次会议通过，根据 2010 年 2 月 26 日第十一届全国人民代表大会常务委员会第十三次会议通过的《关于修改〈中华人民共和

国著作权法〉的决定》第二次修正,以下简称《著作权法》);

《中华人民共和国非物质文化遗产法》(2011年2月25日第十一届全国人民代表大会常务委员会第十九次会议通过,以下简称《非遗法》)。

还有《商标法》《专利法》《广告法》等全国人大制定的法律和《广播电视管理条例》《电影管理条例》《出版管理条例》《音像制品管理条例》《印刷管理条例》等国务院行政法规,对文化产业法规体系的逐步形成起到了重要作用。

近年来,国家和地方政府加快了对文化产业的立法工作。党的十八大之后,党中央推行全面依法治国,将文化的立法提到了重要的日程上来。2014年,中共十八届四中全会审议通过《中共中央关于全面推进依法治国若干重大问题的决定》,提出制定《文化产业促进法》,把行之有效的文化经济政策法定化。这是一个重要的文化产业战略部署,是从文化产业的总体格局出发,具有奠基性意义的系统立法。2015年9月,《文化产业促进法》的起草工作已经启动。

2015年3月20日,我国博物馆行业第一个全国性法规文件《博物馆条例》正式实施,用制度保障来推进博物馆事业的规范化、专业化发展。《博物馆条例》提出,国家鼓励企业、事业单位、社会团体和公民等社会力量依法设立博物馆;鼓励博物馆向公众免费开放,县级以上人民政府应当对向公众免费开放的博物馆给予必要的经费支持。博物馆应当根据自身特点、条件,运用现代信息技术,开展形式多样、生动活泼的社会教育和服务活动,参与社区文化建设和对外文化交流与合作。

《博物馆条例》提出,国家鼓励博物馆挖掘藏品内涵,与文化创意、旅游等产业相结合,开发衍生产品,增强博物馆发展能力;鼓励设立公益性基金为博物馆提供经费,鼓励博物馆多渠道筹措资金促进自身发展。博物馆馆舍建设应当坚持新建馆舍和改造现有建筑相结合,鼓励利用名人故居、工业遗产等作为博物馆馆舍。博物馆不得从事文物等藏品的商业经营活动。

2016年11月,《中共中央国务院关于完善产权保护制度依法保护产权的意见》(以下简称《保护产权的意见》)正式公布。这是我国首次以中央名义出台产权保护的顶层设计。其中,由于知识产权侵权成本过低,侵权行为屡禁不止,严重损害创新活力。《保护产权的意见》明确,提高知识产权侵权法定赔偿上限,探索建立对专利权、著作权等知识产权侵权惩罚性赔偿制度,对情节严重的恶意侵权行为实施惩罚性赔偿,并由侵权人承担权利人为制止侵权行为所支付的合理开支。这些政策措施从我国文化发展的实际情况出发,也是为文化产业在"十三五"期间的创新发展统筹布局。

2017年3月1日,《中华人民共和国公共文化服务保障法》(以下简称《文化服务保障法》)正式实施,这是文化立法的一个重大突破,为加强公共文化服务体系建设,丰富人民群众精神文化生活,传承中华优秀传统文化,弘扬社会主义核心价值观,增强文化自信,促进中国特色社会主义文化繁荣发展,提高全民族文明素质提供了有力的法律依据和制度保障,进一步完善了我国文化法律体系,推进了公共文化服务的法治化、规范化。

《文化服务保障法》提出,国务院根据公民基本文化需求和经济社会发展水平,制定并调整国家基本公共文化服务指导标准;省、自治区、直辖市人民政府根据国家基本公共文化服务指导标准,结合当地实际需求、财政能力和文化特色,制定并调整本行政区域的基本公共文化服务实施标准,合理确定公共文化设施的种类、数量、规模以及布局,形成场馆服务、流动服务和数字服务相结合的公共文化设施网络。国家鼓励和支持公共文化服务与学校教育相结合,充分发挥公共文化服务的社会教育功能,提高青少年思想道德和科学文化素质。县级以上地方人民政府应当将公共文化设施建设纳入本级城乡规划,任何单位和个人不得侵占公共文化设施建设用地或者擅自改变其用途。各级人民政府应当建立有公众参与的公共文化设施使用效能考核评价制度。国家统筹规划公共数字文化建设,构建标准统一、互联互通的公共数字文化服务网络,建设公共文化信息资源库,实现基层网络服务共建共享。国家支持开发数字文化产品,推动利用宽带互联网、移动互联网、广播电视网和卫星网络提供公共文化服务。

2017年3月1日,《中华人民共和国电影产业促进法》正式实施,提出坚持以人民为中心的创作导向,坚持百花齐放、百家争鸣的方针,尊重和保障电影创作自由,倡导电影创作贴近实际、贴近生活、贴近群众,鼓励创作思想性、艺术性、观赏性相统一的优秀电影。国务院将电影产业发展纳入国民经济和社会发展规划,县级以上地方人民政府根据当地实际情况将电影产业发展纳入本级国民经济和社会发展规划。国家制定电影及其相关产业政策,引导形成统一开放、公平竞争的电影市场,促进电影市场繁荣发展。与电影有关的知识产权受法律保护,任何组织和个人不得侵犯。鼓励公民、法人和其他组织依法开发电影形象产品等衍生产品。演员、导演等电影从业人员应当坚持德艺双馨的原则,遵守法律法规,尊重社会公德,恪守职业道德,加强自律,树立良好社会形象。国家支持建立电影评价体系,鼓励开展电影评论,鼓励开展平等、互利的电影国际合作与交流,支持参加境外电影节(展)。《中华人民共和国电影产业促进法》为我国电影产业的规范发展提供了明确的法律依据和保障,意味着国家已将电影产业发展纳入战略层面,推进中国由电影大国向强国跨越,而中国电影产业也将在更加法治化的环境中迎来新的机遇。

近年来,国家对文化产业的相关法制建设更加重视,文化产业的立法工作取得一定成果,出台了多项法案,对文化产业的发展具有深远的影响。文化立法逐渐成为国家文化建设的重点之一,也是我国文化产业发展的关键方向。但总体来看,我国文化产业的立法比较滞后,在立法的高层次、系统性、国际接轨等方面还存在很多迫切需要解决的问题。

▌讨论与思考题

　　1.怎样理解文化政策的历史发展?

　　2.怎样理解文化产业政策的历史发展?

　　3.怎样理解文化产业法规的历史发展?

第二章　出版产业政策法规与典型案例

　　我国的出版产业政策与法规有一个发展的过程，也有从计划经济向市场经济的转变过程和从国有体制向股份制方向的改制过程。因此，出版产业政策法规的出台与发展，与国家整体经济结构的转型历程基本上是一致的。为了全面了解出版产业的政策法规，我们从以下三个层面来认识出版产业的政策法规及相关问题。

第一节　出版产业政策法规概述

　　出版产业，包括出版物的出版、印刷或复制、进口、发行等，其中出版物包括报纸、期刊、图书、音像制品、电子出版物等品类。目前我国出版产业的政策法规已日益完善，初步形成了有中国特色的政策与法规体系。

一、出版产业政策法规概况

　　我国的出版产业政策法规建设大致经历了以下三个阶段。

(一)出版产业政策法规建设的起步阶段

　　从1978年党的十一届三中全会以来，我国的出版产业得到恢复和发展。为了适应形势，1980年4月，国家出版局、中宣部联合颁布了《出版社工作暂行条例》，对出版事业的发展起到了积极的促进作用。此后，中共中央宣传部、文化部、国家新闻出版总署等部门又先后颁布了《中共中央、国务院关于加强出版工作的决定》《关于当前出版社改革的若干意见》《关于当前图书发行体制改革的若干意见》《期刊管理暂行规定》《报纸管理暂行规定》《图书总发行管理的暂行规定》《书刊印刷产品质量监督管理暂行办法》《新闻出版保密规定》《国务院办公厅取缔非法出版活动的通知》等一系列规范性文件,推动了出版事业的健康发展。

(二)出版产业政策法规的发展阶段

为了加强对出版活动的管理,保障公民依法行使出版自由的权利,1997年1月,国务院发布了《出版管理条例》,这是中华人民共和国成立以来有关出版管理的第一部比较系统、全面的行政法规,为图书、报纸、期刊、音像制品和电子出版物的出版、印制、发行活动的管理,确定了基本原则和基本制度,构建了有中国特色社会主义出版管理机制的基本法制框架。它是国家管理出版产业的行业大法,是中华人民共和国成立以来出版管理正反两方面经验的总结,也是国家民主法制建设的重要成果。对于加强和改进出版管理工作,促进各级新闻出版行政管理部门依法行政,保障公民依法行使出版自由的权利,保护图书、报纸、期刊、音像及电子出版物的出版、印制、发行单位和从业人员的合法权益,发展和繁荣社会主义出版事业,有着极其重要的意义。

随着社会主义经济建设的逐步深入,出版业市场管理方面出现了一些新的变化和特点,如侵犯知识产权的案例增多,盗版等非法出版活动猖獗。为了有效地打击犯罪,保证出版事业的健康发展,并积极推动有关法规的完善,2001年12月,国务院颁布了新的《出版管理条例》。在新的《出版管理条例》中,民营企业限制被取消,民企取得出版物的批发经营权;非国有资金、国外资金能够依照允许的途径进入出版业;建立新闻出版法人制度,改革出版业资产管理制度,通过授权经营、委托经营,使出版单位对自己的资产具有经营权、处置权;进一步改革运作方式,增强出版业集约化经营能力,提高出版业多种媒体的综合经营能力,打破出版产业的地区封锁、贸易壁垒等,有利于出版事业的繁荣发展。

(三)出版产业政策法规加大改革力度阶段

2006年,新闻出版的政策规定了新的举措:一是转制为企业的单位允许跨地区经营。因为新闻出版政策对于跨地区经营限制得比较多,异地要办出版社、分支机构,还有很多障碍。要对转制以后的集团进行支持,就要允许跨地区经营,促进企业发展。二是转制为企业以后,政府要适当地配备出版资源,调整结构。大的集团不能单一经营,出书籍的只出书籍,办报纸的只办报纸,都是不可行的。传媒资源应该统一开发利用,集团应该具有复合型的特征,即一种信息通过多种媒体传播,也可以被集团中的各种资源加工成各类产品。对转制到位的出版企业落实资源优先配置的政策。三是推动出版发行单位壮大自己的主体。过去在分工方式上限制太死,要适当放开一些。四是运用政策力量支持新闻出版单位"走出去",让我国的新闻出版产品走向国际市场。

2008年12月,新闻出版总署针对新闻出版业不断发展和改革深化中出现的新情况和新问题,进一步加大力度,健全法规,完善制度,保障和促进新闻出版改革发展。总署新的"三定"方案公布后,原政策法规司更名为法规司。其作为一个新成立的综合业务部门,总体属于决策机构,也承担部分监督职责。原来的政策法规司在立法方面实际上仅负责新闻出版方面的立法,行政复议也只是承担新闻出版方面的复议,而新"三定"方案调整后,新成立的法规司又增加了著作权方面的立法职能。原先属于版权司的法律处整建制移到法规司。从整个新"三定"方案来看,法规司职能有所加强,体现了总署党组对加强法制工作、加强依法行政的重视,许多重要出版法规也在此基础上逐步出台。

2009年3月,新闻出版总署印发《关于进一步推进新闻出版体制改革的指导意见》,进一步推进新闻出版体制改革,加快新闻出版事业和产业发展。为了推动出版单位体制改革,鼓励出版传媒资源的联合重组及上市融资,推动出版单位体制改革,地方和高等院校经营性图书、音像制品和电子出版物出版单位在2009年底之前完成转制;所有中央各部门各单位经营性图书、音像制品和电子出版物出版单位在2010年底之前完成转制。鼓励和支持中央部门、单位内部资源整合和部门之间重组。鼓励和支持社会资本特别是国有大型企业参与出版传媒企业的股份制改造。积极支持条件成熟的出版传媒企业,特别是跨地区的出版传媒企业上市融资。扶持跨区域发展,支持大型出版传媒企业实现跨地区经营,放开出版范围、书号、版号等限制。要求各级新闻出版行政部门严格执行国家有关法律法规,积极支持出版传媒企业跨地区合法开展经营活动,提供公平竞争的良好环境。对于出版传媒企业跨地区经营活动,不得以任何形式进行地区封锁和滥用行政权力限制其进入,为跨区域发展扫清障碍。鼓励非公有与国有出版企业合作,开展国有、民营联合运作的试点工作。鼓励国有出版企业在确保国有资本主导地位的前提下，与非公有出版工作室进行资本、项目等多种方式的合作。我们认为，鼓励非公有出版企业与国有出版企业的合作，为出版传媒进一步扩大"出版策划"带来了巨大机会。

2010年1月5日，新闻出版总署印发了《关于进一步推动新闻出版产业发展的指导意见》，这是一部为我国新闻出版产业发展提供具体方向和措施的纲领性文件，分为6个部分30条。提出了新闻出版产业发展的指导思想、原则要求、目标任务，明确了进一步推进新闻出版产业发展的工作重点，完善了进一步推进新闻出版产业发展的措施保障。

2011年3月19日实施的《国务院关于修改〈出版管理条例〉的决定》（第594号令）和《国务院关于修改〈音像制品管理条例〉的决定》（第595号令），对原《出版管理条例》做出了共37条的修改，新修订的《出版管理条例》主要有以下7个亮点：

（1）体现新闻出版体制改革和产业发展的要求，增加对出版单位分类管理的规定。在相关条款中增加关于出版产业的表达，按照事业单位法人和企业法人类别对出版单位进行分类，在设立、变更、注销等程序方面分别做出规定。

（2）适应信息时代新技术发展的需要，反映新技术、新业态的管理要求。随着新业态的发展，网络出版已成为出版业的重要力量。新条例在附则中做了授权规定，授权新闻出版总署按照新条例的原则另行制定"网络出版审批和管理办法"。除此以外，随着实体出版物的网上销售异军突起，新条例增加专门条款，明确利用信息网络从事出版物发行要取得"出版物经营许可证"，强化了网络交易平台经营者的身份验证义务和监督责任。

（3）完善准入制度及监管措施，增加有关监督管理的专章规定。出版单位的法人准入、产品准入、人员准入和岗位准入等四大准入制度是出版管理的基本制度。由于《出版管理条例》的体例限制，除法人准入制度外，其他监管制度在行政法规中并无体现。随着依法治国方略的深入实施，新闻出版系统已经全面完成了政企分开，新闻出版行政机关的职能发生根本转变，行政管理方式发生重大变化，迫切需要完善行业监管制度。新条例总结了长期以来新闻出版行政管理的经验，增加了监督管理专章，强化了新闻出版行政部门的监管职责。明确了质量检查制度、综合评估制度和出版从业人员职业资格制度，在法规层面完善了四大准入制度。

(4)巩固行政审批制度改革的成果,取消部分审批项目,缩短审批时限。一是依照国务院关于取消和调整审批项目的决定,删除现行条例中关于从事出版物印刷业务由公安机关按照特殊行业进行审批的规定;二是提高审批效率,将出版单位设立、变更的审批时限由90日调整为60日;三是依照国务院有关决定,明确规定出版单位变更资本结构、设立分支机构等事项须经审批。新的《出版管理条例》还调整了出版物进口经营单位的审批条件,增加了进口经营单位变更有关事项须经审批的要求。

(5)深化中学小学教材出版发行体制改革,修改中学小学教科书出版、发行的管理规定。现行条例规定,中学小学教科书出版、印刷、发行单位,由出版、教育、价格主管部门以招标或者其他公开、公正的方式确定。由于实践中出现了一些新情况和新问题,义务教育阶段的绝大部分学生可以享受到国家通过政府采购方式免费提供的教科书。2008年9月,经报请国务院批准,不再推行中学小学教科书出版、发行招标工作。为继续深化教科书出版发行体制改革,确保教科书出版发行业健康有序发展,新条例规定,中学小学教科书出版、发行单位应当具有适应教科书出版、发行业务需要的资金、组织机构和人员等条件,并取得国务院出版行政主管部门批准的教科书出版、发行资质。其中,纳入政府采购范围的中学小学教科书,其发行单位还须按照《中华人民共和国政府采购法》的有关规定确定。

(6)鼓励出版物"走出去"和文化创新、服务三农,完善国家支持鼓励的规定。新条例充实了支持、鼓励的出版物范围,加大了对推进文化创新、促进国际文化交流,以及服务农业、农村和农民,促进公共文化服务有重大作用的出版物的支持和鼓励。

(7)加强行政执法,完善法律责任。随着新闻出版改革的深入,出版单位结构调整增多,新的《出版管理条例》完善了出版单位中止及终止出版活动的退出机制,避免出版单位多年来"只生不死"的局面。此外,根据多年执行实践反映的问题,新的《出版管理条例》在违法行为处罚数额、出版物质量处罚、吊销人员资格等方面完善了法律责任的有关规定。

2012年1月9日,新闻出版总署下发《关于加快我国新闻出版业走出去的若干意见》,首次从国家层面对新闻出版业"走出去"进行全方位布局,这也是我国出台的首个新闻出版业"走出去"专门文件,提升了我国新闻出版业的国际竞争力、传播力和影响力。2012年2月27日,新闻出版总署下发《关于加快出版传媒集团改革发展的指导意见》，包括积极推进出版传媒集团战略性改组，大力支持出版传媒集团应用高新技术和推动产业升级，切实加强出版传媒集团科学管理，鼓励和扶持出版传媒集团走出去，加快出版传媒集团改革发展的保障措施等八部分。2012 年 6 月 28 日，新闻出版总署发布了《关于支持民间资本参与出版经营活动的实施细则》，提出十大措施，全面支持民间资本参与出版经营活动。

2016 年 5 月 31 日，国家新闻出版广电总局、商务部联合发布了《出版物市场管理规定》，这是我国出版物发行的最高层级法规。与 2011 年发布的《出版物市场管理规定》相比，2016 年版《出版物市场管理规定》顺应市场发展趋势以及国务院"简政放权"的要求，做出了若干重要调整，对有关图书和其他出版物经营的审批程序大量简化，这既是适应出版物发行行业管理宽进严管及转变政府职能的需要，也是适应完善行业法规建设的需要。国家新闻出版广电总局政策法制司负责人指出，新《出版物市场管理规定》主要在五个方面进行了修改。

第一，按照国务院行政审批改革要求，删除原《出版物市场管理规定》中有关出版物总发行和连锁经营企业的表述，取消对举办全国性出版物展销活动的审批，改为备案。

第二，按照国务院第六批取消、下放的行政审批项目和改为后置审批的工商登记前置审批项目，将设立出版物批发、零售单位的审批程序由"先证后照"改为"先照后证"，即企业和个体工商户先取得营业执照后，再到省级或县级出版行政部门审批获得"出版物经营许可证"。

第三，根据国务院关于注册资本登记制度改革要求，降低企业准入门槛。具体包括五方面内容。

一是降低批发单位经营场所面积要求。原《出版物市场管理规定》中要求批发单位进入出版物批发市场的单店营业面积不少于 50 平方米，独立设置经营场所的营业面积不少于 200 平方米。新的《出版物市场管理规定》第七条取消了场内场外的区别，统一规定为经营场所不少于 50 平方米，放宽了场地要求。

二是发行分支机构的设立由审批改为备案。考虑到简化审批程序、鼓励企业跨地区经营，新《出版物市场管理规定》第十八条规定：批发、零售单位设立非法人分支机构不需单独审批，只需备案。

　　三是取消对外商投资的相关限定。根据 2015 年修订公布的《外商投资产业指导目录》《〈内地与香港关于建立更紧密经贸关系的安排〉服务贸易协议》和《〈内地与澳门关于建立更紧密经贸关系的安排〉服务贸易协议》,取消原《出版物市场管理规定》中对外资、港澳台投资者设立出版物发行连锁单位的股权比例限制,取消外资只能以中外合作企业的形式从事音像制品发行业务的限制,取消连锁门店超过 30 家的外资不得控股的规定。规定对港澳永久性居民中的中国公民在内地各省(自治区、直辖市)设立从事出版物零售业务的个体工商户,无须经过外资审批。但是,涉及其他外商,仍需经地方商务主管部门依照外商投资有关法律、法规的规定,进行事前审批。

　　四是取消出版物发行员职业资格要求。2015 年 11 月,人社部公布废止了《招用技术工种从业人员规定》,进一步明确出版物发行员等 90 种职业资格只能作为水平评价类而非职业准入类职业资格。据此,修订删去了原发行单位准入门槛中主要负责人须具备出版物发行员职业资格证书的要求。

　　五是取消各地不得新设出版物批发市场的限制。随着出版物市场的放开和批发企业准入条件的调整,市场资源决定资源配置,“出版物批发市场”这一概念已无实质意义。因此,新的《出版物市场管理规定》取消了相关限制及有关批发市场的表述,重点放在加强对入驻批发市场发行企业的直接监管上。

　　第四,增加中小学教科书发行管理的内容。按照《出版管理条例》规定,中小学教科书发行应取得国务院出版行政部门批准的发行资质。因此,新《出版物市场管理规定》对中小学教科书发行单位设立条件、审批程序、教科书发行活动管理和相应罚则等做出了具体规定。为了确保中小学教科书“课前到书,人手一册”,新《出版物市场管理规定》明确了申请中小学教科书发行资质的相关条件,如发行网点、仓储面积和申请范围等,确保教科书发行资质与能力相适应。申请者只要能达到规定条件,可以在任何地方申请中小学教科书发行资质。

　　第五,加强事中事后监管措施。根据国务院关于政府职能转变简政放权、放管结合、优化服务的要求,新《出版物市场管理规定》就行政审批项目取消和下放以及注册资本登记制度改革后,从加强进销货清单管理、完善网络交易平台管理、规范发行委托方行为以及完善备案程序等方面,切实落实了行业监管责任,规范了出版物发行市场。

2016年6月16日,中宣部、国家新闻出版广电总局、国家发展改革委、教育部、财政部、住房和城乡建设部、商务部、文化部、中国人民银行、国家税务总局、国家工商总局等11部门联合发布《关于支持实体书店发展的指导意见》,提出加强政府引导,不断提升实体书店的创新力和竞争力,坚持改革创新的原则,推动实体书店经营模式创新和转型升级,着力解决制约实体书店发展的关键问题。推动实体书店与经济社会协调发展,鼓励实体书店积极参与公共文化服务,开展多种形式的群众读书文化活动。推动实体书店与网络融合发展,强化"互联网+"思维,充分利用互联网、物联网、云计算、大数据、数字印刷等新技术手段,实现实体书店由传统模式向新兴业态的转变。鼓励实体书店利用互联网技术推进数字化升级和改造,增强店面场景化、立体化、智能化展示功能,打造新一代"智慧书城"。到2020年,基本形成"布局合理、功能完善、主业突出、多元经营"的实体书店发展格局。

二、电子出版物政策法规概况

电子出版物是以磁性或光学信息存储介质为信息载体,以数字代码方式将图、文、声、像等信息存储在磁、光、电介质上,通过计算机或具有类似功能的设备阅读使用,用以表达思想、普及知识和积累文化,并可复制发行的大众传播媒体。电子出版物以其信息储存量大、重量轻、体积小、便于携带、出版周期短、信息报道及时、大大简化出版过程、提供良好的阅读和检索界面、易于管理、保存时间长等优点,逐渐成为满足人们信息需求的有效工具。

从20世纪末开始,随着计算机技术的飞速发展和信息服务水平的不断提高,作为一种新兴的知识信息传播媒体,具有明显优势的电子出版物已越来越受到各方面的重视。为了发展和繁荣我国电子出版物事业,加强对电子出版物的管理,1996年3月14日,新闻出版署颁布了《电子出版物管理暂行规定》,电子出版开始纳入法制化轨道。为了进一步加强电子出版管理,规范电子出版行为,1998年1月1日,修订后的《电子出版物管理规定》颁布实施,进一步加强了对引进版游戏的审批,加大了知识产权保护力度,有利于更好地打击侵权盗版等非法活动。

2008 年 3 月 17 日,新闻出版总署公布的《电子出版物出版管理规定》,共 9 章 63 条,更加科学和符合实际,进一步完善了出版管理体系,也加强了服务性。2016 年 2 月,国家新闻出版广电总局发布《电子出版物出版管理规定(修订征求意见稿)》,放宽了电子出版物的许可和审批。

为贯彻落实中央关于加快发展方式转变和产业结构调整的战略部署,推进新闻出版产业升级,推动我国向新闻出版强国迈进,新闻出版总署于 2010 年 9 月 8 日发布《关于加快我国数字出版产业发展的若干意见》(以下简称《数字出版产业发展意见》)。《数字出版产业发展意见》提出,到"十二五"末,我国数字出版总产值将力争达到新闻出版产业总产值的 25%;在全国形成 8—10 家各具特色、年产值超百亿元的国家数字出版基地或国家数字出版产业园区;形成 20 家左右年主营业务收入超过 10 亿元的具有国际竞争力的数字出版骨干企业;传统出版单位到 2020 年基本完成数字化转型。《数字出版产业发展意见》强调,要以数字化带动新闻出版业现代化,形成一批发展思路清晰、内容资源充沛、立足自主创新、出版方式多样、营销模式成熟、市场竞争力强、产品影响广泛的数字出版龙头企业,把数字出版产业打造成新闻出版支柱产业。

2010 年 10 月 9 日,新闻出版总署出台《发展电子书产业的意见》,就发展电子书产业提出了具体要求和新的目标。新闻出版总署将通过积极制订电子书产业发展规划、政策法规、相关标准及配套措施,促进内容、资金、技术、人才等资源的优化配置,提升自主创新能力,打造龙头企业和知名品牌,强化市场监管,优化市场环境,切实推动电子书产业又好又快发展。

为规范我国数字印刷经营活动,促进数字印刷业健康发展,根据《印刷业管理条例》的有关规定,新闻出版总署制定了《数字印刷管理办法》,自 2011 年 2 月 1 日起开始实施。《数字印刷管理办法》提出"促进数字印刷健康发展""国家支持、鼓励数字印刷经营企业采用新技术、开拓新模式、提供新服务",鼓励企业以数字印刷方式从事出版物印刷,遵循数字印刷技术的发展规律。《数字印刷管理办法》规定了设立数字印刷企业的条件:生产经营场所建筑面积不少于 50 平方米,注册资本不少于 100 万元人民币,有 1 台以上生产型数字印刷机,企业法定代表人或者主要负责人必须取得省级新闻出版行政部门颁发的《印刷法规培训合格证书》。

2014年4月24日,为贯彻党的十八大关于加快文化与科技融合的精神,落实《国家"十二五"时期文化改革发展规划纲要》关于"出版业要推动产业结构调整和升级,加快从主要依赖传统纸介质出版物向多种介质形态出版物的数字出版产业转型"的要求,推动新闻出版业健康快速发展,国家新闻出版广电总局、财政部联合制定了《关于推动新闻出版业数字化转型升级的指导意见》。

2015年3月31日,国家新闻出版广电总局、财政部印发《关于推动传统出版和新兴出版融合发展的指导意见》,推动传统出版和新兴出版融合发展,把传统出版的影响力向网络空间延伸,这是出版业巩固壮大宣传思想文化阵地、履行文化职责和保障自身生存发展的迫切需要。

第二节 出版产业政策法规主要内容

出版产业政策与法规的内容很多,为了便于学习和理解,我们把一些主要内容进行概括,并做一个简要的分析。

一、出版物政策法规的主要内容

出版物是指已经出版的作品,包括报纸、期刊、图书、音像制品、电子出版物和互联网出版物等。

(一)出版物的监管机构与职责

我国的出版行业管理机构主要分为业务机构和其他相关的监督管理机构两大类。县级以上地方各级人民政府负责出版管理的行政部门和文化行政部门是业务主管部门,负责本行政区域内出版活动的监督管理工作。县级以上地方各级人民政府的其他有关部门在各自的职责范围内,负责有关出版活动的监督管理工作,这些部门包括公安、司法、工商、海关、审计、银行、财政、税务、劳动等相关部门,其主要职责是进行经济监督和检查,引导和规范市场交易,打击违法犯罪,维护市场秩序,等等。

(二)出版物禁载内容与禁止印刷和复制的规定

公民可以在出版物上自由表达自己对国家事务、经济文化事业、社会事务的见解和意愿,自由发表自己从事科学研究、文学艺术创作和其他文化活动的成果。合法出版物受法律保护,任何组织和个人不得干扰、阻止、破坏出版物的出版。出版物的出版必须遵守宪法和国家法律,应传播有益于经济发展和社会进步的思想、道德、科学技术和文化知识。

任何出版物不得含有下列内容:

(1)反对宪法确定的基本原则的。

(2)危害国家统一、主权和领土完整的。

(3)泄露国家秘密、危害国家安全和损害国家荣誉和利益的。

(4)煽动民族仇恨、民族歧视,破坏民族团结,或侵害民族风俗、习惯的。

(5)宣扬邪教、迷信的。

(6)扰乱社会秩序,破坏社会稳定的。

(7)宣扬淫秽、赌博、暴力或教唆犯罪的。

(8)侮辱或诽谤他人,侵害他人合法权益的。

(9)危害社会公德或民族优秀文化传统的。

(10)有法律、行政法规和国家规定禁止的其他内容的。

任何印刷、复制单位不得印刷或复制下列出版物:

(1)含有禁载内容的。

(2)非法进口的。

(3)伪造、假冒出版单位名称或报纸、期刊名称的。

(4)未署出版单位名称的。

(5)中学小学教科书未经依法审定的。

(6)侵犯他人著作权的。

(三)有关出版物的刑事法律责任

刑事法律责任也可称为刑罚,是指具有刑事责任能力的人实施了刑事法律规范所禁止的行为(即犯罪行为)所必须承担的刑事法律后果。在法律规范中,刑事处罚是严厉的处罚种类。刑事处罚由司法机关依法做出,其他国家机关无此职权。

违反出版法规,应负刑事法律责任的主要有以下四种行为。

(1)出版行政部门或者其他有关部门的工作人员,利用职务上的便利收受他人财物或者其他好处,批准不符合法定设立条件的出版、印刷或者复制、进口、发行单位,或者不履行监督职责,或者发现违法行为不予查处,造成严重后果的,依照刑法关于受贿罪、滥用职权罪、玩忽职守罪或者其他罪的规定,依法追究刑事责任。

(2)未经批准,擅自设立出版物的出版、印刷或者复制、进口、发行单位,或者擅自从事出版物的出版、印刷或者复制、进口、发行业务,假冒出版单位名称或者伪造、假冒报纸、期刊名称出版出版物的,由出版行政部门、工商行政管理部门依照法定职权予以取缔,依照刑法关于非法经营罪的规定,依法追究刑事责任。

(3)出版、进口含有禁止内容的出版物的,明知或应知出版物含有禁止内容而印刷或复制、发行的,明知或应知他人出版含有禁止内容的出版物而向其出售或以其他形式转让本出版单位的名称、书号、刊号、版号、版面,或出租本单位的名称、刊号,触犯刑律的,依照刑法有关规定,追究刑事责任。

(4)走私出版物的,依照刑法关于走私罪的规定,追究刑事责任。

(四)有关出版物的行政法律责任

行政法律责任,是指由国家行政机关认定的,行为人因违反行政法律规范所应承担的法律后果。行政法律责任包括行政处罚和行政处分。

1.行政处罚

行政处罚是指由国家行政机关依照法律、法规(或规章)、规定对违反行政法律规范和行政管理秩序的公民、法人或其他组织实施的行政法律制裁。行政处罚的种类包括:警告、罚款、没收非法所得、没收非法财物、责令停产停业、暂扣或吊销许可证书、暂扣或吊销执照、行政拘留等。

涉及的行政处罚种类包括:警告、罚款、没收非法所得、没收非法财物、责令停业、吊销许可证书、吊销营业执照等。

(1)未经批准,擅自设立出版物的出版、印刷或者复制、进口、发行单位,或者擅自从事出版物的出版、印刷或者复制、进口、发行业务,假冒出版单位名称或者伪造、假冒报纸、期刊名称出版出版物的,由出版行政部门、工商行政管理部门依照法定职权予以取缔;尚不够刑事处罚的,没收出版物、违法所得和从事违法活动的专用工具、设备,违法经营额1万元以上的,并处违法经营额5倍以上10倍以下的罚款,违法经营额不足1万元的,并处1万元以上5万元以下的罚款;侵犯他人合法权益的,依法承担民事责任。

(2)出版、进口含有禁止内容的出版物的,明知或应知出版物含有禁止内容而印刷或复制、发行的,明知或应知他人出版含有禁止内容的出版物而向其出售或以其他形式转让本出版单位的名称、书号、刊号、版号、版面,或出租本单位的名称、刊号的,尚不够刑事处罚的,由出版行政部门责令限期停业整顿,没收出版物、违法所得,违法经营额1万元以上的,并处违法经营额5倍以上10倍以下的罚款;违法经营额不足1万元的,并处1万元以上5万元以下的罚款;情节严重的,由原发证机关吊销许可证。

(3)进口、印刷或者复制、发行国务院出版行政部门禁止进口的出版物的;印刷或者复制走私的境外出版物的;发行进口出版物未从本条例规定的出版物进口经营单位进货的,由出版行政部门责令停止违法行为,没收出版物、违法所得,违法经营额1万元以上的,并处违法经营额5倍以上10倍以下的罚款;违法经营额不足1万元的,并处1万元以上5万元以下的罚款;情节严重的,责令限期停业整顿或者由原发证机关吊销许可证。

(4)走私出版物尚不够刑事处罚的,由海关依照海关法的规定给予行政处罚。

(5)印刷或者复制单位未取得印刷或者复制许可而印刷或者复制出版物的;印刷或者复制单位接受非出版单位和个人的委托印刷或者复制出版物的;印刷或者复制单位未履行法定手续印刷或者复制境外出版物的,印刷或者复制的境外出版物没有全部运输出境的;印刷或者复制单位、发行单位或者个人发行未署出版单位名称的出版物的;出版、印刷、发行单位出版、印刷、发行未经依法审定的中学小学教科书,或者非依照《出版管理条例》规定确定的单位从事中学小学教科书的出版、印刷、发行业务的,由出版行政部门没收出版物、违法所得,违法经营额1万元以上的,并处违法经营额5倍以上10倍以下的罚款;违法经营额不足1万元的,并处1万元以上5万元以下的罚款;情节严重的,责令限期停业整顿或者由原发证机关吊销许可证。

（6）出版单位出售或者以其他形式转让本出版单位的名称、书号、刊号、版号、版面，或者出租本单位的名称、刊号的，由出版行政部门责令停止违法行为，给予警告，没收违法经营的出版物、违法所得，违法经营额1万元以上的，并处违法经营额5倍以上10倍以下的罚款；违法经营额不足1万元的，并处1万元以上5万元以下的罚款；情节严重的，责令限期停业整顿或者由原发证机关吊销许可证。

（7）有下列行为之一的，由出版行政部门责令改正，给予警告；情节严重的，责令限期停业整顿或由原发证机关吊销许可证。

①出版单位变更名称、主办单位或其主管机关、业务范围，合并或分立，出版新的报纸、期刊，或报纸、期刊改变名称、刊期，以及出版单位变更其他事项，未到出版行政部门审批、变更登记手续的；

②出版单位未将年度出版计划和涉及国家安全、社会安定等方面的重大选题备案的；

③出版单位未依照条例规定送交出版物样本的；

④印刷或者复制单位未依照条例的规定留存备查的材料的；

⑤出版物进口经营单位未依照规定将其进口的出版物目录备案的。

（8）未经批准，举办境外出版物展览的，由出版行政部门责令停止违法行为，没收出版物、违法所得，情节严重的责令限期停业整顿或由原发证机关吊销许可证。

（9）印刷或复制、批发、零售、出租、散发含有禁止内容的出版物或其他非法出版物的，当事人对非法出版物的来源做出说明、指认，经查证属实的，没收出版物、违法所得，可以减轻或免除其他行政处罚。

（10）单位违反规定被处以吊销许可证行政处罚的，应按照国家有关规定到工商行政管理部门办理变更登记或注销登记；逾期未办理的，由工商行政管理部门吊销营业执照。单位被处以吊销许可证行政处罚的，其法人或主要负责人自许可证被吊销之日起，10年内不得担任出版、印刷或复制、进口、发行单位的法人或主要负责人。

2.行政处分

行政处分是指国家机关、企事业单位、社会团体等根据法律或内部规章制度的规定，按照隶属关系，对其所属的工作人员犯有轻微违法失职行为尚不够刑事处分的或违反内部纪律的一种制裁。对象只能是自然人，行

政处分只能由其所属的单位给予。行政处分包括六种形式：警告、记过、记大过、降级、撤职、开除。

出版行政部门或其他有关部门的工作人员，利用职务上的便利收受他人财物或其他好处，批准不符合法定设立条件的出版、印刷或复制、进口、发行单位，或不履行监督职责，或发现违法行为不予查处，给予降级或撤职的行政处分。

（五）有关出版物的民事法律责任

民事法律责任，是指民事主体违反民事义务而依法应承担的民事法律后果。

未经批准，擅自设立出版物的出版、印刷或复制、进口、发行单位，或擅自从事出版物的出版、印刷或复制、进口、发行业务，假冒出版单位名称或伪造、假冒报纸、期刊名称出版出版物，侵犯他人合法权益的，依法承担民事责任。

二、电子出版物政策法规的主要内容

国家对电子出版物出版、复制、进口、发行实行许可证制度。任何单位和个人未经许可，不得从事电子出版物经营活动。电子出版物经营单位应在其经营场所张挂许可证，接受有关行政管理部门的检查。电子出版物经营单位不得超越出版行政管理部门核准经营范围从事电子出版物经营活动。

（一）电子出版物的许可制度与出版单位的管理

1. 许可制度和编辑责任制度

国家对电子出版物出版活动实行许可制度，未经许可，任何单位和个人不得从事电子出版物的出版活动。电子出版物出版单位实行编辑责任制度，保障电子出版物的内容符合有关法规、规章规定。

2. 电子出版物出版单位的管理

设立电子出版物的出版单位，经其主管单位同意后，由主办单位向所在地省、自治区、直辖市新闻出版行政部门提出申请；经省、自治区、直辖市新闻出版行政部门审核同意后，报国家新闻出版广电总局审批。

设立电子出版物的出版单位，应当具备下列条件：

(1)有电子出版物出版单位的名称、章程。

(2)有符合国家新闻出版广电总局认定条件的主管、主办单位。

(3)有确定的电子出版物出版业务范围。

(4)有 200 万元以上的注册资本。

(5)有适应业务范围需要的设备和工作场所,其固定工作场所面积不得少于 200 平方米。

(6)有适应业务范围需要的组织机构,有 2 人以上具有中级以上出版专业职业资格。

(7)法律、行政法规规定的其他条件。

除依照前款所列条件外,还应当符合国家关于电子出版物出版单位总量、结构、布局的规划。

(二)电子出版物的管理

1. 书号管理

出版电子出版物,必须按规定使用中国标准书号。同一内容,不同载体形态、格式的电子出版物,应当分别使用不同的中国标准书号。出版连续型电子出版物,必须按规定使用国内统一连续出版物号,不得使用中国标准书号出版连续型电子出版物。电子出版物出版单位不得以任何形式向任何单位或者个人转让、出租、出售本单位的名称、电子出版物中国标准书号、国内统一连续出版物号。

2. 备案和送交样本

电子出版物出版实行重大选题备案制度。涉及国家安全、社会安定等方面重大选题,涉及重大革命题材和重大历史题材的选题,应当按照国家新闻出版广电总局有关选题备案的规定办理备案手续;未经备案的重大选题,不得出版。电子出版物发行前,出版单位应当向国家图书馆、中国版本图书馆和新闻出版总署免费送交样品。

3. 版面管理

电子出版物应当符合国家的技术、质量标准和规范要求。

出版电子出版物,须在电子出版物载体的印刷标识面或其装帧的显著位置载明电子出版物制作、出版单位的名称,中国标准书号或国内统一连续出版物号及条码,著作权人名称以及出版日期等其他有关事项。

境外著作权人授权的电子出版物,须在电子出版物载体的印刷标识面或其装帧的显著位置载明引进出版批准文号和著作权授权合同登记证号。

4. 与境外机构合作的管理

电子出版物出版单位与境外机构合作出版电子出版物,须经主管单位同意后,将选题报所在地省、自治区、直辖市新闻出版行政部门审核;省、自治区、直辖市新闻出版行政部门审核同意后,报国家新闻出版广电总局审批。

(三)电子出版物的委托复制管理

委托复制电子出版物和电子出版物非卖品,必须使用复制委托书,并遵守国家关于复制委托书的管理规定。复制委托书由国家新闻出版广电总局统一印制。

委托复制电子出版物、电子出版物非卖品的单位,应当保证开具的复制委托书内容真实、准确、完整,并须将开具的复制委托书直接交送复制单位。

委托复制电子出版物、电子出版物非卖品的单位不得以任何形式向任何单位或者个人转让、出售本单位的复制委托书。

委托复制电子出版物的单位,自电子出版物完成复制之日起30日内,须向所在地省、自治区、直辖市新闻出版行政部门上交本单位及复制单位签章的复制委托书第二联及样品。

委托复制电子出版物、电子出版物非卖品的单位,经批准获得电子出版物复制委托书之日起90日内未使用的,须向发放该委托书的省、自治区、直辖市新闻出版行政部门交回复制委托书。

(四)电子出版物的进口管理

进口电子出版物成品,须由国家新闻出版广电总局批准的电子出版物进口经营单位提出申请。所在地省、自治区、直辖市新闻出版行政部门审核同意后,报国家新闻出版广电总局审批。申请进口电子出版物,应当提交下列材料:申请书(应当载明进口电子出版物的名称、内容简介、出版者名称、地址、进口数量等);主管单位审核意见;申请单位关于进口电子出版物的审读报告;进口电子出版物的样品及必要的内容资料。

进口电子出版物的外包装上应贴有标识,载明批准进口文号及用中文注明的出版者名称、地址、著作权人名称、出版日期等有关事项。

（五）有关电子出版物的法律责任

电子出版物出版单位违反本规定的,国家新闻出版广电总局或者省、自治区、直辖市新闻出版行政部门可以采取下列行政措施:

(1)下达警示通知书。

(2)通报批评。

(3)责令公开检讨。

(4)责令改正。

(5)责令停止复制、发行电子出版物。

(6)责令收回电子出版物。

(7)责成主办单位、主管单位监督电子出版物出版单位整改。

未经批准,擅自设立电子出版物出版单位,擅自从事电子出版物出版业务,伪造、假冒电子出版物出版单位或者连续型电子出版物名称、电子出版物专用中国标准书号出版电子出版物的,由出版行政主管部门、工商行政管理部门依照法定职权予以取缔,依照刑法关于非法经营罪的规定,依法追究刑事责任;尚不够刑事处罚的,没收出版物、违法所得和从事违法活动的专用工具、设备。违法经营额 1 万元以上的,并处违法经营额 5 倍以上 10 倍以下的罚款,违法经营额不足 1 万元的,可以处 5 万元以下的罚款;侵犯他人合法权益的,依法承担民事责任。图书、报纸、期刊、音像等出版单位未经批准,配合本版出版物出版电子出版物的,属于擅自从事电子出版物出版业务,按照前款处罚。

从事电子出版物制作、出版业务,有下列行为之一,触犯刑律的,依照刑法有关规定,依法追究刑事责任;尚不够刑事处罚的,由出版行政主管部门责令限期停业整顿,没收出版物、违法所得。违法经营额 1 万元以上的,并处违法经营额 5 倍以上 10 倍以下的罚款;违法经营额不足 1 万元的,可以处 5 万元以下的罚款;情节严重的,由原发证机关吊销许可证。

(1)制作、出版含有《出版管理条例》第二十五条、第二十六条禁止内容的电子出版物的。

(2)明知或者应知他人出版含有《出版管理条例》第二十五条、第二十六条禁止内容的电子出版物而向其出售、出租或者以其他形式转让本出版单位的名称、电子出版物专用中国标准书号、国内统一连续出版物号、条码及电子出版物复制委托书的。

电子出版物出版单位出租、出借、出售或者以其他任何形式转让本单位的名称、电子出版物专用中国标准书号、国内统一连续出版物号的,由出版行政主管部门责令停止违法行为,给予警告,没收违法经营的出版物、违法所得。违法经营额 1 万元以上的,并处违法经营额 5 倍以上 10 倍以下的罚款;违法经营额不足 1 万元的,可以处 5 万元以下的罚款;情节严重的,责令限期停业整顿或者由原发证机关吊销许可证。

有下列行为之一的,由出版行政主管部门责令改正,给予警告;情节严重的,责令限期停业整顿或者由原发证机关吊销许可证:

(1)电子出版物出版单位变更名称、主办单位或者主管单位、业务范围、资本结构,合并或者分立,电子出版物出版单位变更地址、法定代表人或者主要负责人,未依照本规定的要求办理审批、变更登记手续的。

(2)经批准出版的连续型电子出版物,新增或者改变连续型电子出版物的名称、刊期与出版范围,未办理审批手续的。

(3)电子出版物出版单位未按规定履行年度出版计划和重大选题备案的。

(4)出版单位未按照有关规定送交电子出版物样品的。

(5)电子出版物进口经营单位违反本规定第三十八条未经批准进口电子出版物的。

电子出版物出版单位未依法向新闻出版行政部门报送统计资料的,依据国家新闻出版广电总局、国家统计局联合颁布的《新闻出版统计管理办法》处罚。

第三节　出版产业政策法规典型案例

为了帮助认识与理解出版产业政策与法规,我们在这里选择了几个有关出版物的典型案例,通过对案例的分析,加深对相关政策与法规的理解。

一、琼某诉于某案

▌案情简介

2014 年 4 月 15 日,台湾著名言情小说作家琼某通过《花非花雾非雾》官方微博公布写给国家新闻出版广电总局的一封公开信,举报于某抄袭其作品《梅花烙》,称:"目前正在中国大陆播出的电视连续剧,编剧于某,《梅花烙》的主要情节与故事脉络,几乎全部被套用于剧情之中,抄袭侵权情形之恶劣前所未见。"琼某表示对此"忍无可忍"。当日下午,于某做出回应,解释"抄袭说"纯属巧合和误伤,并将"抄袭"传闻归咎于部分网友和媒体。于某还说道:"我们没有任何恶意借您的作品进行炒作,更不用说冒犯。艺术本来是需要继承与发展的,您一直是中国言情剧的鼻祖,您对中国编剧技巧和故事架构的创新和发展无人能及。"面对起诉和质疑,于某再次谈及此事时称:"我觉得只有没文化和人云亦云的人才会提出这样的问题。偷龙转凤是古代文学中的一个经典桥段,像'三言二拍'这样的经典当中(都有),这些都是古人留下的文化遗产,它不是属于某个作家或者编剧的。"

2014 年 5 月 28 日,琼某向北京市第三中级人民法院提起诉讼称,于某未经她的许可,擅自采用《梅花烙》的核心独创情节,改编创作电视剧本,并联合其他 4 方被告共同摄制了电视连续剧且播出。琼某认为于某严重侵犯了她的改编权、摄制权,给她造成了极大的精神伤害。请求判令于某在内的 5 方被告立即停止侵权,消除影响,向其赔礼道歉并赔偿经济损失 2000 万元。

2014 年 12 月 25 日,北京市第三中级人民法院对琼某起诉于某等侵权案进行宣判。琼某被认定是《梅花烙》剧本的作者及著作权人。判决要求,自判决生效之日起,立即停止该电视剧的复制、发行和传播行为。被告于某于本判决生效之日起 10 日内刊登致歉声明,向琼某道歉,消除影响。于某及某经视文化传播有限公司等 4 家公司于判决生效 10 日内连带赔偿琼某经济损失及诉讼合理开支共计 500 万元。琼某的其他诉讼请求被驳回。

一审法院认定 5 名被告构成共同侵权,并赔偿原告经济损失 500 万元。一审判决后,5名被告均不服判决,向北京市高级人民法院提起上诉。

2015年4月8日,北京市高级人民法院公开审理琼某诉于某等侵害著作权上诉案。2015年12月18日,琼某《梅花烙》著作权维权案终审落幕,北京市高级人民法院一锤定音:驳回各被告上诉请求,维持原判。该侵权案琼某胜诉,于某被判公开道歉,并停止传播,5个出品方被告共计赔偿500万元。

▌案情评析

第一点,琼某是否享有《梅花烙》小说及剧本的著作权?文学作品有登记的凭著作权登记凭证可以证明著作权,没有进行著作权登记的,涉及著作权的底稿、原件、合法出版物、认证机构出具的证明、取得权利的合同等都可以证明著作权权利人。本案中,首先,电视剧《梅花烙》的著作权属于琼某。于某的律师虽然举证证明电视剧《梅花烙》在字幕中显示编剧为林某,因此认为琼某并不具有《梅花烙》剧本的著作权,但在审理过程中林某及《梅花烙》电视剧的制作人均证明著作权人为琼某。其次,小说《梅花烙》的署名作者是原告琼某。因此,一审法院认定琼某享有《梅花烙》剧本及小说的著作权。

第二点,《梅花烙》小说及剧本中哪些内容在著作权保护的范围之内?

我们知道,不论小说还是剧本都是通过文字来表现的,如果是一字不漏的抄袭很容易就确定是侵权。但汉语博大精深,两段不同的文字完全可以表达出一样的内容情节,所以,不能仅仅以文字的重合程度来判定是否侵权。那么,对这些文学作品而言,到底什么是它们的真正的智慧成果,什么才是应当被法律所保护的呢?任何一部作品都是通过文字、画面、语言来进行表达,一部作品的表达元素包括具体的人物设置、人物关系、情节、社会背景、矛盾冲突、情节发展串联、人物心理等等,这些通常都融入了作者的独创性的思考,凝结着作者与众不同的情感观念和人生经验,并由此产生了作者独创性的表达。事实上,在本案中,于某一方举出了大量证据证明《梅花烙》小说及剧本的情节如偷龙转凤、公主下嫁来自民间故事不具有独创性,还有大量的情节来自《红楼梦》,以此来证明他们并不存在侵权行为。而琼某一方则从人物关系、情节结构、内在逻辑串联等来指出对方所侵犯的实质内容,也以此来说明其作品的独特性。琼某一方的意见无疑是非常正确也是很有利的。

在本案中,法官通过对文学作品在创作过程中的表达元素进行分析,指出作品的人物设计、情节结构、内在逻辑串联是应受著作权保护的重要元素。也就是说,文学作品中的人物设计、情节结构、内在逻辑串联构成了独创性的思想表达,这种表达就是著作权保护的客体。本案中于某是否构成侵权要看的就是于某的《宫锁连城》在人物设计、情节结构、内在逻辑串联上所构成的表达是否与琼某相似或相同。

第三点,500万元的赔偿金额是如何确定的?停止该电视剧的发行传播的依据何在?

著作权侵权之诉的诉求一般为三点:停止侵害、赔礼道歉、赔偿损失。本案中琼某一方提出的诉讼请求是判令被告立即停止侵权,消除影响,向原告赔礼道歉并赔偿2000万元。本案最终判决赔偿金额500万元,停止电视剧的发行传播,并赔礼道歉。500万元的金额在中国知识产权尤其是著作权赔偿领域里算是天价,但实际上并不算高。根据法律规定,赔偿金额的确定有三种方式。第一是按受害人实际损失来计算。第二是按侵害人违法所得来计算。第三是由法院酌定,即酌情确定。在本案中,原告要求被告提供从电视剧获得的编剧合同及发行合同以证明其违法所得,但被被告拒绝。原告遂自行主张了被告于某从电视剧获得的编剧酬金及发行价格,并以此来支持2000万元的赔偿计算依据。法官依此认定,两被告明显持有编剧合同和发行合同,且依据这两份合同可以确定所得,但两被告拒不提供,应此推定原告主张的赔偿数字是有合理性和可参考性的,最终,在此基础上综合被告侵权的严重程度确定了500万元的赔偿金额。判决还确定被告停止发行、传播电视剧,通常法官在判令停止侵害时往往根据侵权行为的程度以及是否损及社会公共利益来判定。如果只是轻微的侵权行为或部分侵权行为,很难会判令停止整体行为。

本案中法官认为:被告的剧本及电视剧实质性整体改编了原告的小说及剧本《梅花烙》,电视剧现有的人物设置、人物关系、重要情节及情节串联等整体的创作表达很大程度上来源于原告作品,是原告作品的主要创作表达,据此可以认定原告作品在被告作品中被使用的程度较高。在此情况下,如果被告未经许可所实施的侵权发行行为得以继续,将实际上剥夺原告对于其作品权利的独占享有,并实质阻碍或减少原告作品再行改编或进入市场的机会,有违公平原则。本院认为,权利人合法有据的处分原则应当得到尊重,只有当权利人行使处分权将过度损害社会公共利益和关联方合法权益时,才能加以适度限制,以保障法律适用稳定性与裁判结果妥当性的平衡。而基于本案中被告的过错及侵权程度、损害后果、社会影响,应判令停止电视剧的发行与播出为宜。

琼某诉于某著作权侵权一审的胜诉对于中国的众多知名作家、编剧来说是一个巨大的鼓舞,对于众多从事知识产权法律工作的律师来说也是一个鼓舞。中国已经经历了无序的粗放的发展时代,新的时代要求法治,需要创新,而这必将带来知识产权法律的进步和发展,侵权的成本将会越来越高,维权的行为也将越来越普遍。而随之而来的,必将是一个创造者的春天。

来源:http://www.110.com/ziliao/article-523488.html

二、"美国化学文摘光盘出版物"非法解密盗版案

▌案情简介

2003年1月21日,浙江省版权局接全国"扫黄"办转送的举报材料后,立即抽调版权稽查人员,会同宁波市公安局及文化局,于2003年1月22日晚依法传唤了涉案人吕某某及其同伙宋某某,并依法扣押了在其暂住房内查获的作案工具。经连夜突击审问,吕某某、宋某某供认了其解密并盗版销售"美国化学文摘光盘出版物"的违法事实。

据交代,因吕某某在互联网上声称其有解密技能,2002年9月,天津一图书馆的王某某分2次共邮寄8张正版"美国化学文摘光盘出版物"给吕某某,让其解密。吕某某联系其同乡、浙江某大学在读博士生裘某完成解密工作后,王某某以汇票形式付给吕某某解密报酬1.5万元。吕某某付给裘某6000元,付给代收汇票的某电脑公司1000元,剩余8000元由其与同伙宋某某瓜分。为获取更多利益,在归还王某某正版光盘之前,吕某某私下刻录复制了备份,然后以群发邮件形式在网上联系客户进行销售。至

查获之日，吕、宋两人共刻录复制侵权制品9套，分别以1200元至2500元不等的价格卖出7套，尚存2套被版权行政管理机关收缴。

根据调查掌握的情况，由于涉案人非法获利数额尚达不到追究刑事责任的标准，浙江省版权局与宁波市版权行政管理部门商定，由宁波市版权行政管理部门对吕某某、宋某某分别做出没收违法所得、没收并销毁侵权复制品、没收主要用于制作侵权复制品的设备工具和罚款的行政处罚。鉴于涉案人裘某确实是在不知情的情况下充当了吕某某的"解密工具"，而且已经对自己的错误行为认识较深，对行政机关的调查主动配合，以及其年纪尚轻并正在攻读博士学位的实际，浙江省版权局决定对其予以从轻处罚，并于2003年2月28日下达了责令停止侵权行为、没收违法所得的行政处罚决定书。

案情评析

美国《化学文摘》光盘出版物（CA on CD）是国际上相关专业领域的重要文献资料数据库，对制药、生物、医学、化学研究具有重要作用。美国化学文摘社（CAS）发现其产品在中国被盗版后，暂停了对中国内地及香港地区的正版产品供应。以当时我国的实际，如果我国的科学家和信息情报人员不能及时获得CAS产品，必将给相关领域的研发工作造成不必要的损失。同时，中国加入世界贸易组织后，对保护知识产权重要性的认识也有了较大的提高。本案即是在此背景之下开展的，其案情并不复杂，却是在新技术条件下处理涉外侵权盗版活动的典型案例，对全国各级版权行政管理机构查办同类案件有以下的典型作用。

第一，互联网的最大特点在于传播信息的快捷性和活动的隐蔽性。信息一旦在网上发布，便无法知道有多少人于何时何地浏览，也难以控制发布者与接受者之间交流活动的内容。这是传统的图书报刊甚至广播电视所无法比拟的。版权行政管理机关在确定违法行为存在的第一时间里，应以最快的速度加以制止并进行查办。因此，对于数字化和网络环境下的侵权盗版活动，行动迅速是办案关键。

在这起非法解密盗版案中，浙江省版权局于2003年1月21日接到全国"扫黄"办转送的举报材料时，涉案人的违法行为正在互联网上继续实施之中,如果不以最快的速度及时制止,其兜售活动的范围、数量和后果都将越来越大、越来越多、越来越严重。因此,浙江省版权局办案人员当天即与宁波方面取得联系,次日赶赴宁波,在与当地公安、文化部门共同研究、分析、踩点后,于晚上9时在涉案人的暂住房内人赃俱获。当晚11时至次日凌晨2时,经过对涉案人2个多小时的突击审问,终使其交代解密并销售盗版"美国化学文摘光盘出版物"的违法事实,并从速消除在互联网上散布的有关非法信息,将对权利人的侵害降到最低限度。

第二,在查办本案过程中,版权执法人员除了应对版权专业知识有深入的了解外,对计算机、软件编码以及信息网络技术等方面的专业知识也应有所认识。随着各类作品数字化的快速发展,人们利用数字技术对作品进行复制、传送、修改和访问更加便利。与此同时,网络和数字环境下的侵权盗版活动也越来越多,即使有技术保护措施,但各种破坏技术措施的侵权行为始终相生相伴,此类侵权行为的查处,对版权行政执法工作提出了一系列新的要求。因此,版权行政管理机关的执法人员在查办此类案件时,知识面一定要更宽,且应尽量深入了解数字网络知识,当涉及案件技术含量过高时,应及时与专业机构联系取得帮助,以保证查办案件的快速性和高效性。

在本案中,由于了解到"美国化学文摘光盘出版物"非法解密盗版涉及源程序比对等专业问题,浙江省版权局当即物色并聘请了几位素质较高的计算机专家为顾问,为及时了解并全面掌握侵权盗版的实质程度,为案件定性起到了一定的保障作用。

第三,惩罚适当是查办新技术侵权案件的核心内容之一。此案是2001年10月《著作权法》修改后浙江省版权行政机关查处的第一期未经著作权人或者与著作权有关的权利人许可,故意破坏权利人对其作品采取的技术措施,并且通过互联网非法销售盗版制品的案件。此案在定性上不存在问题,属于《著作权法》第四十七条第(一)(六)项规定的侵权行为,尽管尚未构成犯罪,但著作权行政管理机关对侵权人进行行政处罚毋庸置疑。

此案的最后处罚,版权行政管理机构主要考虑了以下四个因素:一是此案的涉案人中,吕某某是主要策划实施者,上网发布非法信息、复制刻录、联系客户、达成交易等均为吕某某一手操作,宋某某只是吕某某的帮手、同伙,因此,吕某某应负主要法律责任;二是从侵权行为的手段、后果以及权利主体的性质上来看,情节较为严重;三是裘某虽为具体解密者,但因吕某某是替一家科研单位的朋友帮忙,裘某在不知情的情况下,主要出于朋友关系和兴趣进而从事解密行为,当然事实中也有吕某某许诺付给报酬的因素,因此虽然主观过错不明显,但也应承担相应的法律责任;四是侵权人经济上的实际承受能力。此案的最后处理结果,投诉方、举办人均表示满意,国家版权局、全国"扫黄"办也予以肯定,即便是涉案当事人,也对行政处罚心服口服,从而达到了惩戒和挽救教育的目的。

第四,查办涉外案件更应严格依据我国加入的国际公约以及现行著作权法律法规的规范。此案查处之后曾有人问:"如果不是美国的权利人投诉举报,版权行政管理部门会不会如此重视,查处如此迅速?"这就引申出一个"超国民待遇"的问题。其实,随着全球经济一体化以及我国加入世界贸易组织,我国在知识产权领域的保护水平不断提高,力度不断加大,版权行政管理机构一方面应当保障我国著作权人的合法权益不受侵害,同时更肩负着依法保障他国权利人权益的责任。因此,在依法行政的同时,应积极引导公众及舆论从正面的角度了解、认识涉外案件的办理,以更好地达到通过一个执法案例起到宣传效果的目的。

面对科学技术的不断发展和信息社会的各种挑战,版权行政执法工作只有在实践中不断学习,不断探索,不断积累,不断完善,才能适应形势发展的要求,不辱时代赋予版权行政管理机构"实施版权保护,保障创新发展"的崇高使命。

来源:《知识产权案例选编——面向执法司法人员》,国家保护知识产权工作组组织编写,人民出版社 2008 年版

▌讨论与思考题

1. 怎样理解出版产业政策法规的发展?
2. 电子出版物政策法规主要有哪些?
3. 请对下列案例进行分析和点评。

案　例

案例一：某出版社等侵权 南怀瑾之子索赔近千万

2014 年 10 月 8 日,上海市第一中级人民法院受理了已故南怀瑾先生之子南小舜诉某大学出版社有限公司等侵犯著作权纠纷一案,涉案索赔金额近千万元。

南小舜于 2013 年 11 月发现,某出版社与某文化事业股份有限公司 2012 年 7 月签订的《南怀瑾著作再版合同书》中约定,将本该由南怀瑾享有的 24 种著作和《南怀瑾选集》的版权费,直接付给某文化事业股份有限公司。某出版社分别于 2008 年 5 月、2009 年 1 月、2010 年 1 月与某文化事业股份有限公司签订《南怀瑾著作再版合同书》约定版权费,南怀瑾除收到 2008 年版权费,再未收到某出版社支付的其他版权费。2014 年 7 月,南小舜于上海某店购得《南怀瑾选集》一套,得知该作品已于 2013 年 5 月印刷出版了 2 次,但他未收到过版权费。

南小舜诉某出版社、某文化事业股份有限公司、某传媒连锁有限公司上海某店侵权,要求判令三被告赔礼道歉,停止侵权,向原告支付合理开支 30 余万元,某出版社、某文化事业股份有限公司共同赔偿原告经济损失近千万元。

来源:news. qq. com/a/20141009/005259. htm

案例二　"7·1"特大侵权盗版出版物案

2014 年 10 月 28 日,北京市"扫黄打非"办公室常务副主任周大庆宣布,"7·1"特大侵权盗版出版物案已被破获,查处涉案单位 30 家,收缴涉案侵权盗版出版物 889 种,共计 120 余万册,码洋 5000 余万元人民币,在北京、江西两地刑事拘留 32 名涉案人员。

此案是近年来查处的涉案企业最多、涉案地区最广、抓获违法人员最多、收缴侵权盗版图书品种最多、查处证据链条最完整的侵权盗版出版物案件。周大庆表示,该犯罪团伙自 2010 年以来,大量盗印、销售教材教辅,并销售至全国 26 个省区市。涉案的 50 余万册出版物已被鉴定为非法出版物,其余涉案出版物正在进一步鉴定中。北京市文化执法总队已对第一批确认存在违法事实的 4 家印刷企业做出共计 217 万元人民币的行政处罚,其余涉案企业正在进一步调查处理中。此案的侦破,有效地惩治了违法犯罪分子,净化了出版物市场环境,保障了文化市场健康有序的发展。

来源:http://www.chinanews.com/fz/2014/10-28/6725388.shtml

第三章　广播电视产业政策法规与典型案例

我国对广播电视产业实行行政管理制度,目前已初步形成了一个较为完善的政策法规体系,这些政策法规对于保障我国广播电视产业的发展,起到了重要的作用。

第一节　广播电视产业政策法规概述

我国广播电视政策法规的发展经历了不平凡的发展过程,我们把这个过程大体上分为三个阶段。

一、我国广播电视政策法规建设的起步阶段

广播和电视作为现代传播媒介,分别诞生于 20 世纪 20 年代和 30 年代的欧美发达国家。我国的广播事业是在革命战争年代解放区广播事业的基础上建立起来的。解放区广播事业的创建,始于 1940 年 12 月开播的延安新华广播电台。1958 年 9 月建立"北京电视台"并播出电视节目,标志着新中国电视事业的开端。但在中华人民共和国成立后的相当长一段时间内,广播电视的政策法规建设却相当缓慢。

我国广播电视的政策法规建设主要是从改革开放以后开始发展的,广播电视主管部门和其他相关职能部门从 20 世纪 80 年代中期就开始进行立法工作,制定了一系列广播电视法规性文件和规章,如《广播电视部关于市、县建立电台、电视台的暂行规定》《广播电视设施保护条例》《广播电视无线电管理办法》等,广播电视法制建设开始走上正轨。

1990 年 11 月 2 日,《有线电视管理暂行办法》的出台,标志着我国有线电视事业走上了有章可循、有法可依的轨道。为了保证《有线电视管理

暂行办法》的贯彻执行,广播电影电视部还先后出台了一系列关于有线电视的行政法规和技术标准,如《〈有线电视管理暂行办法〉实施细则》《有线电视系统技术维护运行管理暂行规定》等。在此后相继出台了《关于实行电视剧制作许可证制度的规定》《卫星地面接收设施接收外国卫星传送电视节目管理办法》等法规。

二、我国广播电视政策法规建设的稳步发展阶段

为了加强对卫星电视广播地面接收设施的管理,1993 年 10 月 5 日,国务院发布《卫星电视广播地面接收设施管理规定》。1994 年 2 月,广播电影电视部发布了《有线电视管理规定》《〈卫星电视广播地面接收设施管理规定〉实施细则》,加强了对有线电视的管理,并进一步对卫星电视广播地面接收设施的管理做了详细规定。

1994 年广电部制定的《关于引进、播出境外电视节目的管理规定》和1995 年制定的《中外合作制作电视剧(录像片)管理规定》,对引进播出、与外资合作制作电视节目等做出了相应的规定。

1996 年《广播电台、电视台设立审批管理办法》出台,对规范电台、电视台的设立审批、加强管理、促进发展等都发挥了积极有效的作用。同年中共中央办公厅、国务院办公厅下发《关于加强新闻出版广播电视业管理的通知》,国家广电总局对广播电视行业存在的散滥现象进行了有效的治理,并取得了阶段性成果。

为加强广播电视管理,发展广播电视事业,促进社会主义精神文明和物质文明建设,1997 年 8 月 1 日,国务院制定了《广播电视管理条例》,并于同年 9 月 1 日起施行,这是目前我国管理广播电视活动的基本法律依据。《广播电视管理条例》的实施对于规范广播电视活动的秩序,促进广播电视事业的发展,加强广播电视领域的法制建设起了积极的作用。在尚不具备制定"广播电视法"的条件下,填补了法律的空白,以行政法规的形式为国家管理广播电视活动提供了法律依据。

我国在实施《广播电视管理条例》的过程中,又陆续颁布了一系列配套法规,建立了较为完整的广播电视法规体系。目前我国的广播电视法规体系主要是国务院的行政法规,以及国务院广播电视主管部门和其他相关职能部门的行政规章。如《电视剧审查暂行规定》《广播电视设施保护条例》

《电视剧管理规定》以及中共中央宣传部与原广播电影电视部联合发布的《关于禁止有偿新闻的若干规定》等。

为了保障广播电视节目的安全播出,避免有线传输网络的重复建设,防止一些地区广电和电信之间出现严重矛盾和冲突,1999 年 9 月 13 日,国务院办公厅转发了信息产业部和国家广电总局《关于加强广播电视有线网络建设管理的意见》,明确了电信与广电的分工关系,避免了电信和广电部门间以及广电系统内部各地有线电视的重复建设和资源浪费,降低了电信网络租费,也有利于广电部门今后理顺各地有线电视台关系,加强统一管理和尽快实行广电网的全国联网。1999 年 9 月 17 日,《国务院办公厅、信息产业部、国家广电总局关于加强广播电视有线网络建设管理意见的通知》下发以后,国家广电总局做了大量卓有成效的工作,加大了广播电视的行业管理力度,进一步规范了广播电视的行业管理。

2001 年 8 月 20 日,中宣部、国家广电总局、新闻出版总署最终形成了《关于深化新闻出版电视广播影视业改革的若干意见》,确定了广播电视影视业改革的意见:一是推进集团化,二是媒体可以跨行、跨地区经营,三是经营性资产可以上市。这对广播影视业的发展起到了非常重要的作用。

三、加入世界贸易组织之后中国广播电视的政策法规建设

2003 年 12 月 30 日,国家广电总局下发了《关于促进广播影视产业发展的意见》,明确提出了要区别广播影视公益性事业与经营性产业,深化体制机制改革,规定了一系列扩大投融资渠道、放宽市场准入的制度措施。

2004 年 1 月 1 日,《广播电视广告播放管理暂行办法》正式实施,新《中外合作制作电视剧管理规定》和《境外电视节目引进、播出管理规定》出台,国家广电总局在外资准入问题上由原来的"同意合作",转为"国家鼓励中外合作制作",这标志着我国在这个领域的政策进一步放开。

2004 年 9 月 20 日,《广播电台电视台审批管理办法》正式实施。其特点:一是适当放宽了设立广播电台、电视台的主体;二是增加了副省级以上的广播电视行政部门或经批准的广播影视集团(设立)的电台、电视台可以设立分台的规定;三是对广播电视频道做了专门规定,对批准开办的每套广播电视节目颁发"广播电视频道许可证";四是规定了县级广播电视台原则上不自办电视频道,其制作的当地新闻和经济类、科技类、法制类、农业

类重大活动类专题,有地方特色的文艺节目以及广告等,可以在本省、自治区、直辖市行政区域内公共频道的预留时段中插播。

2004年还先后出台了《广播电视广告播放管理暂行办法》《中外合资、合作广播电视节目制作经营企业管理暂行规定》《广播电视视频点播业务管理办法》《广播电视节目传送业务管理办法》《广播电视节目制作经营管理规定》《广播电视站审批管理暂行规定》《境外电视节目引进、播出管理规定》等广播电视法规政策,表明了中国广播影视业加大改革力度、加快开放步伐的决心,对广播影视业的发展起到了重要的促进作用。

2010年3月26日,国家广电总局发布《电视剧内容管理规定》,相比2004年国家广电总局发布的《电视剧审查管理规定》,新《电视剧审查管理规定》增加和完善了罚则条款,将原《电视剧审查管理规定》中的罚则改为法律责任,加强电视台播出电视剧的依法管理,禁止盗播、违规播出的行为,确保电视剧播出秩序,营造良好的社会舆论氛围,保护电视剧著作权人的合法权益,确保电视剧内容审查行政许可的严肃性,规范电视剧送审程序和制度,进一步健全了电视剧审查制度,规范了电视剧审查人员的聘任标准和行为准则,确保电视剧内容审查的公正性和准确性。

2011年12月12日,为规范有线广播电视运营服务行为,提高服务质量,维护用户合法权益,国家广电总局发布《有线广播电视运营服务管理暂行规定》,规范了政府相关影视部门及运营方对有线广播电视的服务方面细节。

2013年9月22日,为进一步繁荣电视剧创作,促进电视剧产业健康发展,规范电视剧拍摄制作备案公示管理工作,国家新闻出版广电总局根据《电视剧内容管理规定》制定了《电视剧拍摄制作备案公示管理办法》。这是加快推进电视剧产业的健康发展,积极顺应构建社会主义文化市场潮流的重要操作性文件。

同时,根据《国务院办公厅关于做好规章清理工作有关问题的通知》的要求,国家新闻出版广电总局对现行广播影视规章和规范性文件进行了全面清理。根据《规章制度程序条例》的相关规定并征得有关部门同意,废止了《音像制品内容审查办法》的1个规章和154个规范性文件。

2013年12月,国务院第32次常务会议通过《国务院关于修改部分行政法规的决定》,其中将《广播电视管理条例》第十三条第一款修改为:"广播电台、电视台变更台名、台标、节目设置范围或者节目套数的,应当经国务院广播电视行政部门批准。但是,县级、设区的市级人民政府广播电视行政部门设立的广播电台、电视台变更台标的,应当经所在地省、自治区、直辖市人民政府广播电视行政部门批准。"将第四十五条修改为:"举办国际性广播电视节目交流、交易活动,应当经国务院广播电视行政部门批准,并由指定的单位承办。举办国内区域性广播电视节目交流、交易活动,应当经举办地的省、自治区、直辖市人民政府广播电视行政部门批准,并由指定的单位承办。"

虽然广播影视法规工作取得了显著成绩,但与经济领域相比,仍然处于滞后状态,主要靠一些行政法规、规章和大量的规范性文件进行管理。国家新闻出版广电总局已对立法工作高度重视,例如,"广播电视传输保障法"被国务院列为 2016 年立法工作计划的第三类研究项目,由国家新闻出版广电总局起草,以积极推进广播电视传输保障法立法工作,清理或修订相关政策规定,可为广电、电信业务双向进入提供法律保障。同时进行了《卫星电视广播地面接收设施管理规定》《互联网等信息网络传播视听节目管理条例》等行政法规的修订、制定工作,在广播影视法规制度建设中有所突破。

第二节　广播电视产业政策法规主要内容

我国对广播电视产业的设立、管理、经营等先后制定了许多政策与法规,主要内容有以下方面。

一、广播电台和电视台的政策法规

根据我国现行的广播电视政策法规,有关内容有以下几个方面。

(一)广播电台和电视台的设立

1. 中央的广播电台和电视台的设立

中央的广播电台、电视台由国家新闻出版广电总局设立。地方设立广播电台、电视台由县、不设区的市以上地方人民政府广播电视行政部门提出申请,本级人民政府审查同意后,逐级上报,经国家新闻出版广电总局审查批准后,方可筹建。

教育电视台的设立、合并和相关事项的变更,由设区的市、自治州以上教育行政部门征得同级广播电视行政部门同意后,向上级教育行政部门提出申请,逐级审核后,经国务院教育行政部门审核同意,报国家新闻出版广电总局审批。

2. 地方广播电台和电视台的设立

地方广播电台、电视台由县、不设区的市以上地方人民政府广播电视行政部门设立,其中教育电视台可以由设区的市、自治州以上人民政府教育行政部门设立。

地方设立教育电视台的,由设区的市、自治州以上地方人民政府教育行政部门提出申请,征得同级广播电视行政部门同意并经本级广播电视行政部门审查同意后,逐级上报,经教育部同意后,由国家新闻出版广电总局审查批准后,方可筹建。

3. 乡镇及其他机关和企事业单位设立广播电视站

2004 年 8 月 10 日实施的《广播电视站审批管理暂行规定》规定:"市辖区、乡镇以及企事业单位、大专院校可申请设立广播电视站。"乡镇设立广播电视站,按照国家新闻出版广电总局的有关规定审批。机关、部队、团体、企业事业单位可以设立有线广播电视站,每个申请单位只能设立一个广播电视站,并只能在广播电视行政部门核定的区域范围内播出广播电视节目。市辖区、大专院校和国有或国有控股特大型企业设立的广播电视站确有需要,可在公共频道中插播少量的本单位新闻、专题以及广告等电视节目,通过有线方式传输。但乡镇设立的广播电视站不得自办电视节目。

4. 广播电台和电视台的外资进入问题

1997 年的《广播电视管理条例》明确规定:"国家禁止设立外资经营、中外合资经营和中外合作经营的广播电台、电视台。"我国广播电视作为执政党和政府的"喉舌",自诞生之日起就担负着政治宣传的任务,以社会效益最大化为价值标准。广播电视产业在追求效益的时候,必须把社会效益放在首位,在确保社会效益的前提下实现其经济效益,这是我国广播电视产业化发展中必须始终坚持的原则。政府担心外资进入会影响政府对舆论导向的控制,降低政治标准,这就是禁止外资进入广播电视领域的原因。

随着对外开放的逐步深入和国家文化交流的日益扩大,2003 年 8 月 5

日,国家广电总局下发了《关于筹建广播影视产业的意见》,明确提出了要进一步扩大投融资渠道、放宽市场准入的制度措施。其中关于广播电视节目制作业,允许境外有实力有影响的影视制作机构、境内国有电视节目制作单位合资组建由中方控股的节目制作公司。国家广电总局和商务部于2004年11月28日联合公布了《中外合资、合作广播电视节目制作经营企业管理暂行规定》,第一次允许外资可以通过合资、合作成立广播影视节目制作公司。

2008年国务院发布的《国务院关于非公有资本进入文化产业的若干决定》指出:"非公有资本不得投资设立和经营通讯社、报刊社、广播电台(站)、电视台(站)、广播电视发射台(站)、转播台(站)、广播电视卫星、卫星上行站和收转站、微波站、监测台(站)、有线电视传输骨干网等。"所以,外资进入中国广播电视领域还受到一定程度的限制。

(二)对广播电台和电视台的审查批准

经批准筹建的广播电台、电视台,应按照国家规定的建设程序和广播电视技术标准工程建设。建成后经国家新闻出版广电总局审查符合条件的,发给广播电台、电视台许可证。广播电台、电视台应按照许可证载明的台名、台标、节目设置范围和节目套数等事项制作、播放节目。广播电台、电视台不得出租、转让播出时段。

(三)广播电台和电视台的变更、终止与暂时停止播出

广播电台、电视台变更台名、台标、节目设置范围或节目套数的,应经国家新闻出版广电总局批准。广播电台、电视台终止,应按照原审批程序申报,其许可证由国家新闻出版广电总局收回。

广播电台、电视台因特殊情况需要暂时停止播放的,应经省级以上人民政府广播电视行政部门同意;未经批准,连续停止播出超过30日的,视为终止,应依照规定办理有关手续。

(四)广播电台和电视台受法律保护

作为经有关部门审查后依法设立的广播电台、电视台,其活动受法律保护,任何单位和个人不得冲击广播电台、电视台,不得损坏广播电台、电视台的设施,不得危害其安全播出。

二、广播电视传输覆盖网的政策法规

我国广播电视传输覆盖网政策法规主要有以下内容。

(一)广播电视传输覆盖网

广播电视传输覆盖网,由广播电视发射台、转播台(包括差转台、收转台,下同)、广播电视卫星、卫星上行站和收转站、微波站、监测台(站)、有线电视传输覆盖网等构成。

国家新闻出版广电总局对全国广播电视传输覆盖网按照国家的统一标准实行统一规划,并实行分级建设和开发。县级以上地方人民政府广播电视行政部门组建和管理本行政区域的广播电视传输覆盖网。

(二)广播电视发射台、转播台、微波站、卫星上行站

广播电视发射台、转播台、微波站、卫星上行站,应持国家新闻出版广电总局核发的频率专用指配证明,向国家或省级无线电管理机构办理审批手续,领取无线电台执照。

广播电视发射台、转播台应按照国家新闻出版广电总局的有关规定发射、转播广播电视节目,经核准使用的频率、频段不得出租、转让,已经批准的各项技术参数不得擅自变更,不得擅自播放自办节目和插播广告。

(三)广播电视传输覆盖网的管理

1.区域性有线广播电视传输覆盖网的管理

同一行政区域只能设立一个区域性有线广播电视传输覆盖网。区域性有线广播电视传输覆盖网,由县级以上地方人民政府广播电视行政部门设立和管理。区域性有线广播电视传输覆盖网的规划、建设方案,由县级人民政府或设区的市、自治州人民政府的广播电视行政部门报省级人民政府广播电视行政部门批准后实施,或由省级人民政府报国家新闻出版广电总局批准后实施。

2.利用卫星方式传输广播电视节目的管理

广播电台、电视台利用卫星方式传输广播电视节目以及传播广播电视节目的卫星空间资源的管理和使用,应符合国家规定的条件,并经国家新闻出版广电总局审核批准。

安装和使用卫星广播电视地面接收设施,应按照国家有关规定向省级

人民政府广播电视行政部门申领许可证。进口境外卫星广播电视节目解码器、解压器及其他卫星广播电视地面接收设施,应经国家新闻出版广电总局审查同意。

3. 禁止性规定

未经批准,任何单位和个人不得擅自利用有线广播电视传输覆盖网播放节目,任何单位和个人不得侵占、干扰广播电视专用频率,不得擅自载传、干扰、解扰广播电视信号,侵占、哄抢或以其他方式破坏广播电视传输覆盖网的设施。

三、广播电视节目的政策法规

我国广播电视节目的政策法规主要有以下内容。

(一)禁载内容

广播电台和电视台禁止制作与播放载有下列内容的节目:

(1)危害国家统一、主权和领土完整的。

(2)危害国家安全与损害国家荣誉和利益的。

(3)煽动民族分裂,破坏民族团结的。

(4)泄露国家秘密的。

(5)诽谤、侮辱他人的。

(6)宣扬淫秽、迷信或渲染暴力的。

(7)法律、行政法规规定禁止的其他内容。

广播电台、电视台对其播放的广播电视节目内容,应进行播前复查、重播重审。

(二)电视剧的制作发行

有关电视剧制作发行的政策法规,随着我国社会经济的发展,也发生了许多变化,目前有关的政策法规有以下方面。

1. 国家鼓励民营资本进入电视剧制作发行领域

2003 年 12 月,国家广电总局下发《关于促进广播影视产业发展的意见》,开始全面放开对经营性资源的资本运行,允许各类所有制机构作为经营主体进入非新闻宣传类的广电节目制作业。2004 年我国共生产电视剧11500 集,已经成为世界上第一电视剧大国,其中民营影视企业和其他社会力量的投资就占到了制作资金的80%。在电影市场上热映的《天下无贼》《可可西里》等国产大片都是由民营公司制作。2008年发布的《国务院关于非公有资本进入文化产业的若干规定》明确指出:鼓励和支持非公有资本进入电影电视剧制作发行领域。我们认为,广播影视市场化、产业化、企业化改革的加快,增强了广播影视的影响力,提高了广播影视节目质量,丰富了人民群众的精神文化生活。

2. 电视剧制作单位的设立与批准

设立电视剧制作单位,应经国家新闻出版广电总局批准,取得电视剧制作许可证后,方可制作电视剧。

3. 电视剧备案和公示制度

国产剧、合拍剧的拍摄制作实行备案公示制度。国务院广播影视行政部门负责全国拍摄制作电视剧的公示。省、自治区、直辖市人民政府广播影视行政部门负责受理本行政区域内制作机构拍摄制作电视剧的备案,经审核报请国务院广播影视行政部门公示。按照有关规定向国务院广播影视行政部门直接备案的制作机构,在将其拍摄制作的电视剧备案前,应当经其上级业务主管部门同意。

符合下列条件之一的制作机构,可以申请电视剧拍摄制作备案公示:

(1)持有"电视剧制作许可证(甲种)"。

(2)持有"广播电视节目制作经营许可证"。

(3)设区的市级以上电视台(含广播电视台、广播影视集团)。

(4)持有"摄制电影许可证"。

(5)其他具备申领"电视剧制作许可证(乙种)"资质的制作机构。

省、自治区、直辖市人民政府广播影视行政部门、直接备案制作机构向国务院广播影视行政部门申请电视剧拍摄制作备案公示,应当提交下列材料:

(1)《电视剧拍摄制作备案公示表》或者《重大革命和重大历史题材电视剧立项申报表》,并加盖对应的公章。

(2)如实准确表述剧目的主题思想、主要人物、时代背景、故事情节等内容的不少于1500字的简介。

(3)重大题材或者涉及政治、军事、外交、国家安全、统战、民族、宗教、司法、公安等敏感内容的,应当出具省、自治区、直辖市以上人民政府有关主管部门或者有关方面的书面意见。

（三）电视剧的审查和许可制度

国产剧、合拍剧、引进剧实行内容审查和发行许可制度。未取得发行许可的电视剧，不得发行、播出和评奖。国务院广播影视行政部门设立电视剧审查委员会和电视剧复审委员会。省、自治区、直辖市人民政府广播影视行政部门设立电视剧审查机构。

送审国产剧，应当向省、自治区、直辖市以上人民政府广播影视行政部门提出申请，并提交以下材料：

（1）国务院广播影视行政部门统一印制的《国产电视剧报审表》。

（2）制作机构资质的有效证明。

（3）剧目公示打印文本。

（4）每集不少于500字的剧情梗概。

（5）图像、声音、字幕、时码等符合审查要求的完整样片一套。

（6）完整的片头、片尾和歌曲的字幕表。

（7）国务院广播影视行政部门同意聘用境外人员参与国产剧创作的批准文件的复印件。

（8）特殊题材需提交主管部门和有关方面的书面审看意见。

四、有关广播和电视的法律责任

根据现行的政策法规，广播和电视的法律责任主要有以下方面。

（一）刑事法律责任

有下列行为之一，构成犯罪的，依法追究刑事责任：

（1）制作、播放、向境外提供含有禁载内容节目的。

（2）危害广播台、电视台安全播出，破坏广播电视设施的。

（二）行政法律责任

有下列行为之一，要承担行政法律责任：

1.行政处罚

行政处罚种类包括警告、罚款、没收非法所得、没收非法财物、吊销许可证等五种。

（1）擅自设立广播电台、电视台、教育电视台、有线广播电视传输覆盖网、广播电视站的,由县级以上地方人民政府广播电视行政部门予以取缔,没收其从事违法活动的设备,并处投资总额1倍以上2倍以下的罚款;擅自设立广播电视发射台、转播台、微波站、卫星上行站的,由县级以上地方人民政府广播电视行政部门予以取缔,没收其从事违法活动的设备,并处投资总额1倍以上2倍以下的罚款;或由无线电管理机构依照国家无线电管理的有关规定予以处罚。

(2)擅自设立广播电视节目制作经营单位或擅自制作电视剧及其他广播电视节目的,由县级以上地方人民政府广播电视行政部门予以取缔,没收其从事违法活动的工具、设备和节目载体,并处1万元以上5万元以下的罚款。

(3)制作、播放、向境外提供含有禁载内容节目的,由县级以上地方人民政府广播电视行政部门责令停止制作、播放、向境外提供,收缴其节目载体,并处1万元以上5万元以下的罚款;情节严重的,由原发证机关吊销许可证;违反治安管理规定的,由公安机关依法给予治安管理处罚。

(4)有下列行为之一,由县级以上地方人民政府广播电视行政部门责令停止违法行为,给予警告,没收违法所得,并处2万元以下的罚款。情节严重的,由原发证机关吊销许可证。

①未经批准,擅自变更台名、台标、节目设置范围或节目套数的;

②出租、转让播出时段的;

③转播、播放广播电视节目违反规定的;

④播放境外广播电视节目或广告的时间超出规定的;

⑤播放未取得广播电视节目制作经营许可的单位制作的广播电视节目或未取得电视剧制作许可的单位制作的电视剧的;

⑥播放未经批准的境外电影、电视剧和其他广播电视节目的;

⑦教育电视台播放禁止播放的节目的;

⑧未经批准,擅自举办广播电视节目交流、交易活动的。

(5)有下列行为之一的,由县级以上地方人民政府广播电视行政部门责令停止违法行为,给予警告,没收违法所得和从事违法活动的工具、设备,可以并处2万元以下的罚款;情节严重的,由原发证机关吊销许可证。

①出租、转让频率、频段,擅自变更广播电视发射台、转播台技术参数的;

②广播电视发射台、转播台擅自播放自办节目、插播广告的；

③未经批准，擅自利用卫星方式传输广播电视节目或以卫星传输方式进口、转播境外广播电视节目的；

④未经批准，擅自利用有线广播电视传输覆盖网播放节目或擅自进行广播电视传输覆盖网的工程选址、设计、施工、安装的；

⑤侵占、干扰广播电视专用频率，擅自截传、干扰、解扰广播电视信号的。

（6）危害广播电台、电视台安全播出的，破坏广播电视设施的，由县级以上地方人民政府广播电视行政部门责令停止违法行为，情节严重的，处2万元以上5万元以下的罚款；造成伤害的，侵害人应当依法赔偿损失。

2.行政处分

广播电视行政部门及其工作人员在广播电视管理工作中滥用职权、玩忽职守、徇私舞弊，尚不构成犯罪的，依法给予行政处分。

第三节　广播电视产业政策法规典型案例

为了帮助大家认识和了解广播电视产业的政策法规问题，我们选择了几个广播电视产业中的典型案例进行分析，这有助于我们理论联系实际，进一步加深对广播电视产业政策法规的理解。

一、中国音乐著作权协会与某广播电视总台侵害作品广播权纠纷

▌案情简介

2015年5月12日，中国音乐著作权协会（以下简称音著协）向北京市东方公证处申请保全证据公证。公证主要内容如下：进入某网站，页面显示为"某广播电视总台"，点击页面中的"广电资讯"后的"MORE"按键，在页面中点击"［广电动态］主持人大赛第三季炫彩开启"标题，进入相关页面后点击"视频播报"栏目标题后的"更多"，在页面上点击"主持人大赛第二期全

程"的标题,开始进行播放并同步进行录像。公证处后将上述过程刻录成光盘,并于 2015 年 5 月 26 日出具了(2015)京东方内民证字第 5103 号公证书。经核对,在该节目中有一个演唱者演唱了《加速度》歌曲的一部分,曲调、歌词与光盘中的《加速度》音乐作品基本相同。另外,音著协在本案中提交了代理费发票、公证费发票各 1 张,差旅费票据 6 张。

音著协是经批准成立的音乐著作权集体管理组织。王某、杨某系音乐作品《加速度》的相应词曲著作权人,根据音著协与王某、杨某签订的《音乐著作权合同》,音著协有权对涉案音乐作品《加速度》的作词和作曲行使著作权(包括提起诉讼)。某广播电视总台在未支付相关著作权使用费的情况下,在其社会经济频道播出的《2015 某广电传媒华语主持人(全国)选拔大赛(第三季)》第二期节目中使用了音著协管理的涉案音乐作品,其行为侵犯了涉案音乐作品作者的广播权。音著协诉至法院请求判令:①某广播电视总台支付音著协涉案音乐作品著作权使用费 20000 元;②某广播电视总台赔偿音著协为本案支出的合理费用 7000 元。

音著协提供的音像出版物显示,涉案音乐作品的词曲著作权分别属于王某、杨某,音著协通过授权取得了涉案音乐作品的广播权等,并有权以自己的名义提起诉讼,因此可以认定音著协系本案的适格主体。根据我国《著作权法》第四十三条的规定,广播电台、电视台播放他人已发表的作品,可以不经著作权人许可,但应当支付报酬。某广播电视总台在未支付著作权人报酬的情况下,在其播出的节目中使用了《加速度》音乐作品的词曲,侵犯了音著协对该作品所享有的广播权,应当承担赔偿经济损失和支付合理支出的法律责任。关于赔偿数据的确定,音著协未能举证某广播电视总台因为侵权所获的利益或自己所遭受的损失,因此一审法院综合考虑涉案作品的类型、知名度、某广播电视总台的主观过错程度、某广播电视总台的受众范围、音著协为制止侵权行为所支付的合理费用等情况,酌情确定赔偿数额为 9000 元。

据此,一审法院依照《著作权法》第三条第(三)项、第八条第一款、第十条第一款第(十一)项、第十一条第四款、第四十三条、第四十八条第(一)项、第四十九条之规定,判决:①某广播电视总台于判决生效之日起 10 日内赔偿音著协经济损失及合理费用共计 9000 元;②驳回音著协的其他诉讼请求。案件受理费 476 元,减半收取 238 元,由某广播电视总台负担。

案情评析

　　根据《著作权法》第四十三条,广播电台、电视台播放他人已发表的作品,可以不经著作权人许可,但应当支付报酬。某广播电视总台在没有支付著作权人王某、杨某报酬的情况下,在节目中使用了他们的作品,侵犯了他们的权利,应当承担相应的法律责任。《著作权法》有利于保护公民智力劳动的成果,调动文化艺术工作者的创造力,提高全民族的文化科学水平,建设社会主义精神文明和物质文明。

来源:江苏省苏州市中级人民法院民事判决书〔2016〕苏05民终字第673号

二、北京某文化传播有限公司诉广东某影视广告传播有限公司等放映权侵权纠纷案

案情简介

　　原告北京某文化传播有限公司(以下简称A公司)诉称:原告根据与版权人电视广播(国际)有限公司(以下简称电视广播公司)的协议取得授权,独家拥有电视剧《金玉满堂》在中国内地的无线及有线电视的播映权,在授权期限2000年12月29日至2003年6月28日期间应受法律保护。被告某电视台未经原告A公司许可,擅自在2002年5月27日至6月5日晚间930剧场播出电视剧《金玉满堂》,侵犯了原告A公司对该剧在中国内地的播映权,另被告某电视台播出的电视剧《金玉满堂》是由被告广东某影视广告传播有限公司(以下简称B公司)和被告福建某联播广告有限公司(以下简称C公司)制作提供的,该制作和提供并没有得到原告A公司的许可,被告B公司和被告C公司对上述侵权行为应承担连带责任。

　　两被告公司共同答辩称:①原告未取得版权人的合同授权,没有《金玉满堂》的诉权。②原告不具备电视剧的发行主体资格,没有起诉的主体资格。③C公司与原告之间存在合同争议,C公司是根据原告的口头约定以《金玉满堂》电视剧补偿被告与北京某广告有限公司(以下简称D公司)原合同约定的《茶是故乡浓》电视剧,D公司并未侵权,更不是恶意侵权。④

即使两被告的行为构成侵权，原告的损失也是可以计算的。⑤被告的所谓违法所得是无法计算的。

被告某电视台答辩称：①原告不是本案的合法权利人，不享有本案的诉权。②根据三被告签订的合同约定，某电视台所播放的涉案电视剧《金玉满堂》的片源是由被告 B 公司、C 公司提供及进行合法审查的，我方在本案中不具备侵权的故意。另根据我方提供的证据可以证明，原告与被告 B 公司、C 公司之间就电视剧《金玉满堂》的授权问题进行过充分协商，并达成一致，上述两被告是取得了原告的合法授权的。③原告的损失是十分明确的，按照在福建省的成交价，其损失应为 26 万元，落实到每个电视台还不到 3 万元，而按照在浙江省的报价，其损失最多为 30 万元，落实到每个电视台还不到 3 万元。④以广告报价及广告时间来计算被告的违法所得是没有依据的，理由是没有扣除相应的成本、费用与税金，而且实际上在签订合约时，还会给予一定的折扣。⑤被告在庭审中表示如因其工作疏忽而侵权，同意向原告赔礼道歉，但仍坚持其行为不构成侵权，并请求法院驳回原告的请求。

法院经审理查明以下事实：

（一）关于原告权利来源的事实

2001 年 6 月 22 日，授权方与原告 A 公司（以下简称领权方）签订协议书，双方就购买电视剧节目播映权事宜，达成以下协议：①授权节目名称为《金玉满堂》，集数为 40 集，授权语种为普通话；②授权性质为无线及有线电视台独家播映权（不包括上星台卫星播映权），授权期限为自节目通过审批日起计两年半，授权区域为除香港特别行政区、澳门特别行政区及台湾地区的中华人民共和国领土范围。双方还在《细则》中约定：领权方应在授权节目内载有授权方认可之版权告示及商标，并应尽最大努力干预及阻止所有侵犯授权节目之盗版、复制、拷贝活动，并应立即将有关情况通知授权方，协助授权方追究盗版单位提出起诉。2001 年 6 月 22 日，授权方与原告签订的《附件》记载，双方确认上述协议的授权期限为 2000 年 12 月 29 日至 2003 年 6 月 28 日。

2000 年 11 月 21 日，湖北某电视台（甲方）与原告（乙方）签订《协议书》，双方就引进 20 集电视剧《金玉满堂》（以下简称该剧）达成以下协议：

甲方取得由国家广播电影电视总局所下发的该剧在中国内地发行准发证后,即拥有该剧湖北某地区电视播映权(有效期自该剧本获得发行准发证之日起两年)。该剧在中国内地(武汉地区除外)电视播映权之经营权益归乙方所有,其权益与甲方无关。2003年9月20日,湖北某电视台出具《声明》,称其与原告共同引进香港电视剧《金玉满堂》,该剧由原告出资向电视广播公司购得在中国内地的电视剧播映权,并且原告根据约定拥有该剧在全国(除武汉地区)发行经营和播出的权益。该剧的播映权如在国内遇有侵权情形,原告有权自行独立采取包括但不限于诉讼的手段追究播映权侵权者法律责任,湖北某电视台不向该剧播映权侵权者主张法律责任。

2000年12月29日,国家广播电影电视总局社会管理司发出编号为广社进审字〔2000〕第302号的"电视剧发行许可证",该证记载的剧目名称为《金玉满堂》,长度20集,产地为香港,引进单位为湖北某电视台(1999年度引进),发行范围为全国市级电视台。

(二)关于被控侵权事实

2002年3月20日,被告某电视台与C公司在《〈930剧场〉联办合同书》上盖章,该合同记载甲方为某电视台,乙方为C公司、B公司。合同约定第一款:甲乙双方合作联办某电视台经济生活频道21:40—22:40时段《930剧场》。第二款:合作期限自2002年4月1日至2003年4月1日。第五款:①甲方无偿提供《930剧场》节目主题曲前长度为5秒标版加60秒广告时段,分配给乙方作为补偿。该广告时段由乙方独家经营,全部收益归乙方。第八款:②甲方承担《930剧场》电视剧的审查工作。第九款:①乙方提供的电视节目资源的来源必须符合有关著作权法及国家有关法律、法规及其他相关部门的规定,每部电视剧均应提供国家广播电影电视总局的批文、浙江某地区的版权证明等相关文件。否则由此引发的各类纠纷乙方应承担全部责任,其中包括甲方因此赔付的赔偿金、承担的诉讼费和仲裁律师费用等。被告B公司未在该合同上签章,在庭审中B公司否认其签订了上述合同。

2002年8月24日至9月12日期间,被告某电视台在晚间《930剧场》节目时段播放了20集电视剧《金玉满堂》,并在中间插播广告。央视市场研究股份有限公司对此做出的《〈金玉满堂〉检测报告》中记载的商业广告

（扣除社会公益广告和节目预告）的时间合计 9504 秒。

2001 年 4 月 30 日，被告 C 公司与 D 公司签订《电视剧播映权出售合同》，约定 D 公司将《金玉满堂》在福建地区的播映权授权被告 C 公司，期限为 2 年。

原告与被告 C 公司、B 公司在庭审时均确认，根据上述合同，原告将电视剧《金玉满堂》的母带交付给被告 B 公司和 C 公司。

法院认为：本案争议焦点在于被告的行为是否侵犯了原告的权利。三被告辩称，某电视台播放的电视剧《金玉满堂》是 20 集，该剧的发行许可证上记载的也是 20 集，而原告证明其权利来源的其与电视广播公司签订的《播映权协议书》中记载的是 40 集，两者明显不相同，应为两部不同的电视剧。对此，法院认为：①被告某电视台播放的 20 集电视剧《金玉满堂》由被告 C 公司提供片源，而被告 C 公司则是从原告处取得该剧母带的。同时，三被告所提交的该剧的引进许可证上记载的集数也是 20 集，引进单位是湖北省某电视台。据此，可认定被告某电视台播放的从原告处取得母带的 20 集电视剧《金玉满堂》就是湖北省某电视台引进的电视剧《金玉满堂》。②该剧的引进单位湖北省某电视台所做的声明，可同原告与电视广播公司间签订的《播映权协议书》的内容相印证，故法院认定湖北省某电视台引进的电视剧《金玉满堂》就是原告从电视广播公司处购买取得在中国内地放映权的电视剧《金玉满堂》。综上，法院认定被告某电视台播放的电视剧《金玉满堂》就是原告从电视广播公司处取得放映权的电视剧《金玉满堂》，三被告的上述抗辩证据不足，法院不予采信。

被告某电视台与 C 公司签订的《〈930 剧场〉联办合同书》上，虽记载被告 B 公司为合同当事人之一，但被告 B 公司并未在该合同上签章，其在庭审中也否认签过此合同，尽管原告提交的网页广告上显示的《华东 930 剧场》是由被告 B 公司与 C 公司共同制作、经营，但没有证据证明某电视台的《930 剧场》节目被告 B 公司参与了制作，因此在原告及被告某电视台无其他证据证明被告 B 公司参与签订和履行了前述合同的情况下，法院认为被告 B 公司并非该合同的当事人，基于该合同的履行而发生的侵权结果不应由其承责。据此，原告指控被告 B 公司与其他被告共同参与了侵权行为证据不足，法院不予采信。

因被告无证据证明原告授权被告 C 公司在某电视台播放电视剧《金

玉满堂》,故被告 C 公司在未取得放映权人许可的情况下,擅自将该剧提供给被告某电视台,在上述两被告合作联办的该电视台的《930 剧场》节目时段播放,两被告的行为已构成共同侵权。被告某电视台抗辩称其与被告 C 公司签订的合同中已约定由 C 公司承担侵权责任,因该合同书是两被告的内部协议,不能对抗权利人,上述两被告应就其共同的侵权行为共同承担民事责任。

对于被告 C 公司称其是根据与原告的口头约定以《金玉满堂》电视剧补偿其他合同约定的《茶是故乡浓》电视剧,其不侵权的抗辩,因原告予以否认,在无其他证据证明的情况下,法院对其抗辩不予采信。

▌案情评析

根据原告与电视广播公司签订的《播映权协议书》,原告取得电视剧《金玉满堂》普通话版本在中国内地的无线及有线电视的独家播映权(不包括上星台卫星播映权),授权播映期自 2000 年 12 月 29 日至 2003 年 6 月 28 日止。另外,关于涉案的《播映权协议书》、授权书及声明中所涉及的"播映权"的性质,原告在庭审中认为就是著作权法中的放映权,从原告与电视广播公司签订的协议书的内容来看,协议书所约定的"播映权"的性质与法律规定的放映权基本一致,因此可确认上述《播映权协议书》、授权书及声明中所涉及的"播映权"是放映权。根据著作权法的规定,不论电影作品和以类似摄制电影的方法创作的作品是否公映,公映时间为多长,电视台要播放该作品,都应当取得制片者的许可,并支付报酬。因被告无证据证明原告授权被告 C 公司在浙江省某电视台播放电视剧《金玉满堂》,故被告 C 公司在未取得放映权人许可的情况下,擅自将该剧提供给被告某电视台,在上述两被告合作联办的该电视台《930 剧场》节目时段播放,两被告的行为已构成共同侵权。但《〈930 剧场〉联办合同书》中被告 B 公司并未签章,因此不属于该合同的当事人,基于该合同的履行而发生的侵权结果不应由其承责。

来源:浙江省杭州市中级人民法院民事判决书〔2003〕杭民三初字第233 号

▌讨论与思考题

1. 怎样理解广播电视产业政策法规的发展？
2. 电视节目政策法规最主要的内容有哪些？
3. 对以下案例进行分析并点评。

▌案　例

案例一：侵害纪录片《舌尖上的中国》信息网络传播权纠纷案

《舌尖上的中国》是中央电视台摄制的一部大型美食类纪录片，于2012年5月14日首映。该节目在介绍美食的同时巧妙融入各地特色的文化和礼仪，展现了中华美食文化的博大精深和源远流长，有较高的艺术价值和知名度。中央电视台将该节目的信息网络传播权授予原告某国际网络有限公司（以下简称M公司）独占行使。2012年5月23日，原告发现被告上海某文化传播有限公司在其经营的某网站上提供《舌尖上的中国》节目在线点播服务。原告认为，某网站未经许可，在涉案节目热播期内提供在线点播服务，给原告造成了重大经济损失，故诉至法院，请求判令被告赔偿经济损失人民币80万元及合理费用人民币5万元。被告辩称，其提供存储空间服务，无事先审查义务，不明知也不应知涉案视频的存在，不构成侵权。

上海市闵行区人民法院经审理认为，涉案作品是我国著作权法规定的类似电影摄制方法创作的作品，应受著作权法保护。某公司未经授权于作品热播期内在其经营的网站上提供涉案作品的在线点播服务，属于侵害作品信息网络传播权的行为，应当承担相应的侵权责任。某公司辩称涉案作品系网友上传，但未就该主张提供证据证明；且有关实际上传者的信息属于其掌控和管理范围之内，理应由其举证，其自行删除原始数据导致该事实无法查明，应对此承担不利后果。据此判决被告某公司赔偿原告M公司经济损失人民币24万元，合理费用人民币8000元。一审判决后，被告不服，提起上诉。上海市第一中级人民法院经审理，判决驳回上诉，维持原判。

来源：上海市第一中级人民法院〔2013〕沪一中民五（知）终字第228号民事判决书

案例二:从《非诚勿扰》商标侵权案看电视行业商标的管理和保护

《非诚勿扰》是某卫视的王牌综艺娱乐节目,以婚恋交友为主题,于2010 年 1 月开播。该节目以新颖的节目互动方式、具有代表性的嘉宾、与时代紧密衔接的话题,赢得了观众的喜爱,在影响力、收视率、广告经营等方面为某卫视做出了较大贡献。该节目获得了某导演电影《非诚勿扰》权利方的正式授权。

自然人金某于 2009 年 2 月 16 日向国家商标局申请"非诚勿扰"商标,该商标文字组合方式与电影《非诚勿扰》片名文字组合方式基本相同。该商标申请于 2010 年 9 月 7 日获得注册,核定服务范围为第 45 类,其中包括"婚姻介绍所"和"交友服务",该商标有效期为 2010 年 9 月 7 日至 2020年 9 月 6 日。

2013 年 2 月,金某以某卫视的《非诚勿扰》节目侵害其商标专用权为由,向深圳市南山区人民法院起诉江苏某广播电视台和深圳市某信息技术有限公司,要求停止侵权。

一审法院认为,依据《类似商品与服务区别表》,《非诚勿扰》电视节目属于第 41 类的娱乐和节目制作类别的注册商标,而金某所持有的"非诚勿扰"商标属于第 45 类,两者属于不同类商品(服务),不容易造成相关公众混淆,不构成侵权,于 2014 年 12 月驳回了金某的诉讼请求。

金某不服一审判决,向广东省深圳市中级人民法院提起上诉。2015年 12 月 11 日,广东省深圳市中级人民法院做出终审判决,认为江苏某广播电视台使用"非诚勿扰"作为其相亲类电视栏目名称的行为构成对他人商标权的侵犯,判决其立即停止使用《非诚勿扰》栏目名称,并立即停止使用"非诚勿扰"名称进行广告推销、报名筛选、后续服务等行为。

江苏某广播电视台已向上级法院申请再审,同时表示为尊重判决,将节目名称更改为《缘来非诚勿扰》。

来源:http://news.jcrb.com/jxsw/201601/t20160116_1583474.html

案例三:《琅琊榜》等制作方起诉某网站

2017 年,北京某有限公司、上海某影视传播有限公司等公司提起诉讼称,北京某科技有限公司未经许可擅自向公众提供电视剧《琅琊榜》的截图、剧照和海报等进行营利性活动。此外,《渴望》《花千骨》《北平无战事》《编辑部的故事》《产科医生》《雾里看花》等电视剧的著作权人也以相同事由起诉北京某科技有限公司,要求删除侵权内容。此七案在 2017 年 3 月 30 日合并审理,七案原告共计向北京某科技有限公司索赔 95.42 万元。

　　法院没有当庭宣判。对此,北京某科技有限公司回应称,"我们会按照法律规定参加诉讼程序,相信法院会依法公正审理。"这些剧照、截图、海报都是网友上传,主要目的是对电视剧进行评价而非营利,网友们的这一行为不构成侵权。同时北京某科技有限公司将这些信息显示在网站上,也是对其的一种宣传。北京某科技有限公司表示目前已经将相关信息删除。

　　来源:http://sd.china.com.cn/a/2017/yule_0401/919118.html

第四章　电影产业政策法规与典型案例

电影是绘画、雕刻、建筑、文学、音乐、戏剧、舞蹈等多种艺术的集合,近年来,我国电影产业的崛起也在很大程度上反映着我国文化产业快速发展的整体走向。这与我国的电影政策法规息息相关,特别是随着 2017 年 3 月 1 日《中华人民共和国电影产业促进法》(以下简称《电影产业促进法》)的正式实施,我国电影产业将迎来进一步的健康发展。

第一节　电影产业政策法规概述

1895 年,法国制作出世界上第一部电影《工厂的大门》。1905 年,中国人拍成了自己的第一部电影——舞台艺术纪录片《定军山》。中华人民共和国成立后,我国电影发展进入史上的辉煌时期,我国电影产业政策与法制建设也经历了从无到有,从无序到有序的过程。我们认为,中华人民共和国电影产业的政策与法制建设的发展过程大致经历了四个阶段。

第一个阶段是从 20 世纪 50 年代至 70 年代。中华人民共和国成立以后,电影业被收归国有,置于计划经济体制的统一管理之下。1950 年 7 月,中央人民政府政务院公布了《电影业登记暂行办法》《电影新片颁发上映执照暂行办法》《电影旧片清理暂行办法》《国外影片输入暂行办法》等法令,统一电影业登记办法和审查影片的职权。1952 年 7 月 3 日,文化部发出《关于加强电影发行放映工作的指示》,次年政务院发布《关于建立电影放映网与电影工业的决定》,电影的制片、发行、放映被分割成独立的单位,产品由国家统购包销。1961 年文化部颁布《关于送审影片的规定》。1963 年 2 月 17 日,国务院批转《文化部〈关于改进电影发行放映业务管理体制试行方案〉的通知》,在电影发行放映管理体制上,集中统一经营管理,在当时对提高电影发行放映工作管理水平,加速电影发行放映事业的发展起了积极作用。

第二个阶段是从20世纪70年代末至80年代。1979年8月,国务院批转了文化部、财政部《关于改革电影发行放映管理体制的请示报告》,电影法制建设逐渐恢复并发展起来。同年文化部等单位颁布了《国营电影法制建设企业利润留成的管理与使用试行办法》《电影剧本、影片审查试行办法》。

为了加强对电影电视工作的统一领导,1985年12月31日,国务院办公厅发出《关于电影、电视机构合并有关事项的通知》,将文化部门管理的电影事业、企业单位全建制地与广播电视部合并。在此前后,《进口影片管理办法》《电影发行放映技术管理条例》《影片拷贝使用技术管理办法》《关于加强电影拍片经营机构管理的规定》《关于加强当前电影放映工作的若干意见》《关于对部分影片实行审查、放映分级制度的通知》等一系列规范性文件的出台,使电影市场管理逐步走上了法制化、规范化的轨道。

第三个阶段是20世纪90年代。自80年代末开始,随着经济发展和科技进步,电视迅速普及,新兴文化媒体日益增多,娱乐方式日趋多样,电影受到强烈冲击。为激活电影市场,为电影改革注入生机,1993年1月5日,广电部下发了《关于当前深化电影行业机制改革的若干意见》,提出并实施了以下三大措施:一是组建股份有限公司,二是建立大型电影企业集团,三是进行院线制改革。1994年颁布了《关于中外合作摄制电影的管理规定》。同年4月21日,广电部发布实施《电影审查暂行规定》;8月1日,广电部电影局又下发了《关于进一步深化电影行业机制改革的通知》,明确影片(著作权)发行权拥有单位可以直接向北京等21家省市的各级发行、放映单位发行自己的影片,这使电影企业的经营自主权得到认可,在很大程度上促进了市场多主体的形成。

1995年1月,广电部《关于改革故事影片摄制管理工作的规定》的出台,昭示着制片行业计划管理模式的改革终于迈开重要的一步,计划经济体制的坚冰被打破,制片厂和其他法人社会组织相继拥有了独立后联合出品故事片的权利,充分调动了社会投资拍片的积极性,扩大了电影生产的社会融资量。

为了加强电影行业管理,发展和繁荣电影事业,1996年《电影管理条例》出台,这是我国电影史上第一部全面规范电影市场的条例,在保护民族电影,促进社会主义物质文明和精神文明建设等方面起到了积极作用。《电影管理条例》规定,国家鼓励企业、事业单位和其他社会团体以及公民个人以资助、投资的形式参与摄制电影片。为落实这一规定,广电部专门出台了《关于修订〈改革故事影片摄制管理工作的规定〉的通知》《〈故事电影单片摄制许可证〉试行办法》,并于1998年进行了修订。

第四阶段是21世纪初至今。为加快推进电影发行放映机制的改革,从根本上解决乡镇农村看电影难的问题,2001年12月28日《关于改革电影发行放映机制的实施细则》出台,决定实行以院线为主的发行放映机制,减少发行层次,改变按行政区域计划供片模式,变单一的多层次发行为以院线为主的一级发行,发行公司和制片单位直接向院线公司供片;有条件的地区可组建两条或两条以上的院线;鼓励有实力的院线跨省经营。2004年8月8日,华夏电影发行有限责任公司成立,打破了进口影片发行一直由中影进出口公司垄断的局面。

随着电影市场的变化,特别是中国加入世贸组织后,《电影管理条例》的许多规定已不再符合形势,2002年2月1日,修订后的《电影管理条例》颁布实施。修订后的《电影管理条例》在国际电影艺术交流规模、中外合作摄制电影数量、外国优秀电影作品的引进、外资进入和中国电影走出国门等方面都做了较大的补充。

2003年9月28日,国家广电总局、商务部、文化部联合发布了《外商投资电影院暂行规定》,对外商投资内地电影院的准入条件做了适当放宽,对港澳地区服务提供者在内地从事电影放映业务做出了鼓励性的政策安排。

2003年至2014年,《电影剧本(梗概)立项、电影片审查暂行规定》《中外合作摄制电影片管理规定》相继出台并施行。根据规定,国产电影除重大革命历史题材、特殊题材、国家资助影片、合拍片四类外不必再向电影局申报剧本,提交1000字的剧本梗概即可申请拍电影;影片终审权下放至七城市;国家出资采购优秀国产影片;参加国际电影节的审查批准制改为备案制;设立每年1亿元的国家资助资金;外资被允许进入中国制片业。

2004年11月10日,《电影企业经营资格准入暂行规定》施行,这是对《电影制片、发行、放映经营资格准入暂行规定》的继承和发展。在原来放开电影制片、发行、放映领域主体准入资格的基础上,进一步降低了市场准入门槛,扩大了投融资主体开放的范围,用法规形式巩固了电影产业改革的成果。允许境内公司、企业和其他经济组织合资或独资组建院线、改建电影院;允许境外制片机构同境内国有电影制片单位经批准成立由中方控股的电影制片公司;允许境外公司经批准以合资形式成立影院建设公司或组建电影院;允许境内公司、企业和其他经济组织设立电影技术公司,或与境外公司、企业和其他经济组织合资、合作设立电影技术公司,改造电影制片、放映基础设施和技术设备。中影集团、时代华纳、横店三方联合组建的中影华纳横店影视有限公司是该《暂行规定》出台后组建的第一家合资电影制片公司。

2010 年 6 月 29 日,国家广电总局和国家档案局审议通过了《电影艺术档案管理规定》,该规定要求:根据《中华人民共和国档案法》《中华人民共和国档案法实施办法》和《电影管理条例》,加强电影艺术档案的收集和管理,有效地保护和利用电影艺术档案,更好地为电影创作、生产、教学、研究和普及服务。具体包括档案构成,归档和管理,移交、捐赠和寄存,档案利用,法律责任等内容。

2011 年 11 月 29 日,国家广电总局发布的《广电总局电影局关于促进电影制片发行上映协调发展的指导意见》规定,电影院对于影片首轮放映的分账比例原则上不超过 50%;建议影院年度地产租金原则上不超过年度票房的 15%;影院以签约形式加盟院线的,签约期原则上不少于三年;待制片发行放映利益调整到合理水平后,电影院广告放映经营权逐步回归到电影院,制片方不再经营贴片广告;各电影单位要树立大局意识、责任意识,严格执行国家对电影管理的相关法规政策等。

2012 年 2 月 9 日,国家广电总局发布了《关于进一步加强和改进境外影视剧引进和播出管理的通知》,增加了对境外影视剧引进立项和审批管理,引进剧续约后再次发行的审批管理,引进剧播出管理等三方面的内容。具体提出了引进境外影视剧的长度原则上控制在 50 集以内;境外影视剧不得在黄金时段(19:00—22:00)播出;各电视频道每天播出的境外影视剧,不得超过该频道当天影视剧总播出时间的 25%等规定。

2012 年 2 月 18 日,中美双方就解决 WTO 电影相关问题的谅解备忘录达成协议。中国政府同意将在每年 20 部海外分账电影的配额之外增加

14 部 3D 电影或 IMAX 电影的名额,票房分账比例由此前的 13％提高到 25％。同时增加中国民营企业发布进口片的机会,打破了过去国有公司独大的局面。

2012 年 11 月 19 日,根据《国家电影事业发展专项资金管理办法》的有关规定,国家电影事业发展专项资金管理委员会发布了《关于返还放映国产影片上缴电影专项资金的通知》,决定在一定时期内依据影院放映国产影片情况,返还电影专项资金。影院全年国产影片票房达到票房总收入 50％(含)以上的,返还 100％放映国产片上缴的电影专项资金;影院全年国产片票房达到票房总收入 45％(含)至 50％之间的,返还 80％放映国产影片上缴的电影专项资金;影院全年国产片票房不到票房总收入 45％,但与上一年度国产影片票房相比有增长的,返还 50％放映国产影片上缴的电影专项资金。

同一日,国家电影事业发展专项资金管理委员会还发布了《关于"对新建影院实行先征后返政策"的补充通知》,提到"先征后返三年期"满后,对中东部地区县级城市及乡镇、西部地区省会以外城市的新建影院,当年放映国产影片票房收入达到总票房收入 45％(含)以上的,从下一年度起可继续享受电影专项资金先征后返政策。

同天发布的《关于对国产高新技术格式影片创作生产进行补贴的通知》,对进入市场发行放映的国产高新技术格式影片,按影片票房收入分档对影片版权方进行奖励,以补贴高新技术格式影片制作费。票房收入在 5000 万元(含)—1 亿元之间,奖励扶持资金为 100 万元;票房收入在 1 亿元(含)—3 亿元之间,奖励扶持资金为 200 万元;票房收入在 3 亿元(含)—5 亿元之间,奖励扶持资金为 500 万元;票房收入在 5 亿元(含)以上,奖励扶持资金为 1000 万元。高新技术格式只有巨幕版本的国产影片,票房收入在 2500 万元(含)—1 亿元之间,奖励扶持资金为 100 万元,票房收入超过 1 亿元,按前述标准奖励扶持。

2013 年 1 月 17 日,国家广电总局发布了《关于加强海峡两岸电影合作管理的现行办法》,明确了台湾地区影片的界定、引进台湾地区影片、大陆与台湾地区合作摄制电影以及大陆与台湾地区投资改建影院四个方面的相关规定。规定称,凡取得"电影片公映许可证"的台湾地区影片,大陆发行将不受进口影片配额限制。

2013 年 7 月 11 日,国务院办公厅发布了《关于印发国家新闻出版广电总局主要职责内设机构和人员编制规定的通知》,设立国家新闻出版广电总局(正部级)为国务院直属机构。该通知明确了职能转变、主要职责、内设机构、人员编制等相关内容。其中,国家广电总局职能转变的一项重要内容是取消一般题材电影剧本审查,实行梗概公示。

2013 年 7 月 8 日,国家新闻出版广电总局发布《推动国产动画电影发展的 9 条措施》,增加对动画电影创作的扶持,举办国产电影动画宣传推介展映周活动,增加对国产动画电影的奖项,召开讲座论坛等活动。

2013 年 11 月 29 日,国家电影事业发展专项资金管理委员会发布了《关于对国产高新技术格式影片补贴的补充通知》,对 2012 年开始实施的国家对国产高新技术格式影片创作生产予以资金补贴扶持政策进行了细化调整,继续采用按票房收入分档对影片版权方进行资金奖励的方式,对高新技术格式影片制作费进行补贴。票房分档区间不变,将原档内固定的补贴资金改为基础补贴资金,各档在基础补贴资金的基础上,再按票房增长数额增加补贴资金。

2014 年 3 月 19 日,国家新闻出版广电总局发布了《关于进一步加强网络剧、微电影等网络视听节目管理的通知》(以下简称《视听节目管理的通知》),这是依据《互联网视听节目服务管理规定》,就进一步加强网络剧、微电影等网络视听节目管理做出的通知。《视听节目管理的通知》鼓励生产制作健康向上的网络剧、微电影等网络视听节目,并强化了节目播出机构的准入管理、节目的内容审核、审核队伍建设、监督及退出机制。

2014 年 4 月 1 日,国家新闻出版广电总局开始执行《关于试行国产电影属地审查的通知》,这是依据《电影管理条例》《电影剧本(梗概)备案、电影片管理规定》和《国家广电总局关于改进和完善电影剧本(梗概)备案、电影片审查工作的通知》,是在 2010 年 7 月以来电影实行"一备两审制"的基础上,为进一步推动在全国范围内全面试行国产影片属地审查而发布的,在全国范围内试行国产电影属地审查,即由各省级广电部门对本行政区域内所属电影制片单位摄制的各类影片试行审查,总局则主要负责宏观指导和监督工作。

2014 年 5 月 31 日,财政部、国家发展改革委、国土资源部、住房和城乡建设部、中国人民银行、国家税务总局、国家新闻出版广电总局联合发布了《关于支持电影发展若干经济政策的通知》,具体包括:加强电影事业发展专项资金的管理,加大电影精品专项资金支持力度,通过文化产业发展专项资金重点支持电影产业发展,对电影产业实行税收优惠政策,实施中西部地区县级城市影院建设资金补贴政策,加强和完善电影发行放映的公共服务和监管体系建设,对电影产业实行金融支持政策,实行支持影院建设的差别化用地政策等内容。

2014 年 7 月 3 日,韩国文化体育观光部与中国国家新闻出版广电总局在韩国正式签署了《中韩电影合拍协议》,根据协议内容,中韩合作拍摄的影片将在中国市场享受国产片待遇,不再受进口片条件限制。

2014 年 9 月 2 日,国家新闻出版广电总局发布了《关于进一步落实网上境外影视剧管理有关规定的通知》。用于互联网等信息网络传播的境外影视剧应依法取得"电影片公映许可证"或"电视剧发行许可证",并就进一步落实网上境外影视剧的管理做出了多项规定。

2014 年 11 月 27 日,财政部、海关总署、国家税务总局联合发布了《关于继续实施支持文化企业发展若干税收政策的通知》,提出了支持文化企业发展的若干税收政策,旨在进一步深化文化体制改革,促进文化企业发展。财政部、国家税务总局、中宣部联合发布了《关于继续实施文化体制改革中经营性文化事业单位转制为企业若干税收政策的通知》,明确了经营性文化事业单位转制为企业享受的税收优惠政策。

2015 年 8 月 31 日,财政部、国家新闻出版广电总局发布了根据《电影管理条例》制定的《国家电影事业发展专项资金征收使用管理办法》,以规范电影专项资金的征收使用管理,支持电影事业发展。具体包含征收缴库、使用管理、法律责任等内容。

2016 年 11 月 7 日,十二届全国人民代表大会常务委员会第二十四次会议通过《电影产业促进法》,自 2017 年 3 月 1 日起施行。这是我国电影产业的第一部基础性法律,涉及电影创作、摄制,电影发行、放映,电影产业保障,法律责任等内容。《电影产业促进法》提出,从事电影活动,应当坚持为人民服务、为社会主义服务,坚持社会效益优先,实现社会效益与经济效益相统一。国家坚持以人民为中心的创作导向和百花齐放、百家争鸣的方针,尊重和保障电影创作自由,倡导电影创作贴近实际、贴近生活、贴近群众,鼓励创作思想性、艺术性、观赏性相统一的优秀电影。国务院应当将电影产业发展纳入国民经济和社会发展规划,县级以上地方人民政府根据当地实际情况将电影产业发展纳入本级国民经济和社会发展规划。国家制定电影及相关产业政策,引导形成统一开放、公平竞争的电影市场,促进电影市场繁荣发展。鼓励电影科技的研发、应用,制定并完善电影技术标准,构建以企业为主体、市场为导向、产学研相结合的电影技术创新体系。与电影有关的知识产权受法律保护,任何组织和个人不得侵犯,县级以上人民政府负责知识产权执法的部门应当采取措施,保护与电影有关的知识产权,依法查处侵犯与电影有关的知识产权的行为。从事电影活动的公民、法人和其他组织应当增强知识产权意识,提高运用、保护和管理知识产权的能力。

国家鼓励公民、法人和其他组织依法开发电影形象产品等衍生产品,国务院电影主管部门负责全国的电影工作;县级以上地方人民政府电影主管部门负责本行政区域内的电影工作。县级以上人民政府其他有关部门在各自职责范围内,负责有关的电影工作。电影行业组织依法制定行业自律规范,开展业务交流,加强职业道德教育,维护其成员的合法权益。

演员、导演等电影从业人员应当坚持德艺双馨,遵守法律法规,尊重社会公德,恪守职业道德,加强自律,树立良好社会形象。国家支持建立电影评价体系,鼓励开展电影评论。对优秀电影以及为促进电影产业发展做出突出贡献的组织、个人,按照国家有关规定给予表彰和奖励。国家鼓励开展平等、互利的电影国际合作与交流,支持参加境外电影节(展)。

国家新闻出版广电总局政策法制司负责人指出,通过电影产业的立法,可以促进电影产业的发展,转变政府管理方式,坚持放管并举,为社会力量从事电影活动提供便利;还可以充分发挥政府的引导、激励作用,加大对电影产业扶持力度,通过财政、税收、金融、用地、人才等多种扶持措施,促进电影产业全面发展,继承弘扬中华优秀传统文化。中央财经大学文化经济研究院院长魏鹏举指出,《电影产业促进法》是我国电影产业的第一部法,也是整个中国文化产业中为数不多的政府立法之一,它对于电影产业的发展毫无疑问具有里程碑意义,甚至对整个文化产业的发展都会产生长期深远的影响。

第二节　电影产业政策法规主要内容

为了加强对电影行业的管理,发展和繁荣电影事业,满足人民群众文化生活需要,国家先后制定了《电影管理条例》《电影产业促进法》等政策与法规。

一、主管机关和许可证制度

我国对电影产业的管理与国外不同,形成了符合本国国情的管理政策和法规。

(一)主管机关

国家新闻出版广电总局主管全国电影工作,县级以上地方人民政府管理电影的行政部门负责本行政区域内的电影管理工作。

(二)许可制度

为了加强对电影活动的管理,国家对电影摄制、进口、出口、发行、放映和电影片公映实行许可制度。未经许可,任何单位和个人不得从事电影片的摄制、进口、发行、放映活动,不得进口、出口、发行、放映未取得许可证的电影片。

许可证和批准文件,不得出租、出借、出售或以其他任何形式转让。

二、电影制片管理

我国的电影制片管理政策法规主要有以下内容。

(一)电影作品的著作权管理

电影制片单位对其摄制的电影片,依法享有著作权。

(二)电影制片的摄制管理

国家鼓励企业、事业单位和其他社会组织以及个人以资助、投资的形式参与摄制电影片。这样既可以解决电影制片单位拍片资金不足的问题,又可以使一些没有从事摄制电影资格的机关、企事业单位、个人和社会团体,通过投资、资助的方式参与摄制电影。

民营公司连续以单片许可证拍摄两部影片后,可独立成立电影制片公司,允许外资控股经营电影技术公司。

设立电影制片单位,应当具备下列条件:

(1)有电影制片单位的名称、章程。

(2)有符合国家电影主管部门认定的主办单位及其主管机关。

(3)有确定的业务范围。

(4)有适应业务范围需要的组织机构和专业人员。

(5)有适应业务范围需要的资金、场所和设备。

(6)法律、行政法规规定的其他条件。

审批设立电影制片单位,除依照前款所列条件外,还应当符合国家电影主管部门制定的电影制片单位总量、布局和结构的规划。

(三)电影制片单位与境外合作摄制电影片管理

为繁荣我国电影创作生产,促进国际文化交流,国家鼓励电影制片单位与境外电影制作者合作摄制电影片。中外合作摄制的电影,应符合我国的法律、行政法规及国家其他有关规定,有利于弘扬中华民族的优秀传统文化,有利于我国的经济建设、文化建设和社会安定,有利于中外文化交流,并不得损害第三国的利益。

法人、其他组织经电影主管部门批准,可以与境外组织合作摄制电影。但是,不得与从事损害我国国家尊严、荣誉和利益,危害社会稳定,伤害民族感情等活动的境外组织合作,也不得聘用有上述行为的个人参加电影摄制。合作摄制电影符合创作、出资、收益分配等方面比例要求的,该电影视同境内法人、其他组织摄制的电影。境外组织不得在境内独立从事电影摄制活动,境外个人不得在境内从事电影摄制活动。

三、电影审查规定

国家实行电影审查制度,未经审查通过的电影片,不得发行、放映、进口、出口。

法人、其他组织应当将其摄制完成的电影送国家电影主管部门或者省、自治区、直辖市人民政府电影主管部门审查。国家电影主管部门或者省、自治区、直辖市人民政府电影主管部门应当自受理申请之日起30日内做出审查决定。对符合本法规定的,准予公映,颁发电影公映许可证,并予以公布;对不符合本法规定的,不准予公映,书面通知申请人并说明理由。

国家电影主管部门应当根据《电影产业促进法》制定完善电影审查的具体标准和程序,并向社会公布。制定完善电影审查的具体标准应当向社会公开征求意见,并组织专家进行论证。进行电影审查应当组织不少于五名专家进行评审,由专家提出评审意见。法人、其他组织对专家评审意见有异议的,国家电影主管部门或者省、自治区、直辖市人民政府电影主管部门可以另行组织专家再次评审。专家的评审意见应当作为做出审查决定的重要依据。取得电影公映许可证的电影需要变更内容的,应当依照本法规定重新报送审查。

未取得电影公映许可证的电影,不得发行、放映,不得通过互联网、电信网、广播电视网等信息网络进行传播,不得制作为音像制品;但是,国家另有规定的,从其规定。摄制完成的电影取得电影公映许可证,方可参加电影节(展)。拟参加境外电影节(展)的,送展法人、其他组织应当在该境外电影节(展)举办前,将相关材料报国家电影主管部门或者省、自治区、直辖市人民政府电影主管部门备案。

四、电影发行、放映

企业具有与所从事的电影发行活动相适应的人员、资金条件的,经国家电影主管部门或者所在地省、自治区、直辖市人民政府电影主管部门批准,可以从事电影发行活动。企业、个体工商户具有与所从事的电影放映活动相适应的人员、场所、技术和设备等条件的,经所在地县级人民政府电影主管部门批准,可以从事电影院等固定放映场所电影放映活动。

国家加大对农村电影放映的扶持力度,由政府出资建立完善农村电影公益放映服务网络,积极引导社会资金投资农村电影放映,不断改善农村地区观看电影的条件,统筹保障农村地区群众观看电影的需求。县级以上人民政府应当将农村电影公益放映纳入农村公共文化服务体系建设,按照国家有关规定对农村电影公益放映活动给予补贴。从事农村电影公益放映活动的,不得以虚报、冒领等手段骗取农村电影公益放映补贴资金。

国家鼓励电影院以及从事电影流动放映活动的企业、个人采取票价优惠、建设不同条件的放映厅、设立社区放映点等多种措施,为未成年人、老年人、残疾人、城镇低收入居民以及进城务工人员等观看电影提供便利;电影院以及从事电影流动放映活动的企业、个人所在地人民政府可以对其发放奖励性补贴。

电影院应当合理安排由境内法人、其他组织所摄制电影的放映场次和时段,并且放映的时长不得低于年放映电影时长总和的三分之二。

国家鼓励电影院在向观众明示的电影开始放映时间之前放映公益广告。电影院在向观众明示的电影开始放映时间之后至电影放映结束前,不得放映广告。

电影发行企业、电影院等应当如实统计电影销售收入,提供真实准确的统计数据,不得采取制造虚假交易、虚报瞒报销售收入等不正当手段,欺骗、误导观众,扰乱电影市场秩序。

在境内举办涉外电影节(展),须经国家电影主管部门或者省、自治区、直辖市人民政府电影主管部门批准。

五、电影进口出口规定

电影进口出口是一种发行电影片的活动,具有电影发行的基本特征。但电影进出口不同于一般意义上的电影发行,它是一种要通过边境、海关的电影发行活动。我国电影进出口的政策法规内容主要有以下方面。

(一)进口境外电影经营权

进口境外电影经营权的内容是指取得经营权的单位有权从事电影进口业务。进口境外电影经营权的范围和行使方式都有严格规定,权利人只有按照这些规定进行经营才能实现其权利。《电影管理条例》第三十条规定:"电影进口业务由国务院广播电影电视行政部门指定电影进口经营单位经营;未经指定,任何单位或个人不得经营电影进口业务。"

(二)进口审查

进口供公映的电影片,进口前应报电影审查机构审查。报送电影审查机构审查的电影片,由指定的电影进口经营单位持国家新闻出版广电总局的临时进口批准文件到海关办理电影片临时进口手续;临时进口的电影片经电影审查机构审查合格并发给"电影片公映许可证"和进口批准文件后,由电影进口经营单位持进口批准文件到海关办理进口手续。

(三)进口供科学研究、教学参考的专题片、电影资料片的规定

进口供科学研究、教学参考的专题片,进口单位应报经国务院有关行政主管部门审查批准,持进口批准文件到海关办理进口手续,并于进口之日起30日内向国家新闻出版广电总局备案。但是不得以供科学研究、教学的名义进口故事片。

中国电影资料馆进口电影资料片,可以直接到海关办理进口手续。中国电影资料馆应当将其进口的电影资料片按季度向国家电影主管部门。除规定外,任何单位或者个人不得进口未经国家电影主管部门审查合格的电影片。

六、电影事业的保障

为了建立和完善适应市场经济体制的电影管理制度和发展电影事业,要加强对电影事业保障机制的研究,才能繁荣我国的电影创作,提高电影质量。目前电影事业的保障内容主要有:

国家保障电影创作自由,重视和培养电影专业人才,重视和加强电影理论研究,繁荣电影创作,提高电影质量。

国家鼓励金融机构为从事电影活动以及改善电影基础设施的企业提供融资服务,依法开展与电影有关的知识产权质押融资业务,并通过信贷等方式支持电影产业发展。鼓励法人、其他组织通过到境外合作摄制电影等方式进行跨境投资,依法保障其对外贸易、跨境融资和投资等合理用汇需求。

国家实施电影人才扶持计划,支持有条件的高等学校、中等职业学校和其他教育机构、培训机构等开设与电影相关的专业和课程,采取多种方式培养适应电影产业发展需要的人才。鼓励从事电影活动的法人和其他组织参与学校相关人才培养。

国家采取措施,扶持农村地区、边疆地区、贫困地区和民族地区开展电影活动。国家鼓励社会力量以捐赠、资助等方式支持电影产业发展,并依法给予优惠。

国家建立电影事业发展专项资金,并采取其他优惠措施,支持电影事

业的发展。电影事业发展专项资金缴纳单位应按照国家有关规定履行缴纳义务。经国务院批准,自1991年5月起,在全国县级以上影院从电影票中提取5分钱,建立国家电影事业发展专项基金。1995年11月国务院又批准电影专项基金改为按票房收入的5%提取,广电部、财政部、文化部、国家计委、国家税务总局联合修订了《国家电影事业专项基金上缴的实施细则》,并于1996年5月1日起在全国实行。2015年8月,为了进一步规范国家电影事业发展专项资金征收使用管理,支持电影事业发展,根据《电影管理条例》的规定,财政部和国家新闻出版广电总局制定了《国家电影事业发展专项资金征收使用管理办法》。

电影事业发展专项资金扶持、资助下列项目:

(1)国家倡导并确认的重点电影片的摄制和优秀电影剧本的征集。

(2)重点制片基地的技术改造。

(3)电影院的改造和放映设施的技术改造。

(4)少数民族地区、边远贫困地区和农村地区的电影事业的发展。

(5)需要资助的其他项目。

县级以上地方人民政府制定的本行政区域建设规划,应包括电影院和放映设施的建设规划。改建、拆除电影院和放映设施,应报所在地县级以上地方人民政府电影行政部门审查批准,县级以上地方人民政府电影行政部门应根据国家有关规定做出批复。

七、我国有关电影行业管理的法律责任

有下列情形之一的,由原发证机关吊销许可证;由县级以上人民政府电影主管部门没收电影片和违法所得;违法所得5万元以上的,并处违法所得10倍以上20倍以下的罚款;没有违法所得或者违法所得不足5万元的,可以并处50万元以下的罚款:

(1)发行、放映未取得电影公映许可证的电影的;

(2)取得电影公映许可证后变更电影内容,未依照规定重新取得电影公映许可证而擅自发行、放映、送展的;

(3)提供未取得电影公映许可证的电影参加电影节(展)的。

承接含有损害我国国家尊严、荣誉和利益,危害社会稳定,伤害民族感情等内容的境外电影的洗印、加工、后期制作等业务的,由县级以上人民政

府电影主管部门责令停止违法活动,没收电影片和违法所得;违法所得5万元以上的,并处违法所得3倍以上5倍以下的罚款;没有违法所得或者违法所得不足5万元的,可以并处15万元以下的罚款。情节严重的,由电影主管部门通报工商行政管理部门,由工商行政管理部门吊销营业执照。

电影发行企业、电影院等有制造虚假交易、虚报瞒报销售收入等行为,扰乱电影市场秩序的,由县级以上人民政府电影主管部门责令改正,没收违法所得,处5万元以上50万元以下的罚款;违法所得50万元以上的,处违法所得1倍以上5倍以下的罚款。情节严重的,责令停业整顿;情节特别严重的,由原发证机关吊销许可证。

电影院在向观众明示的电影开始放映时间之后至电影放映结束前放映广告的,由县级人民政府电影主管部门给予警告,责令改正;情节严重的,处1万元以上5万元以下的罚款。

法人或者其他组织未经许可擅自在境内举办涉外电影节(展)的,由国家电影主管部门或者省、自治区、直辖市人民政府电影主管部门责令停止违法活动,没收参展的电影片和违法所得;违法所得5万元以上的,并处违法所得5倍以上10倍以下的罚款;没有违法所得或者违法所得不足5万元的,可以并处25万元以下的罚款;情节严重的,自受到处罚之日起五年内不得举办涉外电影节(展)。

个人擅自在境内举办涉外电影节(展),或者擅自提供未取得电影公映许可证的电影参加电影节(展)的,由国家电影主管部门或者省、自治区、直辖市人民政府电影主管部门责令停止违法活动,没收参展的电影片和违法所得;违法所得5万元以上的,并处违法所得5倍以上10倍以下的罚款;没有违法所得或者违法所得不足5万元的,可以并处25万元以下的罚款;情节严重的,自受到处罚之日起五年内不得从事相关电影活动。

有下列情形之一的,依照有关法律、行政法规及国家有关规定予以处罚:

(1)违反国家有关规定,擅自将未取得电影公映许可证的电影制作为音像制品的。

(2)违反国家有关规定,擅自通过互联网、电信网、广播电视网等信息网络传播未取得电影公映许可证的电影的。

(3)以虚报、冒领等手段骗取农村电影公益放映补贴资金的。

（4）侵犯与电影有关的知识产权的。

（5）未依法接收、收集、整理、保管、移交电影档案的。

第三节　电影产业政策法规典型案例

为了帮助认识和了解电影产业的政策法规，我们选择了几个电影产业中的典型案例进行分析，这有助于大家理论联系实际，加深对电影产业政策法规的理解。

一、《马路天使》著作权案

▌案情简介

袁牧之是1937年明星电影公司出版发行的影片《马路天使》的导演、编剧，于1978年去世。原告朱心、袁牧女、袁小牧、袁牧男分别系袁牧之的遗孀和子女。1995年4月，作家华某受成都某公司之委托，对电影《马路天使》进行改编并写成《天涯歌女》剧本；其后，在由北京某影视乐园策划的投资招标仪式上，山东某电影制片厂与成都某公司签订协议，从成都某公司获得了该剧本的拍摄权，并于同年7月摄制成了影片《天涯歌女》，1996年1月起进行公开发行、上映。该片片头显示："本片取材于电影《马路天使》；编剧为华某；山东某电影制片厂摄制。"1997年5月，原告以袁牧之的合法继承人身份向北京市第一中级人民法院提起诉讼，状告华某、成都某公司、东方某影视乐园以及山东某电影制片厂未经原告同意擅自对《马路天使》剧本所享有的包括署名权、改编权、保护作品完整权以及获得报酬权等在内的著作权侵权；请求法院判令被告停止侵害、赔礼道歉并赔偿损失。

被告辩称，电影《马路天使》首映于20世纪30年代，早已超过了著作权法所规定的50年保护期，因此其不可能侵犯该影片的著作权。《马路天使》文字剧本由别人整理，拍摄影片当时无文字剧本，即不存在以有形式复制的文字作品，袁牧之及原告无权对《马路天使》剧本主张著作权。

原告认为，电影《马路天使》的著作权已超过法定保护期，但不侵犯电影这一演绎作品的著作权并不意味着不侵犯原作品（即《马路天使》剧本）作者的著作权。本案中，无论是影片《马路天使》还是其后的《天涯歌女》影片及剧本均是演绎作品，上述作品均由袁牧之创作的《马路天使》剧本"演绎"（无论直接或是间接）而来，均是在使用该作品的基础上形成的。根据我国著作权法，使用他人作品应经权利人的许可（法定许可除外）并支付报酬（法律规定无须支付报酬的除外）。本案中，《马路天使》剧本作者殁于1978年，其著作权中的财产权利尚处在法定的保护期内，因此未经其合法继承人的许可，擅自使用其作品的行为已构成侵权。无论是作家华某还是山东某电影制片厂均侵犯了袁牧之对其作品所拥有的署名权、使用权和获得报酬权。

袁牧之享有《马路天使》剧本的著作权，其去世后著作权应由其合法继承人（即本案原告）行使和保护。袁牧之是公认的并有充足证据证明的影片《马路天使》的编剧，即使从未公开发表过其署名的文字作品（剧本），单凭该作品能够被拍摄成电影的事实，袁牧之拥有《马路天使》剧本的著作权亦是毋庸置疑的。《天涯歌女》剧本及其《天涯歌女》影片实质是对《马路天使》剧本的改编，是对《马路天使》剧本的使用，剧本作者及制片人均侵犯了原作品著作权人所享有的权利。

法院认为，电影作品中可以单独使用的剧本、音乐等作品的作者有权单独行使其著作权，其保护期为作者去世后第50年的12月31日，故被告行为构成侵权。原告因客观原因未能提供《马路天使》剧本并不等于无剧本，成都某公司未能提供与袁牧女签订的"许可协议"原件，袁牧女作为权利人之一也无权处分其他权利人的权利。故法院不确认成都某公司获得了作品的使用许可权。而东方某影视乐园在客观上为侵权影片《天涯歌女》进行了宣传，山东某电影制片厂对成都某公司所拥有的著作权未做审查均构成侵权。判决被告停止《天涯歌女》影片的发行，公开赔礼道歉，华某赔偿原告21600元，其他三被告共同赔偿原告232750元。

被告华某因不服该判决，其后向北京市高级人民法院提起上诉，上诉人与被上诉人在二审期间达成了调解协议。

▌案情评析

我国著作权法并没有对著作权规定统一适用的保护期,而是针对不同的权利、不同的作品规定了不同的保护期限。

首先,针对著作权中的署名权、修改权和保护作品完整权等精神权利,规定这些权利的保护期不受限制。作者死亡后,其著作权中的署名权、修改权和保护作品完整权由作者的继承人或受遗赠人保护。著作权无人继承又无人受遗赠的,其署名权、修改权和保护作品完整权由著作权行政管理部门保护。这意味着,即使作品进入公有领域,作者的精神权利仍然不得侵犯。

其次,针对著作权中的发表权和经济权利,著作权法规定了保护期限,但对于不同类型的作品规定的保护期限不同。

(1)自然人作品:保护期限为作者终生及其死亡后 50 年,截止于作者死亡后第 50 年的 12 月 31 日;如果是合作作品,截止于最后死亡的作者死亡后第 50 年的 12 月 31 日。

(2)法人或者其他组织享有著作权的作品,保护期为 50 年,截止于作品首次发表后第 50 年的 12 月 31 日,但作品自创作完成后 50 年内未发表的,著作权法不再保护。

(3)电影作品和以类似摄制电影的方法创作的作品、摄影作品,保护期为 50 年,截止于作品首次发表后第 50 年的 12 月 31 日,但作品自创作完成后 50 年内未发表的,著作权法不再保护。

(4)作者身份不明的作品,保护期截止于作品首次发表后第 50 年的 12 月 31 日。

以上是著作权法规定著作权保护期的典型情形,属于上述情形的作品其著作权保护期较易确定。但对于一些权利性质较为复杂的作品而言,确定著作权保护期就比较困难了。如本案原告主张权利的作品为电影作品,在电影作品之上除电影作品整体的著作权外,还有剧本、音乐等其他作品的著作权。本案中虽然电影作品的著作权已届保护期,但电影剧本尚在保护期内,未经许可对其进行利用当然构成侵权。

与上述电影作品类似的权利性质较为复杂的作品,还有改编作品、翻译作品等演绎作品,这类作品除演绎者的著作权之外还涉及原作的著作权。另外,录音制品之上除涉及录制者权之外还可能涉及表演者权和原作著作权,书籍等出版物作品的著作权可能已届保护期,但对于版式、装帧的出版者权可能尚在保护期内。以上这些作品由于涉及多个著作权权利,这些权利的保护期截止日期可能并不一致,如果不加注意就可能会顾此失彼。

来源:北京市第一中级人民法院民事判决书〔1997〕一中知初字第47号

二、《泰囧》侵权案

案情简介

某传媒股份有限公司投资制作的电影《泰囧》在创下12.6亿元的票房纪录后,为某传媒股份有限公司带来了近4.2亿元的票房收入。2013年3月2日,电影《人在囧途》的片方武汉某影视制作有限公司突然宣布状告《人再囧途之泰囧》片方某传媒股份有限公司等四家公司。武汉某影视制作有限公司称被告涉及"不正当竞争与著作权侵权",并在一个名为"人在囧途系列"的微博上晒出北京市高级人民法院受理该案的通知书。

根据某传媒股份有限公司的《重大诉讼公告》,原告的民事起诉状基本内容为:(1)原告认为被告故意进行引人误解的虚假宣传,暗示、明示两部片子的关系,故意将《人再囧途之泰囧》与《人在囧途》进行对比,是《人在囧途》的续集、升级版,将《人在囧途》的成功转移到《人再囧途之泰囧》上,构成不正当竞争。(2)原告认为被告在全国各地的宣传广告中,直接、大量、无数次擅自使用《人在囧途》特有的名称。(3)原告认为将两部电影进行比对可以发现,无论电影名称、构思、情节、故事、主题还是台词等多处,两部电影实质相似,构成对原告著作权的侵犯。(4)原告认为根据公证的《中国电影报》显示,截至2013年1月27日,被告票房收入是12.52亿元人民币。上映期间,被告股票大幅升值。根据被告等公开的消息,被告获利43%,即5.38亿元人民币。

原告的诉讼请求为:

　　(1)被告不正当竞争行为构成侵权；

　　(2)立即停止侵权、消除影响、赔礼道歉；

　　(3)赔偿原告经济损失1亿元人民币；

　　(4)承担本案的诉讼费。

　　某传媒股份有限公司亦于2013年3月8日发布公告称,已收到北京市高级人民法院送达的民事起诉状等资料,公司已制定相关计划准备积极应诉。其代理律师表示,电影行业不禁止片名相同或者相近似的情况,"比如《疯狂的石头》《疯狂的赛车》,不同出品方也要借助前一部影片为后一部造势,电影行业从审批开始,就不会在片名的相似度上予以禁止,否则全行业都构成侵权"。

　　北京市高级人民法院做出判决:某传媒股份有限公司立即停止涉案不正当竞争行为;并于判决生效之日起30日内在《法制日报》刊登声明,消除影响;赔偿武汉某影视制作有限公司经济损失500万元。

▍案情评析

　　关于被告的行为是否构成不正当竞争的认定,就其定义来看,不正当竞争(Unfair Competition)是指经营者以及其他有关市场参与者采取违反公平、诚实信用等公认的商业道德的手段去争取交易机会或者破坏他人的竞争优势,损害消费者和其他经营者的合法权益,扰乱社会经济秩序的行为。

　　我国《反不正当竞争法》第九条第一款规定:"经营者不得利用广告或者其他方法,对商品的质量、制作成分、性能、用途、生产者、有效期限、产地等作引人误解的虚假宣传。"同时,最高人民法院《关于审理不正当竞争民事案件应用法律若干问题的解释》第八条规定:"经营者具有下列行为之一,足以造成相关公众误解的,可以认定为《反不正当竞争法》第九条第一款规定的引人误解的虚假宣传行为:(一)对商品作片面的宣传或者对比的;(二)将科学上未定论的观点、现象等当作定论的事实用于商品宣传的;(三)以歧义性语言或者其他引人误解的方式进行商品宣传的。"

　　《泰囧》一案中,需要从两个视角进行探析,分别是影片的宣传是否构成不正当竞争和影片名称相似是否构成不正当竞争。

从宣传来看,原告认为被告故意进行引人误解的虚假宣传,暗示、明示两部片子是有关系的,《人再囧途之泰囧》是《人在囧途》升级版、第二部、续集等,使观众误认为是《人在囧途》原出品人、原班人马精心打造并奉献的又一部力作。被告在全国各地的宣传、广告中,直接、大量地擅自使用《人在囧途》特有的名称,导致观众严重地混淆、误认。同时,将《人在囧途》与《人再囧途之泰囧》两部电影进行比对可以清晰地发现,无论从电影名称、构思、情节、故事、主题还是台词等处,两部电影实质相同或相似。

就第二个视角,首先要明确影视作品名称是否属于知名商品的特有名称。影视作品是否属于商品?影视作品无疑是一个商品。而《关于禁止仿冒知名商品特有的名称、包装、装潢的不正当竞争行为的若干规定》第四条规定:商品名称、包装、装潢被他人擅自做相同或者近似使用,足以造成购买者误认的,该商品即可认定为知名商品。所以影视作品的名称属于《反不正当竞争法》第五条的主体范围,是知名商品的特有名称。

而在这个案件中,原告的律师表示,被告的剽窃行为构成侵权,不过是把片名改了一个字,将"在"换成了"再",表达的意思就是"再一次",容易使相关公众认为《人再囧途之泰囧》系《人在囧途》的续集,两部电影之间存在关联关系。《人在囧途》公映在前,其已经取得了不错的票房和口碑,在广大观众中已经形成了一定的影响力。此外,某传媒股份有限公司老总王长田关于《人在囧途3》将于2014年与观众见面的言论也表明被告至今仍在使用《人在囧途》的名称,继续实施着侵权行为,导致观众的误认和混淆在进一步扩大。

综合以上两个方面可以看出,《泰囧》制作方的行为应当受到反不正当竞争法的调整,原告主张被告构成不正当竞争侵权是有合理依据的。被告应当承担赔偿损失和相关的法律责任。

来源:1. 闫茹水、靳晓龙:《论影视作品著作权侵权和不正当竞争的认定—〈泰囧〉侵权案的法律分析》,《法制与社会》2013年第24期,第65—66页

2. http://China. findlaw. cn/lawyers/article/d325832. html

3.《瓦特太囧!〈人在囧途〉告〈泰囧〉侵权获赔500万》,《南方周末》2014年9月24日

讨论与思考题

1. 怎样理解电影产业政策法规的发展？
2. 电影管理规定最主要的内容有哪些？
3. 对以下案例进行分析并点评。

案 例

案例一:某影视网侵犯影视作品著作权案(2015 年度全国打击侵权盗版十大案件之一)

2014 年 11 月,湖南省版权局根据权利人投诉,依法对某影视网涉嫌侵犯著作权案立案调查。经查,网站域名所有人和负责人刘某未经著作权人授权,组织他人将包括《地心引力》在内的 467 部影视作品的对白上传至网站,供用户浏览、下载和使用。依据《著作权法》第四十八条、《信息网络传播权保护条例》第十八条、《中华人民共和国著作权法实施条例》第三十六条等规定,湖南省版权局于 2015 年 7 月 10 日做出行政处罚:罚款 5 万元,没收主要用于侵权的服务器 1 台。

来源:http://www.thepaper.cn/newsDetail_forward_1461175

案例二:电影《何以笙箫默》版权纠纷案

《何以笙箫默》是网络热门小说,在被拍摄成为电视剧后,电影版也将上映。A、B 两大电影公司对外均称获得了电影版权,A 公司还公布了黄某、杨某的主演阵容。原著作者顾某认为她与 A 公司的三年版权合约已于 2014 年 9 月 10 日到期,在合约到期后,她与 B 签订了该小说的电影版权合约。此外,顾某提出,A 于 2012 年在没有告知她的情况下,申请注册了"何以笙箫默"商标(范围包括影视、游戏、图书出版),目前她已经委托律师向商标评审委员会提出商标异议,进入法律程序。

而 A 表示,公司在合同期内完成了剧本改编,合法拥有剧本完整著作权及电影拍摄权,并于 2014 年 8 月 20 日即合约期限内获得"摄制电影许可证"。但 B 对该电影版权也无让步之意。B 透露,与顾某签订的是电影改编和摄制权,期限是 3 年,电影由顾某亲自担任编剧。

不难看出,A 影业凭借着《摄制电影许可证》投拍了电影,而 B 因手中有原小说的电影版权,所以不打算让步,于是造成了僵局。

来源:http://www.ce.cn/culture/gd/201504/20/t20150420_5153883.shtml

案例三:文化部整治暴恐动漫 多家网站被查

《新京报》报道,2015 年 4 月 1 日上午,深交所发布紧急公告,因公共传媒消息可能对股价有影响,某网站股票自 2015 年 4 月 1 日开市起停牌。其随后紧急澄清,此次文化部联合国家新闻出版广电总局对多家网站动漫内容进行专项整治,非针对某一家网站,此网站将积极整改和自查,配合文化部以及国家新闻出版广电总局的要求。

深交所公告称,公共传媒出现关于某信息技术(北京)股份有限公司的信息,可能对公司股票交易价格产生较大影响,根据本所《创业板股票上市规则》的有关规定,经公司申请,公司股票于 2015 年 4 月 1 日开市起停牌,待公司通过指定媒体披露澄清公告后复牌,请投资者密切关注。某网站承认其动漫频道也有部分内容存在内容把关不严的问题,正在进行整改和自查。

据文化部网站消息,文化部下发第二十三批违法违规互联网文化活动查处名单,共有多家动漫网站因涉嫌提供含有诱导未成年人违法犯罪和渲染暴力、色情、恐怖活动,危害社会公德内容的网络动漫产品,被列入查处名单。

据中新网报道,在 4 月 1 日的新闻发布会上,文化部文化市场司相关负责人表示,从当天起,文化部部署相关地区文化市场综合执法机构对涉案网站依法进行查处,及时公布处罚结果;加强网络动漫市场普遍巡查,严格内容监管。

此前,文化部针对网络动漫市场的低俗之风,开展了专项整治,已查处了 19 家动漫网站。据新华网报道,2014 年 12 月,文化部下发了第二十二批违法违规互联网文化活动查处名单,重点整治含有宣扬色情、赌博,违背社会公德等违法违规内容的手机游戏和网络动漫。经相关地区文化市场综合执法机构依法查处,共有 9 家网络动漫经营单位、13 家网络游戏运营单位受到行政处罚,10 家动漫网站被关停。

根据《互联网文化管理暂行规定》和《互联网视听节目服务管理规定》,网络动漫不得含有诱导未成年人违法犯罪,渲染暴力、色情、赌博、恐怖活动和危害社会公德的内容。

文化部文化市场司相关负责人介绍,本次查处的违规网络动漫主要有以下类型:一是含有暴恐内容,宣扬以暴制暴思想,美化暴力、恐怖袭击和犯罪活动,详细描述枪械使用、爆炸装置制作和犯罪的方式方法。如《东京残响》,描述少年为报复国家制造恐怖爆炸,甚至偷取核武原料制作炸弹,宣称要"对着这个世界扣动扳机"。二是画面血腥恐怖,令正常人极度不适。如《Blood-C》,描述少女与怪物进行战斗,含有大量喷血、断肢、砍头场面,其中喷血镜头尤为血腥。三是以色情元素吸引眼球,格调低俗不堪。如《学园默示录》,打着淫秽色情的擦边球,明显违背社会道德底线和公序良俗。

文化部还点名 2 家网站。其中一家在国内排名靠前,传播严重违规的网络动漫 12 部,点击量过百万。而定位面向低幼儿童的另一网站,赫然提供宣扬暴力、恐怖、色情,危害社会公德等严重违规的网络动漫 8 部,文化部称影响极其恶劣。

来源:http://www.culture.ifeng.com/a/20150403/43478686_0.shtml

第五章　演出市场政策法规与典型案例

演出市场是文化产业中的传统领域,为了加强对营业性演出的管理,促进文化产业的发展,国家先后出台了一系列政策法规,保证演出市场的健康发展。

第一节　演出市场政策法规概述

演出市场是指由专业艺术表演团体、业余艺术表演团体、个体艺人及时装表演团体从事表演活动而形成的场所。演出包括舞蹈、音乐、戏剧、戏曲、曲艺、杂技、马戏等。

1951 年 5 月 5 日,《政务院关于戏曲改革工作的指示》提出,戏曲应以发扬人民新的爱国主义精神,鼓励人民在革命斗争与生产劳动中的英雄主义为首要任务。1961 年 9 月 20 日,文化部颁布《文化部关于加强戏曲、曲艺传统剧目、曲目的挖掘工作的通知》,要求抢救濒临失传的剧目与曲目,加强对少数民族剧种、曲种的剧目、曲目挖掘工作,以保护我国的文化遗产。

随着我国改革开放的发展,文艺演出市场逐渐恢复与发展起来。1979年 9 月和 1980 年 6 月,文化部先后发布了《文化部关于加强戏曲、曲艺上演节目的领导和管理工作的通知》与《文化部关于制止上演"禁戏"的通知》,要求各地加强对文艺节目和曲目的管理。1980 年 7 月 14 日,《文化部关于加强群众文化工作的几点意见》提出,要积极开展丰富多彩的、群众喜闻乐见的民族、民间文艺活动。

1981 年至 1990 年,文化部先后颁发了《全国艺术表演团体巡回演出工作管理条例》《关于民间艺人管理工作的若干试行规定》《文化部关于严禁私自组织演员进行营业性演出的报告》《关于对营业演出单位和演出场所试行"营业演出许可证"的规定》等。这一时期文艺演出市场的政策与法规建设开始逐渐起步。

20世纪90年代之后,文艺演出市场的政策法规工作得到了大力加强。1991年2月22日,《国务院办公厅转发文化部关于加强演出市场管理报告的通知》下发,加强了对演出市场的管理,特别是关于组台演出须由经纪机构承办的规定,规范了组台演出活动的承办资格,从经营机制上保障了组台演出的正常进行。同年7月27日,《国务院办公厅转发文化部关于加强演出市场管理报告的实施办法》与《关于对文艺演出经纪机构实行演出经营许可证制度》同时颁布,要求文艺演出经纪机构必须取得演出经营许可证才能开展演出活动,并且对文艺演出经纪机构的设立、中外合资、中外合作、外商独资企业申请成立的文艺演出经纪机构,营业性组台(团)演出做出详细规定,规范了文艺演出市场的秩序,有力地促进了文艺演出市场的健康发展。

1993年2月6日,文化部发布了《营业性时装表演管理暂行规定》,对营业性时装表演团体的成立、审批、活动进行了规范和管理。1996年3月27日,文化部颁布《演员个人营业演出活动管理暂行办法》,对个体和业余演员从事营业演出活动,专业艺术表演团体在职演员和专业艺术院校(系)师生以个人身份参加本单位以外的营业演出活动进行了规范。1997年10月1日,《营业性演出管理条例》开始施行,这是一部较为全面的关于营业性演出管理的规范性政策法规,对演出主体、演出规范、监督管理、法律责任等方面都做了详细的规定,明确了演出主体的概念,对演出主体进行许可证式管理,这对规范演出市场管理有着重要的意义。

为了加强对港澳台地区演艺人员入境演出的管理,文化部于1994年出台了《文化部关于加强港澳台演艺人员入境商演活动管理的通知》,扭转了港澳台地区演艺人员入境商演活动的一些混乱局面,维护了港澳台地区演艺人员入境商演活动的正常秩序,对于活跃群众文化生活,扩大与港澳台地区的文化艺术交流,增强港澳台地区同胞对祖国的向心力有着积极的作用。

为了加强对涉外文艺演出的管理,文化部从1996年至1999年先后出台了《文化部关于外国艺术表演人员来华营业演出申报管理问题的通知》

《文化部涉外文化艺术表演及展览管理规定》《在华外国人参加演出活动管理办法》等，为涉外文化艺术表演管理提供了法律依据，促进了国际艺术交流与发展。

为了配合《营业性演出管理条例》，1998 年 3 月 5 日，《营业性演出管理条例实施细则》颁布实施，进一步降低了演出领域的门槛，简化了行政手续，使演出市场更加活跃和开放。

2003 年 5 月 20 日和 9 月 30 日，文化部等相关部门先后发布了《关于坚决取缔非法演出团体、严厉打击色情淫秽表演活动的紧急通知》和《文化部、公安部、国家工商行政管理总局关于制止在公众聚集场所裸体的人体彩绘表演活动的通知》，对演出市场特别是农村流动性演出活动的管理提出了明确要求，对在公众聚集场所裸体的人体彩绘表演活动予以制止，对于演出市场的健康发展起到了很好的作用。

2003 年 10 月，文化部发布《关于建立营业性演出项目审批信息互联网发布制度的通知》建立了营业性演出项目审批信息互联网发布制度，促进了演出市场信息的整合与沟通，降低了经营风险，充分发挥了经营者、消费者对演出市场的社会监督作用，真正实现了政府为经营者和消费者服务的职能。

2005 年 7 月，文化部对《营业性演出管理条例》再次进行修订，放宽了市场准入条件，坚决制止营业性演出中的假唱、假宣传、假募捐义演等欺诈行为，禁止以政府名义举办营业性演出，完善安全管理规定，加强对演出事故的预防和处置，进一步调动营业性演出经营主体的积极性；同时行政审批事项大幅减少，强化了演出举办单位和演员义务，加强了演出市场信用体系建设。

2008 年 7 月，国务院对《营业性演出管理条例》第十二条第一款进行修改，同意香港特别行政区、澳门特别行政区的投资者在内地投资设立合资、合作、独资经营的演出经纪机构、演出场所经营单位；香港特别行政区、澳门特别行政区的演出经纪机构可以在内地设立分支机构。

2009 年 10 月 1 日，为深入贯彻《营业性演出管理条例》，文化部修订发布了《营业性演出管理条例实施细则》，同时废止了 2002 年 7 月 26 日颁布的《营业性演出管理条例实施细则》。新发布的实施细则遵照《营业性演出管理条例》的立法精神，拓宽融资渠道，壮大演出行业实力；简化审批手续,降低行政成本,方便广大演出经营者;规范经营行为,严厉打击违法经营活动,将从事演员签约、推广、代理等经纪活动纳入管理范围,确保演出市场健康有序发展。其中在国务院决定下放的行政审批项目中,涉及营业性演出管理的有2项:①演出经纪机构邀请外国表演团体或者个人来华歌舞娱乐场所进行6个月以内的定点营业性演出审批;②演出经纪机构邀请港澳台地区表演团体或者个人来内地进行营业性演出审批。国务院取消的第三批行政审批项目中,有关营业性演出管理的有2项:①个体演员申领"营业性演出许可证"审批;②设立营业性演出场所审批。

第二节　演出市场政策法规主要内容

为了加强对演出市场的经营和管理,国家有关部门先后制定了许多政策法规,对规范演出市场的健康发展起了重要的作用,内容主要有以下几方面。

一、关于营业性演出经营主体的设立问题

(一)设立文艺表演团体和演出经纪机构的条件

设立文艺表演团体,应有与其演出业务相适应的专职演员和器材设备。设立演出经纪机构,应有3名以上专职演出经纪人员和与其业务相适应的资金。演出经纪机构是指从事演出活动的策划、组织、联络、制作、营销、代理等服务的经营单位。

(二)设立文艺表演团体和演出经纪机构的申请和审批

设立文艺表演团体,应当向县级人民政府文化主管部门提出申请;设立演出经纪机构,应当向省、自治区、直辖市人民政府文化主管部门提出申请。申请人取得营业性演出许可证后,应当持许可证依法到工商行政管理部门办理注册登记,领取营业执照。

(三)设立演出场所经营单位的申请与审批

设立演出场所经营单位,应依法到工商行政管理部门办理注册登记,领取营业执照,并依照有关消防和卫生管理等法律、行政法规的规定办理

审批手续。演出场所经营单位应自领取营业执照之日起20日内向所在地县级人民政府文化主管部门备案。如果演出场所经营单位变更名称、住所、法人或主要负责人，应依法到工商行政管理部门办理变更登记，并向原备案机关重新备案。

（四）个体演员和个体演出经纪人的登记

以从事营业性演出为职业的个体演员和以从事营业性演出的居间、代理活动为职业的个体演出经纪人，应依法到工商行政管理部门办理注册登记，领取营业执照。

（五）关于资金进入的问题

（1）允许外国投资者进入演出经纪机构和演出场所经营单位。外国投资者可以与中国投资者依法设立中外合资经营、中外合作经营的演出经纪机构、演出场所经营单位；不得设立中外合资经营、中外合作经营、外资经营的文艺表演团体，不得设立外资经营的演出经纪机构、演出场所经营单位。但设立中外合资经营的演出经纪机构、演出场所经营单位，中国合营者的投资比例应不低于51％；设立中外合作经营的演出经纪机构、演出场所经营单位，中国合作者应拥有经营主导权。

（2）允许港澳台地区投资者进入演出经纪机构和演出场所经营单位。香港特别行政区、澳门特别行政区的投资者可以在内地投资设立合资、合作、独资经营的演出场所经营单位和合资、合作经营的演出经纪机构；香港特别行政区、澳门特别行政区的演出经纪机构可以在内地设立分支机构。台湾地区的投资者可以在大陆投资设立合资与合作经营的演出经纪机构、演出场所经营单位，但大陆合营者的投资比例应不低于51％；大陆合作者应拥有经营主导权；不得设立合资、合作、独资经营的文艺表演团体和独资经营的演出经纪机构、演出场所经营单位。

（3）关于审批手续。设立上述合资、合作、独资经营的演出经纪机构、演出场所经营单位，应通过省、自治区、直辖市人民政府文化主管部门向国务院文化主管部门提出申请；省、自治区、直辖市人民政府文化主管部门应当自收到申请之日起20日内出具审查意见报文化部审批。文化部应自收到审批意见之日起20日内做出决定。批准的单位颁发营业性演出许可证，申请人在取得营业性演出许可证后，依照规定办理审批手续。

二、关于营业性演出的规定

(一)营业性组台演出

文艺表演团体与个体演员可以自行举办营业性演出,也可以参加营业性组台演出。所谓营业性组台演出是指除文艺表演团体的独立演出或联合演出之外临时组合的营业性演出。营业性组台演出应由演出经纪机构承办。但是,演出场所经营单位可以在本单位经营的场所内举办营业性组台演出。

(二)演出经纪机构和个体演出经纪人的业务范围

演出经纪机构可以从事营业性演出的居间、代理、行纪活动;个体演出经纪人的业务范围受到限制,只能从事营业性演出的居间、代理活动,并对由此产生的债务承担无限责任。

(三)举办营业性演出的申请

根据演出市场的相关规定,举办营业性演出,应向演出所在地县级人民政府文化主管部门申请,自受理申请之日起 3 日内做出决定。对符合规定的发给批准文件。

(四)举办外国或港澳台地区文艺表演团体、个人参加的营业性演出

(1)举办外国或港澳台地区文艺表演团体和个人参加的营业性演出的条件:除演出经纪机构外,其他任何单位或个人不得举办外国的或香港特别行政区、澳门特别行政区、台湾地区的文艺表演团体和个人参加的营业性演出。但是,文艺表演团体自行举办营业性演出,可以邀请外国的或香港特别行政区、澳门特别行政区、台湾地区的文艺表演团体与个人参加。

举办外国或香港特别行政区、澳门特别行政区、台湾地区的文艺表演团体和个人参加的营业性演出,应有与其举办的营业性演出相适应的资金;有 2 年以上举办营业性演出的经历;举办营业性演出前 2 年内无违反规定的记录。

(2)举办外国或港澳台地区文艺表演团体和个人参加的营业性演出的申请:举办外国的文艺表演团体、个人参加的营业性演出,在非歌舞娱乐场

所进行的,演出举办单位应向文化部提出申请;在歌舞娱乐场所进行的,演出举办单位应向所在地省、自治区、直辖市人民政府文化主管部门提出申请。

举办香港特别行政区、澳门特别行政区的文艺表演团体和个人参加的营业性演出,演出举办单位应向演出所在地省、自治区、直辖市人民政府文化主管部门提出申请;举办台湾地区的文艺表演团体和个人参加的营业性演出,演出举办单位应向国务院文化主管部门会同国务院有关部门规定的审批机关提出申请。文化部或省、自治区、直辖市人民政府文化主管部门应当自受理申请之日起 20 日内做出决定。

(3)申请材料:申请举办营业性演出,提交的申请材料应包括演出名称、演出举办单位和参加演出的文艺表演团体、演员,演出时间、地点、场次,节目及其视听材料。申请举办营业性组台演出,还应提交文艺表演团体、演员同意参加演出的书面函件。如果营业性演出需要变更申请材料所列事项的,应重新提出报批。

(五)举办营业性演出的安全保障

根据演出市场条例和细则以及相关的法规规定,举办营业性演出的安全保障与治安均有严格的要求,应防止各种事故的发生。

(六)营业性演出的冠名与演出广告

演出举办单位不得以政府或政府部门的名义举办营业性演出。营业性演出不得冠以"中国""中华""全国""国际"等字样。

(七)禁止行为

根据演出条例的规定,营业性演出不得有下列情形:
(1)反对宪法确定的基本原则的。
(2)危害国家统一、主权和领土完整的,危害国家安全,或损害国家荣誉和利益的。
(3)煽动民族仇恨、民族歧视,侵害民族风俗习惯的,伤害民族感情,破坏民族团结,违反宗教政策的。
(4)扰乱社会秩序,破坏社会稳定的。
(5)危害社会公德或民族优秀文化传统的。
(6)宣扬淫秽、色情、邪教、迷信或渲染暴力的。

（7）侮辱或诽谤他人，侵害他人合法权益的。

（8）表演方式恐怖、残忍，摧残演员身心健康的。

（9）利用人体缺陷或以展示人体变异等方式招徕观众的。

（10）法律、行政法规禁止的其他情形。

三、关于监督管理的问题

（一）严禁政府部门赞助营业性演出

除文化主管部门依照国家有关规定对体现民族特色和国家水准的演出给予补助外，各级人民政府和政府部门不得资助、赞助或变相资助、赞助营业性演出，不得用公款购买营业性演出门票用于个人消费。

（二）文化主管部门应加强监管

文化主管部门应加强对营业性演出的监督管理，演出所在地县级人民政府文化主管部门对外国或港澳台地区文艺表演团体、个人参加的营业性演出和临时搭建舞台、看台的营业性演出，应进行实地检查；对其他营业性演出，应进行实地抽样检查。

（三）公安部门应维护演出现场的安全

公安部门对依照法律、行政法规和国家有关规定批准的营业性演出，应在演出举办前对营业性演出现场的安全状况进行实地检查；发现安全隐患的，在消除安全隐患后方可允许进行营业性演出。公安部门可以对进入营业性演出现场的观众进行必要的安全检查；发现观众有禁止行为的，在消除安全隐患后方可允许其进入。公安部门接到观众达到核准数量后仍有观众等待入场或演出秩序混乱的报告后，应立即组织采取措施消除安全隐患。

四、关于演出市场的法律责任

（一）刑事法律责任

有下列行为之一，构成犯罪的，依法追究刑事责任：

（1）擅自设立文艺表演团体、演出经纪机构或擅自从事营业性演出经营活动，超范围从事营业性演出经营活动，或变更营业性演出经营项目未向原发证机关申请换发营业性演出许可证的。

(2)擅自设立演出场所经营单位,或擅自从事营业性演出经营活动的。

(3)伪造、变造、出租、出借、买卖营业性演出许可证、批准文件,或以非法手段取得营业性演出许可证、批准文件的。

(4)营业性演出有禁止情形的。

(5)演出举办单位或其法人、主要负责人及其直接责任人员在募捐义演中获取经济利益的。

(6)违反安全、消防管理规定,伪造、变造营业性演出门票或倒卖伪造、变造的营业性演出门票。

(7)演出举办单位印制、出售超过核准观众数量或观众区域以外的营业性演出门票的。

(8)文化行政部门、公安部门、工商行政管理部门的工作人员滥用职权、玩忽职守、徇私舞弊或未依法履行职责的。

(二)行政法律责任

1.行政处罚

行政处罚有:警告,罚款,没收非法所得、没收非法财物,责令停业,吊销许可证、营业执照等五种。

2.行政处分

行政处分有记大过、降级、撤职、开除等四种。

五、关于涉外文化艺术表演的管理规定

涉外文化艺术表演活动是指中国与外国间开展的各类音乐、舞蹈、戏剧、戏曲、曲艺、杂技、马戏、动物表演、魔术、木偶、皮影、民间文艺表演、服饰时装表演、武术及气功等交流活动。

(一)申请从事涉外商业和有偿文化艺术表演的条件

申请从事涉外商业和有偿文化艺术表演活动资格的经营机构,须具备下列条件:

(1)有经文化部或省、自治区、直辖市级文化厅(局)认定的对外文化交流业务和能力。

(2)有独立的法人资格和营业执照。

（3）有相应的对外文化活动必需的资金、设备及固定的办公地点。

（4）有相应的从事涉外文化艺术表演及展览活动的专业管理人员和组织能力。

（5）有健全的外汇财务管理制度和专职财会管理人才。

（二）关于派出和引进项目的内容限制规定

派出和引进项目由主办单位负责审查。出国的项目需保证艺术质量，弘扬我国优秀的民族传统文化和现代化建设成就，体现我国社会主义文化艺术的水平，维护国家统一和民族团结，有利于促进中国同世界各国人民之间的友谊。引进的项目也必须是优秀的、具有世界水平的、内容健康、有利于提高公众艺术欣赏水平的艺术品。以下项目禁止出国或引进：

1.禁止有下列内容的文化艺术表演内容出国

（1）损害国家利益和形象的。

（2）违背国家对外方针和政策的。

（3）不利于我国民族团结和国家统一的。

（4）宣扬封建迷信和愚昧习俗的。

（5）表演上有损国格、人格或艺术上粗俗、低劣的。

（6）违反前往国家或地区宗教信仰和风俗习惯的。

（7）有可能损害我国同其他国家关系的。

（8）法律和行政法规禁止的其他内容。

2.禁止有下列内容的文化艺术表演内容来华

（1）反对我国国家制度和政策，诋毁我国国家形象的。

（2）影响我国社会稳定的。

（3）制造我国民族分裂、破坏国家统一的。

（4）干涉我国内政的。

（5）思想腐朽、颓废，表现形式庸俗、疯狂的。

（6）宣扬迷信、色情、暴力、恐怖、吸毒的。

（7）有损观众身心健康的。

（8）违反我国社会道德规范的。

（9）可能影响我国与其他国家友好关系的。

（10）法律和行政法规禁止的其他内容。

3.对引进艺术品类的限制

文化部对国际上流行,艺术表现手法独特,但不符合我国民族习俗或存在较大社会争议的艺术品类的引进进行限制。此类项目不得进行公开表演及展览,仅供国内专业人员借鉴和观摩。

（三）法律责任

（1）有下列行为之一的,由省级以上文化行政部门根据情节轻重,给予警告、罚款、暂停或取消对外文化活动资格的处罚;构成犯罪的,依法追究刑事责任:

①未经批准,派出或邀请文化艺术表演团体及展览团组的;

②未经批准,延长在国外或国内停留时间的;

③未经批准,与外方签订演出及展览合同或进行经营性演出活动的;

④倒卖项目批件的;

⑤在申报项目过程中弄虚作假的;

⑥从事有损国格、人格演出及展览活动的;

⑦造成恶劣影响或引起外交事件的。

对发生上述情况的部门或地区,省级以上文化行政部门可以视情况,给予通报批评及暂停对外文化活动等处罚。

（2）对违反规定,给国家和集体造成经济损失的,责令赔偿损失,并追究当事人和有关领导者的责任。

（3）对在从事涉外文化艺术表演及展览活动的行政管理工作中玩忽职守、徇私舞弊、滥用职权的工作人员,由主管部门视情节轻重,给予当事人和直接领导者以相应的行政处分;构成犯罪的,依法追究刑事责任。

第三节　演出市场政策法规典型案例

为了帮助大家认识演出市场的特殊性和规律性,我们选择了以下几个典型案例进行分析,提高执行国家演出市场政策法规的自觉性。

一、陈某诉沙某、北京某文化发展有限公司著作权及表演权侵权纠纷案

▌案情简介

陈某诉称：2002年5月，我受电视连续剧《金粉世家》剧组委托创作了该片主题歌《暗香》的歌词，并获得了相应的报酬。对该歌词我依法享有著作权。沙某和北京某文化发展有限公司（以下简称A公司）使用我作词的《暗香》制作某歌曲专辑CD和同名磁带，并由出版发行单位出版发行；还制作《暗香》MV在电视台播放，均未经我许可，未向我支付报酬，共同侵犯了我享有的复制权与表演权。沙某分别在2003年9月27日第4届中国金鹰电视艺术节开幕式（以下简称金鹰节）、10月18日第7届某国际服装节开幕式（以下简称服装节）上演唱我作词的《暗香》，同样未征得我许可，未支付报酬，其表演行为侵犯了我的表演权，应当停止侵权，向我赔礼道歉，消除影响，赔偿损失。

沙某与A公司辩称：本案的标的是歌曲《暗香》，是一个词曲不可分割的音乐作品，但陈某将歌词作为单独的部分主张著作权，前后矛盾。陈某系接受电视剧组委托创作歌词，其没有证据证明自己享有歌词的著作权。A公司只是从B音乐工作室取得歌曲《暗香》的母带，汇编制成专辑CD和磁带，并与案外人合作拍摄合成MV，没有另组织沙某演唱并录制，不存在出版、发行、销售CD和磁带的行为，《暗香》MV也只是交给电视台满足观众点播要求。沙某在金鹰节与服装节上演唱《暗香》均未收取报酬，且征得作者许可并支付报酬的责任应由演出组织者承担。沙某是A公司的签约歌手，制作CD、MV和磁带均是A公司组织与安排的，沙某不对取得有关的著作权许可及支付报酬承担责任。陈某的诉讼请求超过了法律规定的限度，我们均不同意。

法院查明如下事实：2002年5月，陈某接受委托为音乐工作室作曲的电视连续剧《金粉世家》主题歌《暗香》填词。就B音乐工作室录制沙某演唱的含有该歌词的歌曲《暗香》，并用作电视连续剧主题歌，陈某表示认可。

2003年4月前，A公司与案外人共同制作了沙某演唱歌曲《暗香》的

MV,并交电视台播出。此后,A 公司又制作了某歌曲专辑 CD 和同名磁带,均由案外人出版发行,2003 年 5 月至 8 月的发行总量分别为 57087 张、43116 盒。2003 年 9 月 27 日、10 月 18 日,沙某分别在案外人组织的金鹰节、服装节上演唱了陈某作词的歌曲《暗香》。

就上述各项行为,沙某本人与 A 公司均不曾得到陈某许可并支付报酬。

另,沙某与 A 公司提出电视连续剧《金粉世家》主题歌《暗香》、某歌曲专辑 CD、同名磁带中的歌曲《暗香》以及《暗香》MV 均是使用 B 音乐工作室的录音母带制作的,且各载体上均标明作词陈某。陈某对此不持异议。

法院认为:歌曲《暗香》由词、曲两部分组成,词、曲作者对各自创作的部分单独享有的著作权均受到著作权法保护。我国著作权法规定,受委托创作的作品,著作权归属由委托人和受托人通过合同约定,合同未做明确约定或没有订立合同的,著作权属于受托人;如无相反证据,在作品上署名的为作者。鉴于陈某接受委托创作电视连续剧主题歌《暗香》的歌词,电视连续剧演职员表中将其作为词作者署名;沙某和 A 公司虽对陈某的著作权人身份提出异议,但没有提供相反证据,且 A 公司制作的音像制品同样署名陈某为该歌曲词作者。因此可以认定陈某依法对《暗香》享有复制权、表演权等著作权,任何人不得侵犯。

本案中沙某在案外人组织的金鹰节、服装节上演唱《暗香》,是使用陈某词作品表演的行为,其本人并未就此征得陈某许可,同时其也没有提供证据证明上述活动的演出组织者履行了征得陈某许可并支付报酬的义务,因此沙某的上述表演行为侵犯了陈某所享有的表演权,其应当就此承担停止侵权、赔偿陈某损失的民事责任。沙某虽提出未收取演出报酬,但没有举证,因此法院对其答辩不予支持。

为制作《暗香》MV,A 公司组织其签约歌手沙某进行表演,使用了陈某的词作品,应当就此种使用征得陈某的许可,并支付报酬。虽然该 MV 由沙某的形体表演与 B 音乐工作室的录音母带合成,但这只是沙某为制作 MV 而采取的一种表演形式,并不能改变沙某为此而进行表演的性质。由于沙某和 A 公司没有就该表演及使用陈某作品制作 MV 行为征得陈某的许可,故共同侵犯了陈某对其作品享有的表演权与复制权。根据有关法律规定,两人以上共同侵权造成他人损害的,应当承担连带责任。因此沙某和 A 公司应当立即停止侵权，连带赔偿陈某经济损失。

B 音乐工作室首次将沙某演唱歌曲《暗香》的声音合法地固定下来，A 公司将该录音翻录到某歌曲专辑 CD 和同名磁带中，是对已有录音的复制行为，并没有组织演员使用该音乐作品，重新演唱，重新制作录音制品。A 公司以这种复制的形式使用陈某的作品，应当征得陈某的许可并支付报酬，否则就构成对陈某复制权的侵犯。A 公司以该作品已经合法录制，可以不经许可使用为由进行答辩，理由不能成立，其应当就侵犯陈某的复制权承担停止侵权、赔偿损失的民事责任。因沙某没有为此进行再一次表演的行为，也没有证据证明沙某参与制作涉案 CD 和磁带，因此陈某主张表演权被侵犯并要求沙某就此承担侵权责任法院不予支持。

▌案情评析

作者有权许可或禁止他人公开表演其作品，未经著作权人许可，表演者不得使用他人作品演出。虽然我国著作权法规定，演出组织者组织演出，由该组织者取得著作权人许可，并支付报酬，但并不意味着可以由此免除表演者的责任。只有当演出组织者履行了该项义务时，表演行为才具有合法性，表演者才因此而获得抗辩权。本案中，沙某在案外人组织的金鹰节、服装节上演唱《暗香》，是使用陈某词作品表演的行为，其本人并未就此征得陈某许可，同时其也没有提供证据证明上述活动的演出组织者履行了征得陈某许可并支付报酬的义务，因此沙某的上述表演行为侵犯了陈某所享有的表演权。为制作《暗香》MV，A 公司组织其签约歌手沙某进行表演，使用了陈某的词作品，应当就此种使用征得陈某的许可，并支付报酬。虽然该 MV 由沙某的形体表演与 B 音乐工作室的录音母带合成，但这只是沙某为制作 MV 而采取的一种表演形式，并不能改变沙某为此而进行表演的性质。由于沙某和 A 公司没有就该表演及使用陈某作品制作 MV 行为征得陈某的许可，故共同侵犯了陈某对其作品享有的表演权与复制权。

来源：北京市朝阳区人民法院民事判决书〔2003〕朝民初字第 23918 号

二、《千手观音》是否侵权《吉祥天女》案

▌案情简介

2006年9月，原告茅某以《吉祥天女》著作权人的身份诉至法院，称张某以编导身份署名并由中国某艺术团演出的《千手观音》与《吉祥天女》构成了实质性相似，并称因刘某是《吉祥天女》的领舞又是《千手观音》的辅导、排练老师，两被告有接触《吉祥天女》舞蹈的可能，所以认为两被告行为构成侵权，要求法院判令张某停止侵权；张某和中国某艺术团在媒体上公开向原告赔礼道歉；张某和中国某艺术团连带赔偿茅某经济损失90万元，精神损害10万元。

被告张某、中国某艺术团在答辩时称，《吉祥天女》是茅某与顾某共同创作的职务作品，著作权属于北京军区某文工团，茅某不是舞蹈《吉祥天女》的著作权人，并非本案的适格原告。《千手观音》与《吉祥天女》是本质上不同的两个舞蹈，不构成实质相似。刘某并未参与《千手观音》的创作。

经审理，北京海淀区法院认定，《吉祥天女》首次演出时间为1987年8月31日。北京军区某文工团（以下简称文工团）出具证明："集体舞《吉祥天女》是我团为参加全军第五届文艺会演，组织创作、全额投资制作的作品。编导为茅某、顾某；作曲为臧某等；舞美设计为樊某；灯光设计为赵某、吕某；服装设计为樊某、马某；表演者为张某、刘某、李某等。集体舞《吉祥天女》编导茅某、顾某系我团专职编导，此舞蹈著作权属战友文工团。"

原解放军某学院副院长孙某和《吉祥天女》的另一编导顾某出具证言称：集体舞《吉祥天女》是文工团交给编导茅某和顾某的任务。经询，顾某明确表示其不参加本次诉讼。

茅某为了创作的需要曾以北京军区歌舞团的名义购买了《罗汉堂》一书（单价1元），在购书发票上记载着购货单位为北京军区歌舞团。

经对比，《吉祥天女》与《千手观音》两舞蹈的背景音乐、舞美、灯光、演员服装等均不相同。在茅某提交的20个静态对比图中，有7处两舞蹈的演员造型不同；其余造型相同或相似，但是：第一，某些造型相同但动作不同；第二，有些造型都来源于佛像图片或其他舞蹈；第三，还有些相同或相

似造型来源于京戏或传统舞蹈。茅某提交的动态对比光盘把《吉祥天女》的音乐用于《千手观音》,并在某些地方改变了舞蹈动作的速度,甚至把某些动作连续重复播放,进行对比,造成了视觉上的错觉。茅某称《千手观音》中所用的长指甲和手中眼是其在《吉祥天女》当中独创的,但其并未就此进行举证。

根据上述事实,北京海淀区人民法院认为,《吉祥天女》舞蹈是文工团为参加全军第五届文艺会演而组织创作、全额投资的作品。作为文工团的编导,茅某、顾某参加创作是其本职工作,二人既未提供专门的资金、设备、资料,也无须对此承担责任,鉴于舞蹈的音乐、服装、灯光、舞美另有设计人员,茅某只享有编导的署名权。

从本案两舞蹈的对比情况来看,《吉祥天女》和《千手观音》的音乐、服装、舞美、灯光等因素并不相同。茅某选择了两舞蹈26处部分演员的部分动作进行比较,改变了两个舞蹈的动作节奏和顺序,甚至进行错位粘贴,事实上改变了原舞蹈的内容;从静态造型来看很多动作造型并不相同,不能构成实质性相似。顺风旗和大佛的形象属于公有领域的信息,这种公有领域的思想内容不应为个人所独占。

茅某作为《吉祥天女》署名编导,有权主张自己的署名权,虽然刘某原为《吉祥天女》的领舞又是《千手观音》的辅导、排练老师,但茅某并不享有署名权之外的其他权利,且《吉祥天女》舞蹈与《千手观音》舞蹈并不构成实质性相似。

据此,北京海淀区人民法院依照《著作权法》以及《中华人民共和国著作权法实施条例》的相关规定,判决驳回原告茅某的全部诉讼请求。

案情评析

本案的争议焦点是《吉祥天女》的著作权归属问题。

根据《著作权法》第十六条规定,为完成法人或者其他组织工作任务所创作的作品是职务作品,如果属于以下两种情形"(1)主要是利用法人或者其他组织的物质技术条件创作,并由法人或者其他组织承担责任的工程设计图、产品设计图、地图、计算机软件等职务作品;(2)法律、行政法规规定或者合同约定著作权由法人或者其他组织享有的职务作品",著作权的其他权利由法人或者其他组织享有,作者享有署名权。在本案中,茅某是为了完成单位任务而创作了《吉祥天女》,且证据证明该作品著作权是属于战友文工团,因此,茅某不是著作权人。

来源:北京市朝阳区人民法院民事判决书〔2003〕朝民初字第 23918 号

三、张某杭州演唱会表演权侵权案

▌案情简介

2007 年 4 月 30 日,北京某国际文化有限公司、浙江某文化传播有限公司、浙江某有限公司联合主办了张某"好久不见"中国巡回演唱会(杭州站),演出的地点在有 4 万座位的杭州黄龙体育中心,演出结束后,媒体报道"4 万歌迷和 45 岁的张某完成了一次绚烂而默契的约会"。演出异常火爆,歌神张某得到了数以万计的歌迷的热情追捧。令人遗憾的是,就是这样一个令组织者赚得盆满钵满的大型商业演唱会,演出组织者在著作权集体管理组织多次告知使用音乐作品进行公开表演需要征得作者许可并且支付报酬的情况下,拒绝获得使用许可,那么这样一场令歌迷疯狂的演唱会成了在法律意义上的侵权演出。

为此,代表了广大著作权人合法权益的集体管理组织——音著协不得不诉诸法律,以保护著作权人依法应当享有的著作权。

2007 年 12 月 3 日,音著协代表香港作曲家及作词家协会的巫某、刘某、刘某、潘某、古某、周某、王某、张某 8 位词曲作者向北京市海淀区人民法院提起诉讼,要求法院追究三个组织者侵犯表演权的法律责任。

法院受理案件之后,依法组成了合议庭,开庭审理之后,法院认为:

音著协作为音乐著作权人的集体管理组织,根据著作权人的授权,可以以自己的名义对侵犯其代表的著作权人合法权益的行为提起诉讼。音著协根据其与香港作曲家及作词家协会的相互代表合同,对香港协会签约的词曲作者的音乐作品在内地进行著作权管理,享有作品表演权的专有许可使用权。

三被告作为张某杭州演唱会的主办和承办单位,是该演唱会的组织者和权利义务承担者,应当在使用音乐作品前取得著作权人的许可,并支付报酬。三被告在未取得许可,未与音著协就使用费达成一致意见的情况下,在演唱会中使用了该协会管理项下的 8 首音乐作品,未支付使用费,其行为已经侵犯了相关著作权人的表演权,依法应当承担连带侵权责任。虽然上述 8 首歌曲有部分作品为张某本人作词作曲,但根据张某与香港作曲家、作词家协会签订的协议,其已将自己创作的歌曲的表演权转让给该协会,该协会又授权音著协进行管理,演唱会的组织者应当就其使用行为向音著协支付使用费。

对于使用费数额的确定,目前我国内地未对演唱会中音乐作品的使用费标准进行明确规定,使用费数额需由相关当事人协商确定。音著协举证证实了该场演唱会的六种票价,并据此计算了平均票价。本案中三被告未明确演唱会的实际收入情况,亦未明确每种票价所对应的票数。按一般票价与数量的对应情形,音著协计算的平均票价应当高于该场演出的实际平均票价,但因三被告未就此进行举证,法院以音著协计算的平均票价为主要参考依据,综合考虑三被告的过错程度,演唱会的规模,歌曲数量等使用情况和此前有关的合理规定,对赔偿金额酌予认定。

三被告提出的存在赠票和未能售出的门票的情形,因赠票系组织者自行处置的行为,该费用应当由三被告自行承担。至于未能实际售出的门票,因三被告未明确该场演唱会的实际收入,音著协提出的 2.5% 的比例在曾经适用的部门规定中系以应售门票售价总额为基数进行计算,因此不受是否实际售出情况的影响。

音著协提交证据证明其为此次诉讼支付的律师费用 1 万元和办案车费 191 元,属于为维权支付的合理费用,法院予以支持。

据此,法院判决三被告连带赔偿原告音乐作品著作权使用费 8 万元和诉讼合理支出 10191 元。

对于一审判决,三被告不服,向北京市第一中级人民法院提起上诉。

二审法院经审理认为:

《著作权法》第二十四条规定,使用他人作品应当同著作权人订立许可使用合同,本法规定可以不经许可的除外。在本案中,音著协作为音乐著作权人的集体管理组织,根据著作权人的授权,可以以自己的名义对侵犯其代表的著作权人的合法权益的行为提起诉讼。2003 年 9 月,音著协与香港作曲家、作词家协会签订相互代表合同,约定香港作曲家及作词家协会授权音著协在内地代为行使其与作者签约的音乐作品公开表演的专有权利。音著协根据该合同,对与香港协会签约的词曲作者的音乐作品在内地进行著作权管理,享有作品表演权的专有许可使用权。三上诉人作为张某杭州演唱会的主办和承办单位,是该演唱会的组织者和权利义务承担者,应当在使用音乐作品前取得著作权人的许可,并支付报酬。三上诉人在未取得许可,未与音著协就使用费达成一致意见的情况下,在演唱会中使用了该协会管理项下的 8 首音乐作品,未支付使用费,其行为已经共同侵犯了相关著作权人的表演权,依法应当承担连带侵权责任。虽然 1993 年颁布的《演出法定许可付酬标准暂行规定》已于 2002 年 5 月 8 日在国家版权局令第 2 号中公布废止,但原审法院根据音著协举证证实了该场演唱会的六种票价,并据此计算了平均票价,且三上诉人未明确演唱会的实际收入情况,亦未明确每种票价所对应的票数。按一般票价与数量的对应情形,音著协计算的平均票价应当高于该厂演出的实际平均票价,但因三上诉人未就此进行举证,原审法院以音著协计算的平均票价为主要参考依据,综合考虑三被告的过错程度,演唱会的规模,歌曲数量等使用情况,对赔偿金额酌予认定并无不当。

原审法院认定事实清楚,适用法律正确,驳回上诉,维持原判。

▌案情评析

一、中国香港特别行政区著作权人的著作权保护问题

香港特别行政区的主权属于中华人民共和国,但是香港作为特别行政区实行的法律制度仍然保留回归前的法律体系,所以香港特别行政区公民的著作权按照《著作权法》第二条的规定,比照外国人的作品,根据香港特别行政区和内地共同参加的国际条约受著作权法的保护。

《著作权集体管理条例》第二十二条规定,外国人、无国籍人可以通过与中国的著作权集体管理组织订立相互代表协议的境外同类组织,授权中国的著作权集体管理组织管理其依法在中国境内享有的著作权或者与著作权有关的权利。所以本案中,音著协通过和香港协会签订相互代表合同

的方式约定,在各自的区域内代表对方以自己的名义在本地区内管理对方权利人的权利,符合我国的法律规定。据此,原告有权管理所有香港协会的作品库中的音乐作品在中国内地享有的表演权,并有权对侵犯表演权的行为提起法律诉讼。

二、关于表演权的专有许可使用的问题

1991年版我国《著作权法》规定,对著作权人的表演权采取的是法定许可的制度,即表演组织者使用著作权人的作品进行演出,可以不经著作权人的许可但应该向著作权人支付报酬。法定许可制度的立法初衷就是为了加速作品的传播,剥夺了著作权人的许可使用权,只保留著作权人的获得报酬权,使用者以一个国家规定的较低价格向著作权人付酬即可使用。为此,国家版权局于1993年8月1日颁布并实施了《演出法定许可付酬标准暂行规定》,其第二条明确规定:"演出作品采用演出收入分成的付酬办法,即从每场演出的门票收入抽取一定的比例向著作权人付酬。付酬比例标准:按每场演出门票收入的7%付酬,但每场不得低于应售门票售价总额的2.5%。"

2001年修订的《著作权法》取消了表演权法定许可的制度,权利人的表演权由法定许可的获酬权——小权利变为专有许可使用权——大权利,也就是说,使用者在演出之前必须征得作者的许可,支付了报酬,才可以组织演出。否则就构成对词曲著作权人表演权的侵犯,要承担侵权的损害赔偿责任。

由于法律的修改,2002年5月8日,国家版权局令第2号公布废止《演出法定许可付酬标准暂行规定》。

音著协作为内地唯一的音乐著作权集体管理组织,作为表演权的专有权人的代表,参照已实行多年并已经被演出行业普遍接受的国家标准,并未按照专有许可价格高于法定许可的国际惯例提高收费标准,只是按照同样收费税率制定了公开表演权的著作权收费标准。1993年的演出法定许可付酬标准的制定到现在已经十几年了。在这十几年中,我国的经济发展水平大幅提高,物价也大幅上涨,而音著协至今仍然沿用1993年演出法定许可收费标准的情况下,一些非法使用者一方面侵权使用音乐作品大赚特赚,一方面还诋毁音著协"漫天要价"。这种情况应当让更多的社会公众、

业界人士了解,从而让他们了解法律规定和事实真相,理性地看待音著协表演权收费工作。

三、表演者和词曲作者同属一人时词曲著作权的保护问题

在某些情况下,表演者和词曲作者是同一人,那么作为歌手的表演者权和作为词曲作者的表演权在同一时刻被使用,通常演出的组织者都会给付表演者劳务费用,但词曲作者的著作权使用费往往被忽略。这是不符合著作权法的规定的。使用者应当在支付表演者劳务费的同时,向词曲作者支付著作权使用费。

比如本案中的张某既是这场演唱会的表演者,同时又是几首涉案歌曲的词曲作者。他通过与香港作曲家及作词家协会签订转让合同将自己作品的著作权转让给了香港协会。该合同第二条明确约定,"将其目前归属其所有或今后在其继续保持该协会会员资格期间将由其获得或将归属其所有之全部音乐作品在全世界各地存在之全部演奏权及该等演奏权之各部或各份(不论是否受时间、地点、欣赏方式或其他方面所限),连同该等演奏权之全部利益转让给该协会,以便该转让与权利在继续存在期间及继续归属该协会或继续受该协会支配期间完全归该协会所享有。这一合同约定的法律效力是,词曲作者通过和香港协会签订转让合同,将自己已有的和未来创作的全部音乐作品在全世界范围内享有的表演权转让给了香港协会。

在本案中,张某与香港协会的合同中已经明确约定了张某的作品公开表演权已经转让给了香港协会,所以虽然演出的组织者向张某支付了费用,但这个费用只是支付给张某作为歌手的演出劳务费,而并未包含由音乐著作权集体管理组织行使的其作为词曲作者的著作权许可使用费。所以,音著协根据香港协会的授权,有权就张某创作的歌曲的词曲著作权使用费向被告追索。

来源:http://www.mcsc.com.cn/imC-36-547.html

▌讨论与思考题

1.怎样理解演出市场政策法规的发展？

2.涉外文化艺术表演管理规定有哪些？

3.对下列案例进行分析并点评。

▌案　例

案例一:窦某演艺合同纠纷案

2010年3月23日,A公司与窦某签订合约,约定A公司从2010年3月23日至2018年3月22日,作为窦某的演艺工作代理方。合约期间,窦某不得与第三方签订任何演艺合约或协议。

窦某未经A公司许可,自2010年10月至2012年8月擅自参加了59场演艺活动。窦某承认其确实参加了这59场活动,但主张其中大部分都不是演艺活动,且均未获酬。A公司请求法院判令窦某交付其擅自参加演艺活动的全部合同并说明情况,由窦某赔偿违约损失494万元;继续履行合约或赔偿损失2000万元。

法院经审理认为,涉案合约的解除,系因窦某根本违约所致,窦某应当依法承担相应的违约责任,赔偿A公司相应的经济损失,酌定判赔偿数额为200万元。

来源:bjgy. chinacount. org/article/detail/2014/04/id/1283338. shtml

案例二:陈某、朱某诉中国某国际电视总公司侵犯著作权和表演者权案

1999年,陈某和朱某以中国某国际电视总公司在未经原告许可情况下,在出版发行的VCD光盘中使用了陈某和朱某在历届春节联欢晚会上表演的《吃面条》《拍电影》《警察与小偷》《主角与配角》《警察与小舅子》等8个小品为由,向北京市第一中级人民法院提起诉讼。陈某和朱某认为,中国某国际电视总公司侵犯了其著作权、表演者权、获得报酬权等,要求被告赔礼道歉,并赔偿损失166万余元。

中国某国际电视总公司辩称:本案所涉小品虽由两原告创作、表演,但

均在 M 电视台的组织、导演下出现在电视台大型文艺节目春节联欢晚会中,成为 M 电视台摄制的电视节目的组成部分。M 电视台对这些电视节目拥有全部著作权。这 8 个小品属于春节联欢晚会电视作品的组成部分,原告只享有署名权,著作权等其他权利归 M 电视台。中国某国际电视总公司出版上述节目的 VCD 光盘制品,是经 M 电视台许可授权后依法进行的,绝无任何侵犯他人著作权之嫌。

一审法院认为:原告创作的这 8 个小品,具有戏剧作品的性质,是著作权法规定的作品形式之一。它包含有对小品剧本的创作,也包含了原告在舞台上通过形体和语言对剧本进行演绎的表演创作,这两种创造性的劳动都应受到法律保护。因此两原告作为作者和表演者,对 8 个小品依法享有著作权和表演者权。

虽然 M 电视台准许中国某国际电视总公司使用其节目制作音像制品,但是由于电视作品形式的多样化,导致中国某国际电视总公司在使用 M 电视台的节目时,并不仅仅涉及 M 电视台的著作权,还有可能涉及在节目中包含的他人作品的著作权或表演者权。就本案而言,春节联欢晚会实际上包括了对他人作品的使用。

根据著作权法有关规定,M 电视台组织、制作的春节联欢晚会,从整体上应认定属于电视作品。但是从 M 电视台对春节联欢晚会这一综艺节目整体享有的权利,并不能得出原告在该节目中丧失其对所涉小品享有的著作权和表演者权的结论,除非双方对此有明确约定——原告将上述小品在春节联欢晚会上使用形成的节目所有权,让渡给 M 电视台。但在本案中,原告陈某、朱某与 M 电视台并未就所涉及的 8 个小品的使用和表演签订任何协议,因此,仅凭 M 电视台的授权书不能推定其已获得了有关陈某、朱某的使用许可。

在 M 电视台对春节联欢晚会整合节目享有著作权,原告对创作、表演的小品享有著作权、表演者权的情况下,被告将春节联欢晚会上有关表演的小品制作专辑,不仅要征得 M 电视台的许可,而且还应当取得原告的同意。在本案中,被告仅有 M 电视台的许可而未经原告许可,出版、发行多个版本的,含有原告享有著作权及表演者权的小品的 VCD 光盘,明显构成侵权。被告理应承担相应的法律责任,包括赔礼道歉、消除影响、赔偿损失。

2000 年 12 月 6 日,北京市第一中级人民法院进行公开审判。一审判决:(1)被告中国某国际电视总公司立即停止侵权,不得出版发行侵犯原告陈某、朱某小品著作权和表演者权的侵权制品。(2)被告中国某国际电视总公司自本判决生效之日起 30 日内在《中国电视报》上刊登致歉声明,向原告陈某和朱某赔礼道歉、公开消除影响。(3)被告中国某国际电视总公司自本判决生效之日起 10 日内给付原告陈某、朱某著作权侵权赔偿金 33 万余元及原告因本案支出的合理费用 3174 元。

2001 年 4 月,被告中国某国际电视总公司提起上诉,后又主动撤诉。2001 年 4 月 30 日,北京市高级人民法院裁定准予中国某国际电视总公司撤诉。

来源:北京市第一中级人民法院民事判决书〔1999〕一中知初字第108 号

第六章　音像产业政策法规与典型案例

为了促进我国音像产业的发展,国家先后出台了一系列有关音像产业的政策与法规,对加强我国的物质文明和精神文明建设起了积极的推动作用。

第一节　音像产业政策法规概述

20 世纪 70 年代后,录音录像技术在我国各个行业得以广泛应用,录音机、录像机以及音像制品开始进入寻常百姓家,在传播科学文化知识、丰富人民的文化生活方面做出了突出贡献。为了规范音像市场,打击违法犯罪,维护市场秩序,国务院及相关部门先后颁布了一系列规章和规范性文件,如《关于严禁淫秽物品的规定》《关于严厉打击非法出版活动的通知》《关于认定淫秽及色情出版物的暂行规定》《关于部分应取缔出版物认定标准的暂行规定》《关于惩治走私、制作、贩卖、传播淫秽物品的犯罪分子的决定》《录音录像出版工作暂行条例》等。

为了促进音像事业的发展和繁荣,更好地满足人民群众的文化生活需要,1994 年 10 月 1 日,国务院颁布施行了《音像制品出版管理规定》,对于规范音像出版、复制活动以及音像制品经营活动起了重要作用。之后《音像制品复制管理办法》《音像制品内容审查办法》《音像制品出版管理办法》《关于实施激光数码储存片来源识别码(SID 码)的通知》《最高人民法院关于审理非法出版物刑事案件具体应用法律若干问题的解释》《关于加强和改进中国标准音像制品编码管理的通知》《音像制品条码实施细则》等政策先后出台,进一步推动了我国音像事业的健康发展。

但随着我国改革开放的深化以及音像出版事业的不断发展,特别是我国加入世界贸易组织之后,音像产业管理面临着新的情况,因此对原条例进行适当修改、完善是迫切需要的。2002 年 2 月 1 日,修改后的《音像制品管理条例》开始施行,新条例就音像出版业发展过程中出现的新情况、新问题,对原条例做了修订,完善了音像出版管理制度,加强了对音像复制环节和音像市场的管理,加大了对音像业违法犯罪活动的打击力度。此后,《音像制品管理条例》在 2011 年、2013 年和 2016 年又被三次修订。

随后新修订的《音像制品批发、零售、出租管理办法》《音像制品进口管理办法》《音像制品出版管理规定》先后出台,加强了对音像经营活动的规范与管理。

针对音像市场中违法经营活动出现的新动向,2003 年 9 月 22 日,文化部文化市场司及时印发了《文化部关于严厉打击刻录碟、烫码碟、无码碟、进口 MP3、MP4 等非法音像制品的通知》,明确了各类非法音像制品的主要特征,公布了重点查缴目录,指导各地文化行政部门密切关注市场动向,有效遏制了这一形式的违法经营活动蔓延的势头。

2007 年 6 月 1 日,《中华人民共和国海关进出境印刷品及音像制品监管办法》(以下简称《监管办法》)施行,同时废除了 1991 年 6 月 1 日发布的《中华人民共和国海关对个人携带和邮寄印刷品及音像制品进出境管理规定》,《监管办法》放松了对个人携带音像制品数量的限制,加强了对经营性音像单位的管理,更适应我国的对外开放和交流。

2009 年 7 月 20 日,新闻出版总署颁布《新闻出版总署关于促进我国音像业健康有序发展的若干意见》,提出深化改革,调整结构,增强音像业健康有序发展的活力,积极稳妥推进音像出版单位转企改制,做强做优一批音像企业,鼓励音像出版单位在技术、人才方面与社会资本合作,通过加强管理、规范运作,引导非公有资本以多种形式进入政策许可的音像出版领域。鼓励和支持音像企业积极依托和运用新媒体,加快向数字化转型,与通信运营商、网络运营商及硬件制造商进行全方位的合作,拓展以互联网、手机、电视、移动硬盘、数据库、电子阅读器、集成电路卡等为载体的多种音像出版发行形式,大力发展新业态,积极实施国产音像制品"走出去"工程。

第二节　音像产业政策法规主要内容

为了加强对音像制品出版的管理,促进音像产业的健康发展与繁荣,我国制定的音像产业政策法规主要有以下内容。

一、音像制品的概念与管理

音像制品是录音制品、录像制品的简称,是指利用录音、录像技术和设备制作的录有内容的视听出版物,包括录音带(AT)、录像带(VT)、激光唱盘(CD)、数码激光视盘(VCD)及高密度光盘(DVD)等。

为了使行政管理者与被管理者的利益分开,提高行政管理的公正性与有效性,杜绝腐败的产生,遏制行政权力的滥用,音像制品监督管理部门及其工作人员不得从事或变相从事音像制品经营活动。音像制品经营活动的监督管理部门及其工作人员如果利用手中的权力从事音像制品经营活动,很容易出现以权谋私、官商不分的现象,将会严重扰乱行政机关的工作秩序,降低工作效能,损害政府形象。

国家对出版、制作、复制、进口、批发、零售、出租音像制品等活动,实行许可制度;未经许可,任何单位或个人不得从事音像制品的出版、制作、复制、进口、批发、零售、出租等活动。也就是说,管理相对人只有在取得许可的前提下,才能从事音像制品的经营活动。

许可证和批准文件是出版行政部门或文化行政部门赋予音像行政管理相对人从事音像制品经营活动的凭证,不得将其出租、出借、出售或以其他任何形式转让。

二、音像出版活动的管理

(一)音像出版制度管理

1.编辑责任制度和年度出版计划备案制度

音像出版单位实行编辑责任制度,保证音像制品的内容符合规定。编辑工作是音像制品出版过程的中心环节,是实现出版计划、提高音像出版质量的关键,也是保证出版物内容不出问题的前提。

2.音像出版单位名称、版号管理

音像出版单位应当在其出版的音像制品及其包装的明显位置标明出版单位的名称、地址,音像制品的版号、出版时间、著作权人等事项;出版进口的音像制品还应当标明进口批准文号。音像出版单位应当按照国家有关规定向国家图书馆、中国版本图书馆和国务院出版行政主管部门免费送交样本。

3.出版配合本版出版物的音像制品管理

图书出版社、报社、期刊社、电子出版物出版社,不得出版非配合本版出版物的音像制品;但是,可以按照国务院出版行政主管部门的规定,出版配合本版出版物的音像制品,并参照音像出版单位享有权利、承担义务。

(二)审核登记制度管理

音像出版单位实行审核登记制度,审核登记每两年进行一次。

申请审核登记的音像出版单位应提交以下材料:《音像制品单位审核登记表》;《音像制品出版业务情况报告》,该报告应包括执行出版管理的法律、法规和规章的情况,出版经营情况,人员、场所、设施情况;两年内出版的音像制品登记表;出版许可证的复印件。

三、音像制作单位的审批和管理

制作是出版的第一个环节,是出版行为的组成部分。音像出版单位出版音像制品,既可以自行制作并出版,也可以委托他人制作完成,然后自行出版。但无论哪一种形式,都必须首先取得音像制作的资格。

四、音像制品的复制管理

音像制品的复制,是指对已经制作完成的音像制品进行大规模生产的活动。音像制品的复制环节决定市场向公众传播的音像制品的数量,也实际上影响音像制品的传播范围。

音像复制活动的管理主要有:

(1)复制委托书。为了保护当事人双方的合法利益,加强音像制品的复制管理,委托复制音像制品,须使用复制委托书。复制委托书由音像出版单位及其他委托复制单位向所在地省、自治区、直辖市人民政府出版行政部门领取。出版单位及其他委托复制单位应当按照规定开具或填写复制委托书,并将复制委托书直接交送复制单位。出版单位及其他委托复制单位须保证复制委托书内容真实、准确、完整。音像出版单位及其他委托复制单位,须确定专人管理复制委托书并建立使用记录。复制委托书使用记录的内容包括开具时间、音像制品及具体节目名称、相对应的版号、管理人员签名。

(2)禁止行为。为维护音像市场秩序,维护委托复制人的合法权益,音像复制单位不得接受非音像出版单位或个人的委托复制经营性的音像制品;不得自行复制音像制品;不得批发、零售、出租音像制品。出版单位及其他委托复制单位不得以任何形式向任何单位或者个人出售或者转让复制委托书。

(3)委托复制境外音像制品的管理。为了防止未经授权或假授权翻录有著作权和著作权有关权利的音像制品,音像复制单位接受委托复制境外音像制品的,应当经省、自治区、直辖市人民政府出版行政主管部门批准,并持著作权人的授权书依法到著作权行政管理部门登记;复制的音像制品应当全部运输出境,不得在境内发行。

(4)激光数码储存片来源识别码。从事光盘复制的音像复制单位复制光盘,必须使用蚀刻有国家新闻出版广电总局核发的激光数码储存片来源识别码的注塑模具。

五、音像制品的进口管理

我国对音像制品的进口有以下规定。

1. 进口单位管理

音像制品成品进口业务由文化部指定音像制品经营单位经营。未经文化部指定,任何单位或个人不得从事音像制品成品进口业务。

2. 进口制品审查

进口用于出版的音像制品,以及进口用于批发、零售、出租的音像制品成品,应报文化部进行内容审查。

3. 进口制度管理

(1)版权认证制度。为了打击音像领域的侵权盗版行为,保护权利人的合法权益,国家规定进口用于出版的音像制品,其著作权事项应向国务院版权局进行版权认证,登记著作权。近年来,版权认证制度不仅保护了著作权人的合法权益,也维护了国内进口单位的利益,在防范涉外音像制品的盗版方面发挥了越来越大的作用。

(2)禁止行为。任何单位或个人不得出版、复制、批发、零售、出租、营业性放映和利用信息网络传播未经文化部批准进口的音像制品,不得将供研究、教学参考或用于展览、展示进口的音像制品,进行经营性复制、进口、批发、零售、出租和营业性放映。用于展览、展示进口的音像制品确实须在境内销售、赠送的,在销售、赠送前,必须办理批准手续。

六、音像制品批发和零售与出租管理

音像制品批发、零售和出租通常也被称为音像制品的分销,是音像制品的市场流通环节。音像制品批发是指音像制品经营单位之间批量销售音像制品的经营活动,是音像制品经营的中间环节;音像制品零售是指出让音像制品的所有权,把音像制品销售给最终消费者的经营活动;音像制品出租是指一段时间内出让音像制品的使用权,供消费者使用的经营活动。

七、我国有关音像产业管理的法律责任

(一)刑事法律责任

(1)出版行政部门、文化行政部门、工商行政管理部门或其他有关行政部门(包括公安部门、税务部门、海关等)及其工作人员利用职务上的便利收受他人财物或其他好处,批准不符合法定设立条件的音像制品的出版、制作、复制、进口、批发、零售、出租单位,或不履行监督职责,或发现违法行为不予查处,造成严重后果的,对负有责任的主管人员和其他直接责任人员依照刑法关于受贿罪、滥用职权罪、玩忽职守罪或其他罪的规定,追究刑事责任。

(2)未经批准,擅自设立音像制品出版、制作、复制、进口、批发、零售、出租、放映单位,擅自从事音像制品出版、制作、复制、进口、批发、零售、出租、放映经营活动的,依照刑法关于非法经营罪的规定,追究刑事责任。

（3）走私音像制品的，依照刑法关于走私罪的规定，追究刑事责任。

（二）行政法律责任

有关行政法律责任的内容有以下几个方面。

1.行政处罚

行政处罚种类包括：警告，罚款，没收非法所得、没收非法财物，责令停产停业，吊销许可证书、吊销营业执照等五种。

2.行政处分

行政处分为降级、撤职、开除三种。主要表现在以下两个方面：

第一，出版行政部门、文化行政部门、工商行政管理部门或其他有关行政部门（包括公安部门、税务部门、海关等）及其工作人员利用职务上的便利收受他人财物或其他好处，批准不符合法定设立条件的音像制品的出版、制作、复制、进口、批发、零售、出租单位，或不履行监督职责，或发现违法行为不予查处，造成严重后果的，对负有责任的主管人员和其他直接责任人员给予降级或撤职的行政处分。

第二，音像制品监督管理部门及其工作人员从事或变相从事音像制品经营活动，参与或变相参与音像制品经营活动，由所在单位或上级主管部门对负有责任的主管人员和其他直接责任人员给予撤职或开除的行政处分。

第三节　音像产业政策法规典型案例

为了帮助大家认识和学习音像产业政策法规的相关内容，下面我们从不同的角度选择了若干案例进行分析，加深对音像产业的相关政策法规的理解与认识。

一、J 酒店与中国某音像协会侵害著作权纠纷案

▎案情简介

原告中国某音像著作权集体管理协会（以下简称中国某音像协会）诉

被告肇庆某酒店有限公司（以下简称 J 酒店）著作权侵权纠纷一案，法院 2013 年 7 月 19 日受理后，于 2013 年 9 月 9 日公开开庭进行审理。

原告中国某音像协会诉称：中国某音像协会经合法授权取得《不潮不用花钱》《莎士比亚的天分》《被风吹过的夏天》《笨蛋》《委屈》《空气》《换季》《停电》《平行线》《坚持到底》10 首音乐电视作品在全国的排他性专属音乐著作权，是该音乐电视作品的合法权利人，J 酒店未经授权或许可在其经营的 KTV 内，以营利为目的使用上述音乐电视作品，其行为严重侵犯了中国某音像协会的合法权益。为此，请求判令：(1)J 酒店立即停止侵权行为，从其曲目库中删除《不潮不用花钱》《莎士比亚的天分》《被风吹过的夏天》《笨蛋》《委屈》《空气》《换季》《停电》《平行线》《坚持到底》10 首侵权音乐电视作品；(2)J 酒店赔偿中国某音像协会经济损失 10000 元；(3)J 酒店承担本案全部诉讼费用。

被告 J 酒店辩称：2009 年 12 月 18 日，J 酒店与广州市 B 电子科技有限公司签署《奥斯卡 KTV 点播系统合同书》，约定广州市 B 电子科技有限公司提供点播系统给 J 酒店，包括 4 万首不重复的歌曲内容。对于歌曲内容的版权，由中国某音乐著作权协会、中国某音像协会（合同甲方）、广州 C 文化发展有限公司（乙方）、J 酒店（丙方）签署《著作权许可使用及服务合同》，约定 J 酒店共有 13 台点播终端，著作权许可使用时间至 2012 年 12 月 31 日，并约定合同期限届满之前一个月内任何一方未以书面形式做出相反意思表示的，则合同自动续订一年。J 酒店依约支付价款，发现点播系统的歌曲内容没有正版来源，相当部分内容不能正常使用，于是要求售后服务，由提供方免费更换并由版权方做出正版保障，但得不到应有的回应。后来 J 酒店了解到歌曲提供方广州市 B 电子科技有限公司已经注销，版权提供方广州 C 文化发展有限公司已经迁址。由于中国某音乐著作权协会、中国某音像协会、广州 C 文化发展有限公司、广州市 B 电子科技有限公司违约，应赔偿 J 酒店损失费 60000 元，并负连带责任。

经审理查明：中国某音像协会提供的《流行歌曲经典（中国某音像著作权集体管理协会）》（第一辑）共 17 个 DVD，封面目录显示已收录了包括《不潮不用花钱》《莎士比亚的天分》《被风吹过的夏天》《笨蛋》《委屈》《空气》《换季》《停电》《平行线》《坚持到底》等音乐电视作品，内页显示上述 10 首音乐电视作品的著作权人为北京 H 音乐有限公司。

中国某音像协会提供一份关于"保全书证"的《公证书》，主要内容为：申请人（中国某音像协会）于 2012 年 2 月 7 日向北京市东方公证处提出申请，称该协会为办理相关音像著作权的起诉、维权等事宜，需要提交该协会与北京 H 音乐有限公司签订的《音像著作权授权合同》。由于上述文件只有一份原件，且单位要存档备查，不便将上述文件直接对外使用，故向北京市某公证处提出申请要求对上述文件进行保全证据公证。并证明与该公证书粘连的中国某音像协会与北京 H 音乐有限公司签订的《音像著作权授权合同》复印件一份，与中国某音像协会委托代理人王某提供的文件原件相符。上述《公证书》后附《音像著作权授权合同》复印件一份共 4 页。

中国某音像协会于 2010 年 11 月 11 日与北京 H 音乐有限公司签订《音像著作权授权合同》一份，主要内容为："甲方（中国某音像协会）是依法成立的保护音像著作权人合法权益的组织，乙方（北京 H 音乐有限公司）是依法取得音像节目著作权的权利人……第二条'授权'……1. 乙方同意将其依法拥有的音像节目的放映权、复制权、广播权信托甲方管理，以便上述权利在其存续期间及在本合同有效期内完全由甲方行使。上述权利包括乙方过去、现在和将来自己制作、购买或以其他任何方式取得的权利。2. 乙方不得自己行使或委托第三人代其行使在本合同有效期内约定由甲方行使的权利……第四条'权利管理'……2. 为有效管理乙方授予甲方的权利，甲方有权以自己的名义向侵权使用者提出诉讼，乙方有义务协助进行诉讼……第六条'权利保证'……2. 乙方保证享有其授权予甲方管理的全部音像节目的完整著作权和著作权相关的权利，绝未侵犯任何第三人的权利……第九条'合同期限'……本合同自签订之日起生效，有效期为三年。至期满前 60 日乙方未以书面形式提出异议，本合同自动续展三年。之后亦照此办理。"

另查明：J 酒店于 2007 年 4 月 4 日登记成立，经营场所为肇庆市某地；企业类型为有限责任公司，法定代表人为钱土；经营范围为旅业、卡拉 OK、中餐制售、桑拿、物业租赁、提供商务会议服务。

又查明：J 酒店于诉讼过程中提出反诉，列中国某音像协会为反诉被告，列中国某音乐著作权协会、广州市 B 电子科技有限公司、广州 C 文化发展有限公司为第三人。经审查，J 酒店起诉依据的两份合同均有约定管辖，且约定管辖法院均不是该法院，对 J 酒店的反诉不予受理。

案情评析

法院认为,根据《中华人民共和国著作权法实施条例》第二条"著作权法所称作品,是指文学、艺术和科学领域内具有独创性并能以某种有形形式复制的智力成果"、第四条第一款第(十一)项关于"电影作品和以类似摄制电影的方法创作的作品,是指摄制在一定介质上,由一系列有伴音或者无伴音的画面组成,并且借助适当装置放映或者以其他方式传播的作品"的规定,本案涉案的音乐电视作品凝聚了导演、演员、摄制、剪辑、服装、灯光、合成等创造性劳动,体现了制片人的策划构思和编排的取舍,具有独创性,符合作品的构成要件,属于以类似摄制电影的方法创作的作品,是受我国著作权法保护的一种作品形式。中国某音像协会起诉认为 J 酒店未经授权或许可在其经营的 KTV 内,以营利为目的使用中国某音像协会享有著作权的涉案音乐电视作品,故本案是著作权侵权纠纷。争议的焦点是:(1)J 酒店是否存在侵权行为;(2)中国某音像协会提出的侵权赔偿数额 10000 元的诉讼请求应否支持。

关于 J 酒店是否存在侵权行为的问题。中国某音像协会是依法成立的保护音像著作权人合法权益的组织,北京 H 音乐有限公司是依法取得涉案音乐电视作品著作权的权利人。根据中国某音像协会与北京 H 音乐有限公司签订的《音像著作权授权合同》第四条第二款的内容,中国某音像协会有权以自己的名义向侵权使用者提出诉讼。根据《著作权法》第十条第(十)项的规定,著作权包括通过放映机、幻灯机等技术设备公开再现美术、摄影、电影和以类似摄制电影的方法创作的作品的放映权。J 酒店未经作为权利人的中国某音像协会许可,在其经营的卡拉 OK 场所内营业性地放映中国某音像协会享有著作权的涉案 10 首音乐电视作品,其行为已构成侵权。根据《著作权法》第四十八条第一款的规定,未经著作权人许可放映其作品的,应当根据情况,承担停止侵害、消除影响、赔礼道歉、赔偿损失等民事责任。故 J 酒店依法应承担相应的民事责任。至于 J 酒店与中国某音像协会、中国某音乐著作权协会、广州市 B 电子科技有限公司、广州 C 文化发展有限公司的合同纠纷,因有约定管辖,应另行解决。

关于中国某音像协会提出的侵权赔偿数额 10000 元的诉讼请求应否

支持的问题。根据《著作权法》第四十九条"侵犯著作权或者与著作权有关的权利的,侵权人应当按照权利人的实际损失给予赔偿;实际损失难以计算的,可以按照侵权人的违法所得给予赔偿。赔偿数额还应当包括权利人为制止侵权行为所支付的合理开支。权利人的实际损失或者侵权人的违法所得不能确定的,由人民法院根据侵权行为的情节,判决给予五十万元以下的赔偿",以及《最高人民法院关于审理著作权民事纠纷案件适用法律若干问题的解释》第二十五条关于"权利人的实际损失或者侵权人的违法所得无法确定的,人民法院根据当事人的请求或者依职权适用《著作权法》第四十八条第二款的规定确定赔偿数额。人民法院在确定赔偿数额时,应当考虑作品类型、合理使用费、侵权行为性质、后果等情节综合确定"的规定,由于中国某音像协会不能提供其因 J 酒店侵权所受实际损失或 J 酒店违法所得的证据,因此,对于侵权赔偿数额的认定,除根据 J 酒店侵权行为的性质、侵权时间的长短及经营的规模、主观过错程度等侵权情节外,亦应考虑权利人在创作涉案音乐电视作品中投入的人力、物力的实际情况,同时结合中国某音像协会的诉讼目的、本地经济水平及消费能力、J 酒店经营的夜总会歌库中歌曲的数量等方面因素酌情予以考虑。因此,法院酌情认定每首侵权歌曲的赔偿数额为 1000 元。J 酒店总共赔偿中国某音像协会的侵权歌曲损失数额为:1000 元/首×10 首=10000 元。中国某音像协会请求 J 酒店赔偿其经济损失 10000 元的主张合理,法院予以支持。

　　综上所述判决:(1)肇庆 J 酒店有限公司在本判决发生法律效力之日起立即停止侵权行为,在其点歌系统中删除中国某音像著作权集体管理协会享有著作权的《不潮不用花钱》《莎士比亚的天分》《被风吹过的夏天》《笨蛋》《委屈》《空气》《换季》《停电》《平行线》《坚持到底》10 首音乐电视作品;

　　(2)肇庆 J 酒店有限公司在本判决发生法律效力之日起 10 日内赔偿中国某音像著作权集体管理协会经济损失 10000 元。如果未按本判决指定的期间履行给付金钱义务,应当依照《中华人民共和国民事诉讼法》第二百五十三条的规定,加倍支付迟延履行期间的债务利息。

　　来源:广东省高级人民法院〔2013〕粤高法民三终字第 615 号民事判决书

二、孙某某非法经营音像制品案

▌案情简介

2003 年初,上海市文化稽查总队向上海市公安局经济犯罪侦查总队提供了孙某某团伙非法经营音像制品线索后,公安机关即对该团伙进行严密监控。经过几个月的缜密侦查,摸清了团伙非法经营活动的规律,掌握了团伙的基本情况。2003 年 4 月 23 日,将该团伙一网打尽。

经调查查明,2002 年至 2003 年 4 月间,被告人孙某某、陈某某在未申领"音像制品经营许可证"和工商营业执照,不具备销售音像制品资格情况下,租借本市牯岭路 149 号和 145 弄 4 号两处用以经营、贮放、发货,两人累计销售 DVD、VCD 共计 28 万张,非法经营数额达人民币 100 余万元;2003 年 4 月 23 日,公安机关在上述地点查获 8500 余张非法音像制品。同时又查明,2001 年至 2003 年 4 月间,被告人朱某某、周某某在未申领"音像制品经营许可证"和工商营业执照,不具备销售音像制品资格情况下,租借本市慈溪路 93 号商铺经营和贮放音像制品,其中朱某某负责从被告人孙某某、陈某某等处进货,周某某负责对外销售,两人累计销售 VCD、DVD 共计 1 万余张;2003 年 4 月 23 日,公安机关在上述地点查获 5370 余张 DVD 非法音像制品。

法院经公开审理后认为:被告人孙某某、陈某某、朱某某、周某某在明知或应当知道没有营业执照和"音像制品经营许可证"的情况下,违反法律规定,从事非法音像制品的经营,严重扰乱市场秩序,其行为均已构成非法经营罪,且情节特别严重,依法均应予惩处。被告人孙某某、朱某某在各自非法经营活动中,主要负责进货、销售、结算等,在共同犯罪中均起到主要作用,系主犯,依法应按其参与的全部犯罪予以处罚;被告人陈某某、周某某分别帮助收、发货和销售,在共同犯罪中均起到辅助作用,系从犯,对被告人陈某某应当从轻处罚,对被告人周某某应当减轻处罚。2003 年 12 月 25 日,法院做出判决。被告人孙某某犯非法经营罪,判处有期徒刑 10 年,剥夺政治权利 2 年,并处罚金人民币 15 万元;被告人陈某某犯非法经营罪,判处有期徒刑 7 年,剥夺政治权利 1 年,并处罚金 15 万元;被告人朱某某犯非法经营罪,判处有期徒刑 5 年,剥夺政治权利 1 年,并处罚金 2 万元;被告人周某某犯非法经营罪,判处有期徒刑 2 年,缓刑 2 年,并处罚金人民币 2 万元。

案情评析

本案的争议焦点主要有三方面:

(一)关于销货清单能否作为认定依据的问题

公安机关于 2003 年 4 月 23 日从被告人孙某某的经营地点搜缴到大量销货清单,当场没有出具《扣押物品清单》,而是在事后经孙某某逐一辨认,对其中能证明是被告人孙某某购进并销售的 VCD、DVD 的销货凭证,孙某某均签名确认。这些销货清单能否作为该案中的认定依据,是控、辩双方争议焦点之一。

销货清单是本案的重要证据之一,但因侦查机关在被告人住处查获该销货清单时没有当场出具《扣押物品清单》,而是事后让被告人逐一辨认并签名确认,所以辩护人提出这些销货清单不能作为该案中的认定依据。控方则认为这些销货清单,已经被告人逐一辨认并签名确认,是被告人进、销货的凭证,可以作为该案中的认定依据。

法庭一方面在开庭调查时及时将这些销货清单所要证明的客观事实一一查明并记录在案;另一方面要求检察机关在法庭宣布延期审理期间,继续补充相关证据。在不断完善相关证据的基础上,法院做出了这些销货清单记载的内容已经直接而又客观地反映了孙某某等购销大量非法音像制品的事实,且系依法取得并经查证属实,可以作为证据认定的决定。辩护人提出这些销货清单不能作为认定依据的辩护意见,无事实和法律依据,不予采信。

(二)关于被告人的行为是否构成非法经营罪的问题

经查,被告人孙某某、陈某某在没有取得营业执照和"音像制品经营许可证"的情况下,从事盗版 VCD、DVD 的批发、销售等经营活动,经营所得计人民币 100 余万元;被告人朱某某、周某某也是在没有相应营业执照和"音像制品经营许可证"的情况下,从事盗版 VCD、DVD 的销售等经营活动,销售数量计 1 万余张。

涉及销售非法音像制品构成犯罪的罪名有两个:一是《中华人民共和国刑法》(以下简称《刑法》)第二百二十五条规定的非法经营罪;另一是《刑

法》第二百一十八条规定的销售侵权复制品罪。这也是控、辩双方争议焦点之一。

销售侵权复制品罪和非法经营罪的主要区别在于行为人销售行为的本身是否合法。如果销售行为本身是合法的，即行为人具有从事销售音像制品的资质，而销售的音像制品内容是侵权的、非法的，就应该认定销售侵权复制品罪；如果销售行为和内容均系非法，即行为人在本身不具有从事销售音像制品资质的情况下，又销售非法音像制品，行为人实施的这种行为既侵犯了正常的市场秩序，又侵犯了他人知识产权两种客体，涉及法条竞合关系，依照重法优于轻法原则，应以较重的非法经营罪处罚。本案孙某某等4名被告人在没有经营许可证的情况下，从事非法音像制品的批发、销售等经营活动，严重扰乱市场秩序，因而认定非法经营罪是恰当的。辩护人在被告人没有经营资格这一前提下仍提出销售非法音像制品的行为构成销售侵权复制品罪的辩护意见，与法相悖。

此外，本案中检察机关依据最高人民法院《关于审理非法出版物刑事案件具体应用法律若干问题的解释》（以下简称《解释》）第十五条"关于非法从事出版物的出版、印刷、复制、发行业务，严重扰乱市场秩序，情节特别严重构成犯罪的，可以依照《刑法》第二百二十五条规定第（四）项以非法经营罪定罪处罚"的规定，指控被告人的行为构成非法经营罪。尽管检察机关指控的罪名正确，但运用的法律依据不当，理由是《解释》中规定构成非法经营罪的前提是行为人非法从事出版物的出版等，而《解释》第十五条规定的出版物应理解为合法的出版物，不是指非法出版物，且根据《解释》规定，非法从事出版物的出版等行为必须情节特别严重才可以非法经营罪处罚，显然法律对非法销售非法出版物的处罚比非法销售合法出版物重。因此，本案被告人的行为直接依据《刑法》第二百二十五条规定处罚更确切，更体现罪刑相一致的刑罚处罚原则。

(三)关于非法经营数额的认定问题

本案审理中，被告人孙某某的辩护人为证明孙某某在购进VCD和DVD的同时，部分因质量等问题而退货的事实，向法庭出示了供货商场杨某、运输工梁某的证言。被告人孙某某则供认，由其签名确认的销货清单是与供货商实际结算的货款。

法庭调查后认定:辩护人提供的证人杨某的陈述中,没有证明孙某某音像制品退货的名称、日期、数量等具体内容,也没有提供相关的凭证等证据予以印证;证人梁某的陈述笔录,也不能证明为孙某某运送的货物是VCD、DVD,更无法证明数量。故上述两人的陈述内容,未能查证属实,不能作为认定依据。相反,被告人孙某某关于销货清单是其与供货商实际结算价格的供述,由销货清单等证据证实,孙某某也已根据该销货清单向供货商支付货款,故孙某某非法经营音像制品 VCD、DVD 时,即使有部分退货,该部分货款也已在结算清单中扣除。因此,公诉人以销货清单中的实际结算金额作为认定被告人非法经营额的依据是客观的。法庭做出了对辩护人该意见不予采纳的决定。

来源:http://www.scxsls.com/a/20151104/110891.html

▌讨论与思考题

1.怎样理解音像产业政策法规的发展?

2.音像管理规定最主要的内容有哪些?

3.对下列案例进行分析并点评。

▌案　例

案例一:中国音乐著作权协会与江苏某市广播
电视总台侵害作品广播权纠纷

2015 年 5 月,江苏某广电台在未支付相关著作权使用费的情况下,在其社会经济频道播出的《2015 苏州广电传媒华语主持人(全国)选拔大赛(第三季)》第二期节目中使用了音著协管理的涉案音乐作品《加速度》,该行为侵犯了涉案音乐作品作者的广播权。音著协诉至法院请求判令:(1)江苏某广电台支付音著协涉案音乐作品著作权使用费 20000 元;(2)该广电台赔偿音著协为本案支出的合理费用 7000 元。

音著协是经批准成立的音乐著作权集体管理组织。王某、杨某系音乐作品《加速度》的相应词曲著作权人,根据音著协与王某、杨某签订的《音乐著作权合同》,音著协有权对涉案音乐作品《加速度》的作词和作曲行使著作权(包括提起诉讼)。

音著协提供的音像出版物显示,涉案音乐作品的词曲著作权分别属于王某、杨某,音著协通过授权取得了涉案音乐作品的广播权等,并有权以自己的名义提起诉讼,因此可以认定音著协系本案的适格主体。根据我国《著作权法》第四十三条的规定,广播电台、电视台播放他人已发表的作品,可以不经著作权人许可,但应当支付报酬。江苏某广电台在未支付著作权人报酬的情况下,在其播出的节目中使用了《加速度》音乐作品的词曲,侵犯了音著协对该作品所享有的广播权,应当承担赔偿经济损失和支付合理支出的法律责任。关于赔偿数据的确定,音著协未能举证江苏某广电台因为侵权所获的利益或自己所遭受的损失,因此一审法院综合考虑涉案作品的类型、知名度、江苏某广电台的主观过错程度、江苏某广电台的受众范围、音著协为制止侵权行为所支付的合理费用等情况,酌情确定赔偿数额为9000元。

据此,一审法院依照《著作权法》第三条第(三)项、第八条第一款、第十条第一款第(十一)项、第十一条第四款、第四十三条、第四十八条第(一)项、第四十九条之规定,判决:(1)江苏某广电台于判决生效之日起10日内赔偿音著协经济损失及合理费用共计9000元;(2)驳回音著协的其他诉讼请求。案件受理费476元,减半收取238元,由江苏某广电台负担。

来源:苏州市虎丘人民法院判决书〔2015〕虎知民初字第00075号

案例二:丽水首例非法经营音像制品案

2011年5月26日,浙江省缙云县人民法院对丽水市首起非法经营音像制品案进行了审理和宣判。法院以侵犯著作权罪判处被告人黄某有期徒刑3年,缓刑4年,并处罚金10万元。

黄某从2008年下半年开始,在淘宝网上开设了一家专营CD的网店。从网络上下载音乐刻成光盘销售,三年来共销售光盘4.3万多张,交易金额达25万元。法院认定其行为未经录音录像制作人许可,非法复制他人作品进行销售的行为已经构成犯罪。法庭上,黄某主动承认犯罪事实,并当庭认错。

鉴于黄某归案后认罪态度好，并主动预交了暂扣款，法院当场对黄某做出从轻处罚的判决。判处有期徒刑3年，缓刑4年，并处罚金人民币10万元，追缴被告人黄某人民币4万元由公安机关上交国库。

当庭宣布判决后，黄某表示服从判决，不再上诉。

来源：http://jynews.zjol.com.cn/jynews/system/2010/09/22/012678620.shtml

第七章 广告产业政策法规与典型案例

　　改革开放以来,我国的广告产业得到迅速发展。为了保证中国广告产业的健康发展,国家先后制定了一系列政策与法规,对规范广告市场,促进广告产业的发展起到了积极的作用。

第一节 广告产业政策法规概述

　　世界上最早的印刷广告物是现存于上海博物馆的我国北宋时期济南刘家针铺的广告铜板。西方最早的印刷广告是 1473 年英国人威廉·坎克斯印刷的宣传宗教内容的广告。世界上最早的广告法规是美国在 1911 年颁布的《印刷广告法案》。

　　改革开放之后,我国的广告产业得到迅速发展,广告产业的政策与法规也得到不断完善。我国广告产业政策与法规的建设历程,大致可以分为以下四个阶段。

一、我国广告产业政策法规的起步阶段

　　1979 年 1 月 4 日,《天津日报》刊登了天津牙膏厂的一个通栏广告,开创了我国商业广告的先河。同年 1 月 28 日,上海电视台播出了我国第一条影视广告。1980 年 1 月 1 日,中央人民广播电台开始播出广告。从此,报刊、广播电台、电视台陆续开办了商业广告业务。1979 年 11 月,中共中央宣传部发出《关于报刊、广播、电视台刊登播放外国商品广告的通知》,开始对广告活动进行约束。1982 年 2 月 2 日,国务院发布了《广告管理暂行条例》,同年 6 月 5 日《广告管理暂行条例实施细则(内部试行)》发布施行,成为各级工商行政管理机关开展广告管理工作的基本依据,成为从事广告

活动的单位和个人的行为规范。

二、我国广告产业政策法规的发展阶段

随着我国经济体制改革的不断深化和社会主义商品经济的迅速发展，《广告管理暂行条例》的某些规定已不适应经济发展的需要。在总结经验的基础上，借鉴国外广告管理的先进经验，1987年10月26日，国务院正式发布了《广告管理暂行条例》。为了贯彻执行《广告管理暂行条例》，国家工商行政管理局于1988年1月9日发布了《〈广告管理暂行条例〉施行细则》以及相关的规范性政策与法规，这对于推动我国广告产业的健康发展，更好地为发展社会主义商品经济服务具有重要意义。在这个阶段，我国广告产业的政策与法规体系已逐渐形成。

三、我国广告产业政策法规的新阶段

20世纪90年代后，广告产业进入一个新的发展阶段，由于《广告管理暂行条例》已经颁布实施了较长时间，随着经济的发展和改革开放的深入，其中不少政策与法规已经滞后。为了进一步完善广告产业的法律体系，规范广告市场秩序，促进我国广告产业的健康发展，1994年10月27日，第八届全国人民代表大会常务委员会第十次会议通过了《中华人民共和国广告法》(以下简称《广告法》)，1995年2月1日起施行，它是我国广告法律领域的基本法律，它的颁布具有巨大的现实意义和深远的历史意义，为各单项广告法规的建立、健全、提供了依据，使广告行为更加规范化、法制化，把广告活动引向健康的轨道，并为政府加强广告管理提供了法律准绳。

四、加入 WTO 之后进入与世界接轨的新阶段

我国加入WTO后，在广告服务的承诺上主要有以下四个方面：一是从事广告业务的外国企业，可以在中国设立中外合资广告企业；二是在2002年1月1日之后，允许外资控股；三是在2004年1月1日之后，允许外国企业在中国设立外商独资企业；四是外国企业在中国境内发布广告或中国企业到境外发布广告，必须通过在中国注册的具有经营外商广告权的广告公司代理。2004年11月30日，《广告经营许可证管理办法》公布施行。这个阶段是我国广告产业与国际接轨，走向世界的一个重要阶段。

2007年国家工商行政管理总局、国家食品药品监督管理局、卫生部联合颁布施行的《药品广告审查发布标准》《药品广告审查办法》和《医疗广告管理办法》，进一步规范了药品、医疗广告的内容，完善了药品、医疗广告的审查发布程序，是依法监管药品、医疗广告活动的重要依据。

2009年8月，为了强化对食品广告的监管，进一步落实《食品安全法》内有关食品广告管理的各项规定，依据《广告法》《食品安全法》等相关的法律法规，国家工商行政管理总局制定了《食品广告监管制度》，提出媒体有食品广告审查的义务，重点监测广告发布量大的媒体，严厉打击发布虚假违法食品广告的行为，明确了食品广告市场的退出机制，对违法情节严重的，更要责令其退出市场。

为了规范广播电视广告播出秩序，促进广播电视广告业健康发展，保障公民合法权益，2009年8月，《广播电视广告播出管理办法》经国家广电总局审议通过，自2010年1月1日起施行。为了充分发挥广播电视构建公共文化服务体系、提高公共文化服务水平、保障人民基本文化权益的作用，2011年11月，国家广电总局审议通过《〈广播电视广告播出管理办法〉的补充规定》，自2012年1月1日起施行。

2015年4月，第十二届全国人民代表大会常务委员会修订了《广告法》，自2015年9月1日起施行。这是广告法实施20年来首次修订，修改幅度大，明确和强化了工商机关及有关部门对广告市场监管的职责职权。针对严重的广告违法行为，如发布虚假广告、利用广告推销禁止生产销售的商品或者提供的服务等，新《广告法》不但增加了资格处罚即"吊销营业执照、吊销广告发布登记证件"的行政处罚种类，还增加了信用惩戒，规定有关违法行为信息要记入信用档案。新法修订的内容还包括：明确虚假广告的定义和典型形态，新增广告代言人一词并明确其法律义务和责任，强化对大众传播媒介广告发布行为的监管力度，新增关于未成年人广告管理的规定，严控烟草广告发布，新增关于互联网广告的规定等多个方面。

为贯彻实施新《广告法》、规范医疗广告市场秩序、加强医疗广告管理，国家工商总局也对《医疗广告管理办法》进行了修订，修订后的《医疗广告管理办法》自2015年9月1日起施行。

《互联网广告管理暂行办法》经国家工商行政管理总局审议通过，自2016年9月1日起施行，旨在规范互联网广告活动，保护消费者的合法权益,促进互联网广告业的健康发展,维护公平竞争的市场经济秩序。《互联网广告管理暂行办法》提出,互联网广告是指通过网站、网页、互联网应用程序等互联网媒介,以文字、图片、音频、视频或者其他形式,直接或者间接地推销商品或者服务的商业广告。互联网广告应当具有可识别性,显著标明"广告",使消费者能够辨明其为广告。互联网广告包括"推销商品或者服务的付费搜索广告",同时医疗、药品、特殊医学用途配方食品、医疗器械、农药、兽药、保健食品广告等未经审查,不得发布。互联网广告主应当对广告内容的真实性负责。

第二节　广告产业政策法规主要内容

在市场经济的条件下,广告已无处不在,人们每天都自觉、不自觉地与广告打交道。因此,国家制定了一系列广告产业政策和法规,主要有以下内容。

一、广告内容准则

国家对广告的刊登内容有严格要求和规定,特别是在广告的准则中,有些规定很具体,这有利于实际操作和执行。

(一)广告内容准则

广告内容应有利于人民的身心健康,促进商品和服务质量的提高,保护消费者的合法权益,遵守社会公德和职业道德,维护国家的尊严和利益。广告应当真实、合法,以健康的表现形式表达广告内容,符合社会主义精神文明建设和弘扬中华民族优秀传统文化的要求。广告不得含有虚假或者引人误解的内容,不得欺骗、误导消费者。

1992年8月1日,国家工商行政管理总局发布的《关于严禁在商业广告中使用党和国家领导人的名义、形象、言论进行广告宣传的情况进行一次全面检查的紧急通知》规定:禁止任何单位和个人通过各种广告媒介使用党和国家领导人的名义、形象、言论进行商业性的广告宣传。

2004年4月10日,国家工商行政管理总局《关于严禁在商业广告中使用国家机关名义的紧急通知》规定:严禁任何单位和个人在商业广告中使用党和政府及其工作部门的名义,使用人大、政协、审判机关、检察机关、军队、武警以及使用其他国家机关的名义发布广告。

广告中对商品的性能、功能、产地、用途、质量、成分、价格、生产者、有效期限、允诺等,或者对服务的内容、提供者、形式、质量、价格、允诺等有表示的,应当准确、清楚、明白。

广告中表明推销的商品或者服务附带赠送的,应当明示所附带赠送商品或者服务的品种、规格、数量、期限和方式。

法律、行政法规规定广告中应当明示的内容,应当显著、清晰表示。

广告不得损害未成年人和残疾人的身心健康。

广告内容涉及的事项需要取得行政许可的,应当与许可的内容相符合。

广告使用数据、统计资料、调查结果、文摘、引用语等引证内容的,应当真实、准确,并表明出处。引证内容有适用范围和有效期限的,应当明确表示。

广告中涉及专利产品或者专利方法的,应当标明专利号和专利种类。未取得专利权的,不得在广告中谎称取得专利权。禁止使用未授予专利权的专利申请和已经终止、撤销、无效的专利做广告。

广告不得贬低其他生产经营者的商品或者服务。

广告应当具有可识别性,能够使消费者辨明其为广告。

大众传播媒介不得以新闻报道形式变相发布广告。通过大众传播媒介发布的广告应当显著标明"广告",与其他非广告信息相区别,不得使消费者产生误解。

广播电台、电视台发布广告,应当遵守国务院有关部门关于时长、方式的规定,并应当对广告时长做出明显提示。

广告不得有下列情形:

(1)使用或者变相使用中华人民共和国的国旗、国歌、国徽,军旗、军歌、军徽。

(2)使用或者变相使用国家机关、国家机关工作人员的名义或者形象。

(3)使用"国家级""最高级""最佳"等用语。

(4)损害国家的尊严或者利益,泄露国家秘密。

(5)妨碍社会安定,损害社会公共利益。

(6)危害人身、财产安全,泄露个人隐私。

(7)妨碍社会公共秩序或者违背社会良好风尚。

(8)含有淫秽、色情、赌博、迷信、恐怖、暴力的内容。

(9)含有民族、种族、宗教、性别歧视的内容。

(10)妨碍环境、自然资源或者文化遗产保护。

(11)法律、行政法规规定禁止的其他情形。

(二)药品广告和医疗器械广告

国务院卫生行政部门和省级卫生行政部门是药品广告的审查机关。广告审查机关在同级广告监督管理机关的指导下,对药品广告进行审查。药品广告审查机关负有向广告监督管理机关提出对违法药品广告进行查处的责任。

1.药品广告的审查

利用重点媒介发布的药品广告,新药、境外生产的药品的广告,需经国务院卫生行政部门审查,并取得药品审查批准文号后,方可发布。其他药品广告,需经广告主所在省级、市级政府卫生行政部门批准后方可发布。

2.医疗、药品、医疗器械广告禁载内容

医疗、药品、医疗器械广告不得含有下列内容:

(1)表示功效、安全性的断言或者保证。

(2)说明治愈率或者有效率。

(3)与其他药品、医疗器械的功效和安全性或者其他医疗机构比较。

(4)利用广告代言人做推荐、证明。

(5)法律、行政法规规定禁止的其他内容。

药品广告的内容不得与国务院药品监督管理部门批准的说明书不一致,并应当显著标明禁忌、不良反应。处方药广告应当显著标明"本广告仅供医学药学专业人士阅读",非处方药广告应当显著标明"请按药品说明书或者在药师指导下购买和使用"。

推荐给个人自用的医疗器械的广告,应当显著标明"请仔细阅读产品说明书或者在医务人员的指导下购买和使用",医疗器械产品注册证明文件中有禁忌内容、注意事项的,广告中应当显著标明"禁忌内容或者注意事项详见说明书"。

2003 年 1 月 15 日,国家工商行政管理总局、卫生部、国家中医药管理局联合发布的《关于规范医疗广告活动、加强医疗广告监管的通知》规定:禁止以解放军和武警部队名义、医疗机构内部科室名义发布医疗广告。

3.药品广告的审批和处方药

药品广告的内容必须以国务院卫生行政部门或省级卫生行政部门批准的说明书为准。国家规定应在医生指导下使用的治疗性药品广告中,必须注明"按医生处方购买和使用"。

我国自 2000 年 1 月 1 日起已正式实行处方药与非处方药分类管理,这是我国药品监督管理模式的一项重大改革。处方药与非处方药的广告宣传是药品分类管理工作的重要内容。2001 年 1 月 20 日国家药监局、国家工商局联合发布了《关于加强处方药广告审查管理工作的通知》,强调处方药广告"只能在医药专业媒介发布"。

4.禁止发布的药品广告

下列药品属于禁止发布之列:麻醉药品、精神药品、医疗用毒性药品、放射性药品等特殊药品,药品类易制毒化学品,以及戒毒治疗的药品。

(三)农药、兽药、饲料和饲料添加剂广告

农药、兽药、饲料和饲料添加剂广告不得含有下列内容:表示功效、安全性的断言或者保证;利用科研单位、学术机构、技术推广机构、行业协会或者专业人士、用户的名义或者形象做推荐、证明,说明有效率;违反安全使用规程的文字、语言或者画面;法律、行政法规规定禁止的其他内容。

(四)烟草广告

禁止在大众传播媒介或者公共场所、公共交通工具、户外发布烟草广告。禁止向未成年人发送任何形式的烟草广告。

禁止利用其他商品或者服务的广告、公益广告,宣传烟草制品名称、商标、包装、装潢以及类似内容。

烟草制品生产者或者销售者发布的迁址、更名、招聘等启事中,不得含有烟草制品名称、商标、包装、装潢以及类似内容。

（五）其他广告

1. 教育、培训广告

教育、培训广告不得含有下列内容：

（1）对升学、通过考试、获得学位学历或者合格证书，或者对教育、培训的效果做出明示或者暗示的保证性承诺。

（2）明示或者暗示有相关考试机构或者其工作人员、考试命题人员参与教育、培训。

（3）利用科研单位、学术机构、教育机构、行业协会、专业人士、受益者的名义或者形象做推荐、证明。

2. 招商类广告

招商等有投资回报预期的商品或者服务广告，应当对可能存在的风险以及风险责任承担有合理提示或者警示，并不得含有下列内容：

（1）对未来效果、收益或者与其相关的情况做出保证性承诺，明示或者暗示保本、无风险或者保收益等，国家另有规定的除外。

（2）利用学术机构、行业协会、专业人士、受益者的名义或者形象做推荐、证明。

3. 房地产广告

房地产广告，房源信息应当真实，面积应当标明为建筑面积或者套内建筑面积，并不得含有下列内容：

（1）升值或者投资回报的承诺。

（2）以项目到达某一具体参照物的所需时间表示项目位置。

（3）违反国家有关价格管理的规定。

（4）对规划或者建设中的交通、商业、文化教育设施以及其他市政条件做误导宣传。

二、关于广告的审查

广告审查是指在广告发布前，对广告的内容依照法律、行政法规的规定，进行审核的活动。

发布医疗、药品、医疗器械、农药、兽药和保健食品广告，以及法律、行政法规规定应当进行审查的其他广告，应当在发布前由有关部门（以下称广告审查机关)对广告内容进行审查;未经审查,不得发布。

广告主申请广告审查,应当依照法律、行政法规向广告审查机关提交有关证明文件。

广告审查机关应当依照法律、行政法规规定做出审查决定,并应当将审查批准文件抄送同级工商行政管理部门。广告审查机关应当及时向社会公布批准的广告。

任何单位或者个人不得伪造、变造或者转让广告审查批准文件。

三、我国有关广告产业管理的法律责任

关于广告产业管理的法律责任主要有以下几个方面。

(一)刑事法律责任

有下列行为之一,构成犯罪的,依法追究刑事责任:

(1)利用广告对商品或服务做虚假宣传的。

(2)发布的广告有禁载内容的。

(3)广告主提供虚假证明文件的。

(4)广告监督管理机关和广告审查机关的工作人员玩忽职守、滥用职权、徇私舞弊的。

(二)行政法律责任

关于广告产业管理的行政法律责任主要有以下几个方面。

1. 行政处罚

行政处罚种类包括:罚款、没收非法所得、责令停业、吊销营业执照或经营许可证等。根据《广告法》,部分处罚如下:

(1)发布虚假广告的,由工商行政管理部门责令停止发布广告,责令广告主在相应范围内消除影响,处广告费用3倍以上5倍以下的罚款,广告费用无法计算或者明显偏低的,处20万元以上100万元以下的罚款;两年内有三次以上违法行为或者有其他严重情节的,处广告费用5倍以上10倍以下的罚款,广告费用无法计算或者明显偏低的,处100万元以上200万元以下的罚款,可以吊销营业执照,并由广告审查机关撤销广告审查批准文件、一年内不受理其广告审查申请。

医疗机构有前款规定违法行为,情节严重的,除由工商行政管理部门

依照本法处罚外,卫生行政部门可以吊销诊疗科目或者吊销医疗机构执业许可证。

广告经营者、广告发布者明知或者应知广告虚假仍设计、制作、代理、发布的,由工商行政管理部门没收广告费用,并处广告费用3倍以上5倍以下的罚款,广告费用无法计算或者明显偏低的,处20万元以上100万元以下的罚款;两年内有三次以上违法行为或者有其他严重情节的,处广告费用5倍以上10倍以下的罚款,广告费用无法计算或者明显偏低的,处100万元以上200万元以下的罚款,并可以由有关部门暂停广告发布业务、吊销营业执照、吊销广告发布登记证件。

关系消费者生命健康的商品或者服务的虚假广告,造成消费者损害的,其广告经营者、广告发布者、广告代言人应当与广告主承担连带责任。

(2)有下列行为之一的,由工商行政管理部门责令停止发布广告,对广告主处20万元以上100万元以下的罚款,情节严重的,并可以吊销营业执照,由广告审查机关撤销广告审查批准文件,一年内不受理其广告审查申请;对广告经营者、广告发布者,由工商行政管理部门没收广告费用,处20万元以上100万元以下的罚款,情节严重的,并可以吊销营业执照、吊销广告发布登记证件。

①发布禁止情形的广告的;

②违反规定发布处方药广告、药品类易制毒化学品广告、戒毒治疗的医疗器械和治疗方法广告的;

③违反规定发布声称全部或者部分替代母乳的婴儿乳制品、饮料和其他食品广告的;

④违反规定发布烟草广告的;

⑤违反规定,利用广告推销禁止生产、销售的产品或者提供的服务,或者禁止发布广告的商品或者服务的;

⑥违反规定,在针对未成年人的大众传播媒介上发布医疗、药品、保健食品、医疗器械、化妆品、酒类、美容广告,以及不利于未成年人身心健康的网络游戏广告的。

(3)有下列行为之一的,由工商行政管理部门责令停止发布广告,对广告主处10万元以下的罚款。

①广告内容违反广告内容准则规定的;

②广告引证内容违反《广告法》第十一条规定的；

③涉及专利的广告违反《广告法》第十二条规定的；

④违反《广告法》第十三条规定，广告贬低其他生产经营者的商品或者服务的。

广告经营者、广告发布者明知或者应知有前款规定违法行为仍设计、制作、代理、发布的，由工商行政管理部门处 10 万元以下的罚款。

(4)广告代言人有下列情形之一的，由工商行政管理部门没收违法所得，并处违法所得 1 倍以上 2 倍以下的罚款。

①违反《广告法》第十六条第一款第(四)项规定，在医疗、药品、医疗器械广告中做推荐、证明的；

②违反《广告法》第十八条第一款第(五)项规定，在保健食品广告中做推荐、证明的；

③违反《广告法》第三十八条第一款规定，为其未使用过的商品或者未接受过的服务做推荐、证明的；

④明知或者应知广告虚假仍在广告中对商品、服务做推荐、证明的。

(5)广播电台、电视台、报刊音像出版单位发布违法广告，或者以新闻报道形式变相发布广告，或者以介绍健康、养生知识等形式变相发布医疗、药品、医疗器械、保健食品广告，工商行政管理部门依照《广告法》给予处罚的，应当通报新闻出版广电部门以及其他有关部门。新闻出版广电部门以及其他有关部门应当依法对负有责任的主管人员和直接责任人员给予处分；情节严重的，并可以暂停媒体的广告发布业务。

新闻出版广电部门以及其他有关部门未依照前款规定对广播电台、电视台、报刊音像出版单位进行处理的，对负有责任的主管人员和直接责任人员，依法给予处分。

2.行政处分

有以下行为的，要进行行政处分：

(1)广告审查机关对违法的广告内容做出审查批准决定的。直接负责的主管人员和其他直接责任人员，由其所在单位、上级机关、行政监察部门依法给予行政处分。

(2)广告监督管理机关和广告审查机关的工作人员玩忽职守、滥用职权、徇私舞弊的，给予行政处分。

（三）民事法律责任

有以下行为的要承担民事法律责任。

（1）发布虚假广告，欺骗和误导消费者，使购买商品或接受服务的消费者的合法权益受到损害的，由广告主依法承担民事责任。

广告经营者和广告发布者明知或应知广告虚假设计、制作、发布的，应依法承担连带责任。广告经营者、广告发布者不能提供广告主的真实名称、地址的，应承担全部民事责任。社会团体或其他组织，在虚假广告中向消费者推荐商品或服务，使消费者的合法权益受到损害的，应依法承担连带责任。

（2）广告主和广告经营者以及广告发布者有下列侵权行为之一的，依法承担民事责任。

①在广告中损害未成年人和残疾人的身心健康的；

②假冒他人专利的；

③贬低其他生产经营者的商品或服务的；

④广告中未经同意使用他人名义、形象的；

⑤其他侵犯他人合法民事权益的。

第三节　广告产业政策法规典型案例

为了帮助大家理解广告产业的相关政策法规，认识广告产业政策法规的特点和规律，本节选择了几个典型的案例进行分析，希望通过学习与讨论，使大家得到一些启示。

一、广告语是否构成不正当竞争

‖案情简介

2012年11月30日，G集团以凉茶J涉嫌虚假宣传行为，构成不正当竞争为由向广州市中级人民法院提起诉讼，矛头直指"凉茶W改名为凉茶J""全国销量领先的红罐凉茶改名为J"等宣传行为。G集团在起诉书中请求法院判令被告停止侵害行为,公开道歉并赔偿损失共 1080 万元。此外,G 集团还同时向法院申请诉中禁令,要求被告立即停止使用上述广告词。

广州市中院于 2013 年 1 月 31 日下发诉中禁令,裁定 J 公司立即停止使用"凉茶 W 改名为凉茶 J"以及"全国销量领先的红罐凉茶改名为 J"或与之意思相同、相近似的广告语进行广告宣传的行为。J 不服该裁定,向法院申请复议。2 月 28 日,广州市中院做出复议决定书,驳回 J"诉中禁令"的复议申请,并要求 J 三日内撤回所有被禁止发布的广告。

此后,J 于 3 月推出新版广告"中国每卖 10 罐凉茶,7 罐 J"。5 月,W 方面再度状告 J"中国每卖 10 罐凉茶,7 罐 J"涉嫌虚假宣传,并在湖南、重庆、广东三地立案。与此前一样,G 集团再次向法院申请诉中禁令。

8 月 6 日,广州市中院召开诉中禁令听证会,双方就 J 是否是涉案广告语制作和发布者,涉案广告是否构成虚假广告等争议焦点进行辩论。庭审中 G 集团针对诉请称,作为被告一的 J 公司,在广告宣传中极力推广的两句广告词,是虚假宣传,构成不正当竞争。"改名"顾名思义是指更换原来的名字,原来的名字被弃用了,不存在了。而事实上 W 凉茶一直都是存在的,一直没有改名。被告一这么做的目的是将红罐 J 与原来的红罐 W 之间画上等号,向消费者传递一个错误的信息:原来的红罐 W 已经改名 J,W 这个名字被弃用了,不存在了。这是在故意贬低原告的 W 凉茶品牌。

W 还指出,作为被告二的店铺经营者彭某,在其店面的玻璃幕墙上大面积张贴含有"全国销量领先的红罐凉茶改名为 J"字样的巨幅广告,且在其商店的醒目位置销售外包装含有"全国销量领先的红罐凉茶改名为 J"字样的 J 品牌凉茶行为是虚假宣传行为,构成对原告的不正当竞争侵权。

而 J 方面在庭审中表示,关于广告语"全国销量领先的红罐凉茶改名为 J",我方确实做过这个广告。但这条广告不存在任何误导成分。"红罐""红罐凉茶"是我方知名商品特有名称,有唯一指向性,就是指向 J 产品。"全国销量领先"是一个限定词,我方产品一直以来都是市场销量第一,不存在任何误导,原告用大量证据证明我方做了这个广告,其必须证明我方广告做了什么误导效果。

综合双方的诉辩意见后,审判长归纳了该案的四个争议焦点:一是原告起诉主体资格问题,即原告与被诉行为有何法律上的联系。二是关于实体问题,分为以下两个部分:被告一有无使用"凉茶 W 改名凉茶 J"或与之意思相同、相近的广告语,"凉茶 W 改名凉茶 J"或与之意思相同、相近的广告语是否构成虚假宣传;被告一、二有无使用"全国销量领先的红罐凉茶改名凉茶 J"或与之意思相同、相近广告语的广告语,"全国销量领先的红罐凉茶改名为 J"或与之意思相同、相近的广告语是否构成虚假宣传。三是原告要求被告一赔偿损失 1000 万元有何事实和法律依据;原告合理费用的赔偿请求有何事实和法律依据。四是关于道歉,原告要求被告一在相关网页、报纸公开道歉的事实和法律依据。

广州市中级人民法院对该案进行一审宣判。法院审理认定"全国销量领先的红罐凉茶改名为 J"等是虚假广告。法院认为,J 的行为已违背了反不正当竞争法所倡导的诚实信用原则。J 公司的虚假宣传行为已侵害了同为凉茶饮料经营者广药集团的权益,扰乱了市场秩序,构成了对同业竞争者广药集团的不正当竞争。

法院一审判决:J 公司于判决生效之日起立即停止使用"全国销量领先的红罐凉茶改名为 J"等广告语进行广告宣传的行为,并立即销毁使用了上述广告语的宣传物品;J 公司赔偿广药集团经济损失 1000 万元及合理费用 813250 元;J 公司在《广州日报》A1 版、人民网首页刊登声明,向广药集团公开赔礼道歉。

▌案情评析

此案件的焦点在于:J 的广告语是否构成了引人误解的虚假宣传,即涉及《反不正当竞争法》第九条的规定。

像"全国销量领先的红罐凉茶改名为 J"广告语纠纷一案中,判断 J 是否构成虚假宣传的关键词就是"改名"。由于 J 不可以再生产 W 并非是改名,而是许可合同到期,因此此广告语可以判定为是虚假宣传,可能误导消费者,让其以为 W 改名为 J。而且,W 一直以来积累的口碑等优势都被 J 获得。因此,J 这么做明显是侵犯了 W 的合法权益,属于不正当竞争。

来源:章宁旦:《广药诉加多宝:广告语是否构成不正当竞争引激辩》,《法制日报》,2013 年 9 月 4 日

二、明星代言虚假广告——某一线明星代言 BW 洗发水

▌案情简介

BW 洗发水曾经因为被香港《壹周刊》曝出含有致癌物质二恶烷而受到广泛关注。此后虽然国家质检总局在其官网发布公告,表示"BW 相关产品的抽查样品中,二恶烷含量水平不会对消费者健康产生危害",然而,《壹周刊》的"打假"仍给 BW 洗发水带来不小的负面影响。虽然早在 2010 年,BW 集团就向香港高等法院提起诉讼,控告《壹周刊》对 BW 洗发水的报道存在"恶意中伤,诽谤",但以此事件为转折点,BW 洗发水产销量大幅削减,BW 集团最新发布的业绩报告显示,"二恶烷"事件后已连续亏损多年。广告里某一线明星介绍他是首次接拍洗发水广告,而且先是拒绝接拍,试用后"我证实它们是中药的,而且没有那种化学成分"。

洗头水"不含化学成分"乍一听起来似乎没错,因为时下到处可见"纯天然""无化学成分"等宣传口号。有网友笑称脑筋稍微转一下弯,就会发现这是个常识性错误:"没有化学成分,那不是连肥皂都不如了吗?"业内人士表示:"有些东西确实是天然的好,比如瓜果梨桃,但并不是任何一种产品都可以这么宣传。洗发水必然含有化学成分,否则无法把脏物洗掉,这是一个常识,消费者花了钱,恰恰要买的就是这个'化学成分'。"记者也了解到,该一线明星代言的某洗发水的配方里有皂角、首乌、人参、姜汁、薄荷、侧柏液等,单是皂角就含有黄酮甙等多种化学成分。

有网友透露,该一线明星代言的该产品原来只卖十几元,被其代言后翻了几倍成了贵族品牌。"应该说,越是大牌明星,蛊惑力就越强,该一线明星的公信力,成了忽悠消费者的绝佳武器。""差价给了谁?毫无疑问其中很大一部分是买该一线明星这个形象的钱。邀请一个明星做形象代言人,必然要有一定的资金投入,因此这个差价就转嫁到消费者身上了。"

▌案情评析

就某一线明星代言 BW 洗发水的案件,虽然打假没有经过官方印证,但是也给 BW 公司造成了不可估量的损失。社会对于广告的监管与消费者权

益息息相关,也有助于官方依法惩治虚假广告、净化广告环境。因此,我们应该支持社会民众这种自发的、民间的打假行为。但是,要注意的是,消费者自发的打假必须在得到权威部门的认证后,才可以公之于众。这不仅是对消费者负责,更是对有关企业负责。

明星名人代言虚假广告的案件非常之多,对于这些虚假代言广告,国家与社会应该严厉打击并给予相应的惩罚(包括企业与明星名人),拒绝企业依靠明星名人效应向公众传播虚假广告,从而侵害消费者的权益。

来源:《成龙代言洗发水广告被指使用语言误导》,《重庆晚报》,2006 年 8 月 9 日

讨论与思考题

1.怎样理解广告产业政策法规的发展?
2.广告准则中最主要的内容有哪些?
3.对下述案例进行分析并点评。

案 例

案例一:某牙膏品牌涉虚假广告被开天价罚单

上海市工商局 2015 年 3 月 9 日披露,因构成虚假广告,某双效炫白牙膏被处罚 603 万元,这是我国当时针对虚假违法广告的最大罚单。

某品牌在其电视广告中宣称,使用某双效炫白牙膏,只需一天,牙齿真的白了。然而,根据上海市工商局的调查,电视画面中突出显示的美白效果是后期通过电脑修图软件过度处理生成的,并非牙膏的实际使用效果。这也是国内虚假违法广告处罚案件中金额最大的一起。上海市工商局广告处处长缪钧表示,这一数额是行政部门根据广告法,按照广告费用的一定比例进行处罚的。

业内人士表示,牙膏的作用一般是清洁,偶尔有防酸或脱敏等功能,美白实际上很难做到。根据国家已经实施的《功效型牙膏标准》,必须出具"功效作用验证报告"才能宣传功效。广告中使用 PS 技术可以理解,但如果将

PS技术过度地用于广告标的,就属于违反规定,违反广告标的必须维持真实性的原则。

来源:http://news.xinhuanet.com/fortune/2015-03/10/c_127563364.htm

案例二:整容广告侵犯明星肖像权——某著名歌星被代言整容广告

未经自己的允许,照片却被用于整容手术广告宣传。某著名歌星以肖像权、名誉权被侵害为由,将北京某国际投资有限公司及北京某医疗美容医院有限公司诉至北京市朝阳区人民法院,以肖像权、名誉权被侵害为由索赔56万余元。

该歌星诉称,2012年7月,她获悉某公司在其下辖网站的网页中,擅自使用其多幅照片用于"鼻头肥大缩小术,让美丽与你同行;大腿吸脂应该怎么做;手臂吸脂方法,拥有理想手臂"等整形美容类医疗手术的商业广告宣传。而上述广告的受益方为某医疗美容院。2013年3月,该歌星委托律师向被告致送律师函,但沟通未果。

该歌星表示,作为知名艺人,其肖像已经具有了较高的商业代言价值。而被告出于营利目的,未经允许擅自使用其照片,使其蒙受了许多误解,给其造成了极大的经济损失和精神损害。故诉至法院,要求立即停止侵害,公开赔礼道歉,赔偿经济损失42万元、精神损失14万元以及维权成本合理开支6000元。

来源:http://ent.sina.com.cn/s/h/2013-07-14/15223963712.shtml

第八章　文物艺术品市场政策法规与典型案例

文物市场是文化产业的一个重要组成部分。为了加强对文物的保护，继承中华民族优秀的历史遗产，促进科学研究工作，进行爱国主义教育和革命传统教育，建设社会主义精神文明和物质文明，我国先后制定了一系列政策法规，保证了文物市场的健康发展。

第一节　文物艺术品市场政策法规概述

一、文物市场政策法规

中国对古物的收藏和保护历来十分重视，汉代就有"发冢者诛"的规定，《大明律》中也规定："若于官私地内掘得埋藏之物者……若有古器、钟鼎、符印异常之物，限三十日送官，违者杖八十，其物入宫。"这说明在明代已明确规定地下文物归国家所有了。不过真正的文物保护则始于20世纪，1930年国民政府公布了《文物保存法》，并成立中央古物保管委员会，这是中国历史上第一个文物保护法规和第一个国家设立的专门保护管理文物的机构。但是由于没有形成一个有效的管理体制，而且各地并未设置与之相应的文物管理机构，长期以来，全国各地的文物没有得到很好的管理。

中华人民共和国成立之后，国家颁布了一系列保护文物的政策法规，如20世纪50年代初颁布的《禁止珍贵文物图书出口暂行办法》《古文化遗产及古墓葬调查发掘暂行办法》《关于保护古文化建筑的指示》《文化部、中华全国供销合作总社关于加强保护文物工作的联合通知》等。同时在中国社科院成立考古研究所，全国各地建立了文物保护管理的专门机构。20

世纪 60 年代初国务院颁布了《文物出口鉴定标准的几点意见》《文物保护管理暂行条例》《文化部关于博物馆、图书馆可以根据本身业务需要直接收购文物、图书的通知》《文物保护单位保护管理暂行办法》《古遗址古墓葬调查发掘暂行管理办法》等政策,基本上确立了我国在相当长的一段时期内文物保护的基本思路和框架,对我国文物保护影响深远。

1973 年 6 月 16 日,国家文物局发布了《关于进一步加强保护古窑址的通知》。同年 8 月 1 日国家文物局又发布《关于进一步加强考古发掘工作的管理的通知》,提出了对古代窑址和考古发掘工作加强保护和管理。

1974 年 12 月 16 日,国务院批转了外贸部、商业部、国家文物局《关于加强文物商业管理和贯彻执行文物保护政策的意见》的通知,要求文物商业市场归口经营,统一收购、统一价格、加强管理,这个文件加强了对文物商业市场的管理,对于贯彻执行文物保护政策,打击文物走私、投机倒把活动,防止珍贵文物外流都起到了积极的作用。

"文化大革命"之后,国家文物局先后颁布了《对外国人、华侨、港澳同胞携带、邮寄文物出口鉴定、管理办法》《博物馆一级藏品鉴选标准(试行)》《拓印古代石刻的暂行规定》《文物商店工作条例(试行)》《海关总署、国家文物局关于发布加强文物出口监管公告的通知》《国家文物局关于博物馆涉外工作的通知》等一系列政策文件,加强了对文物出口、收藏、买卖的监管。

1982 年 11 月全国人民代表大会常务委员会公布了《文物保护法》,确立了文物保护的基本原则,使文物保护管理工作走上了法制化管理的轨道。1987 年之后出台了《关于进一步加强文物工作的通知》《关于打击盗掘和走私文物活动的通知》《关于办理盗窃、盗掘、非法经营和走私文物的案件具体应用法律的若干问题的解释》《中华人民共和国水下文物保护管理条例》,对于打击盗窃馆藏文物、盗掘古文化遗址和墓葬以及走私文物的犯罪活动起到了重要作用。

为适应新形势的需要,1996 年国家先后颁布了《中华人民共和国拍卖法》和《文物拍卖管理办法》《关于依法没收、追缴文物的移交办法》《文物事业单位财务管理办法》《国家重点文物保护专项补助经费使用管理本法》等法规草案。随着社会经济的迅速发展,在文物保护管理中,出现了一些新的情况和问题,因此《文物保护法》在 1991 年、2007 年、2013 年和 2015 年分别进行了修订。2003 年 7 月 1 日又颁布了《中华人民共和国文物保护法实施条例》，这标志着我国文物法制建设和文物保护工作进入了一个新的发展阶段。

同时，为了加强对博物馆工作的管理，文化部先后颁布实施了《博物馆安全保卫工作规定》《博物馆藏品管理办法》《文物藏品定级标准》《文物保护工程管理办法》等政策，加强了博物馆藏品的保护管理，充分发挥了藏品的作用，促进了博物馆事业的发展。2005 年 12 月 22 日，文化部发布了《博物馆管理办法》，自 2006 年 1 月 1 日起施行。这样在博物馆管理方面的政策也逐步完善。

2015 年 2 月，国务院令第 659 号公布《博物馆条例》，这是我国博物馆行业第一个全国性法规文件，以促进博物馆事业发展，发挥博物馆功能，满足公民精神文化需求，提高公民思想道德和科学文化素质。《博物馆条例》分为总则，博物馆的设立、变更与终止，博物馆管理，博物馆社会服务，法律责任，附则 6 章 47 条，自 2015 年 3 月 20 日起施行。《博物馆条例》根据全面深化改革的新形势和我国博物馆事业发展的实际情况，针对亟待解决的主要问题做出规定，为促进我国博物馆事业健康发展提供法制保障。明确了国家对非国有博物馆的支持；推行博物馆理事会制度，鼓励社会参与博物馆的建设、管理、监督，并且使之形成制度化；明确和强调了博物馆的教育、研究和欣赏的这种功能，并且把教育功能放在首位；要求加强藏品尤其是文物藏品的保护和管理，针对藏品的取得、安全保护、使用管理等分别做出规定；对于属于文物或者古生物化石的藏品，与有关文物保护、古生物化石保护的法律、行政法规做了衔接；为提升博物馆的社会服务水平，《博物馆条例》在保证开放时间、鼓励免费开放、规范陈列展览主题和内容等方面做出要求；鼓励博物馆多渠道筹措资金促进自身发展；鼓励博物馆挖掘藏品内涵，与文化创意、旅游等产业相结合，开发衍生产品，增强博物馆发展能力。

2016 年 3 月，国务院印发《关于进一步加强文物工作的指导意见》（以下简称《文物工作指导意见》），围绕当前文物工作中存在的突出问题，在落实责任、加强保护、拓展利用、严格执法等方面做出了部署。《文物工作指导意见》要求，各级人民政府要进一步提高对文物保护重要性认识，依法履行管理和监督责任。地方人民政府要切实履行文物保护主体责任，将其作为地方领导班子和领导干部综合考核评价的重要参考。各级文物行政部门要深化行政管理体制改革,转变职能,强化监管,守土尽责,敢于担当。各相关部门要在加强行政执法、打击犯罪等方面的协调配合,依法履行文物保护职责。《文物工作指导意见》提出,文物工作要为培育和弘扬社会主义核心价值观服务、为保障人民群众基本文化权益服务、为促进经济社会发展服务、为扩大中华文化影响力服务。要健全国家文物登录制度,建立国家文物资源总目录和数据资源库。要完善文物保护法律法规,加快推进文物保护法修订;强化文物督察,完善监督机制;加强文物执法工作,落实执法责任;严格责任追究,建立文物保护责任终身追究制。《文物工作指导意见》在总结近年来文物工作实践的基础上,围绕当前文物工作存在的突出问题,着眼破除影响文物事业发展的体制机制障碍,提出了一些硬性措施,是指导新时期文物工作的纲领性文件。

二、艺术品市场政策法规

中华人民共和国成立之初,我国的艺术领域曾经一度繁荣,但是由于特殊的政治形势,艺术领域的政策与法规建设一直滞后。1962 年 4 月,中共中央批转中宣部的《关于当前文学艺术工作的若干问题的意见(草案)》发布执行,主要内容包括贯彻执行"百花齐放""百家争鸣"的方针,正确开展文艺批评,批判地继承民族遗产和吸收外国文化等,被称为文艺界的一部"宪法",有力地推动了我国艺术的发展。

1978 年改革开放之后,我国的艺术领域再度繁荣起来,艺术领域的政策与法规建设开始起步。为了加强美术品经营活动的管理,1979 年文化部下发《关于加强国画展销、收售、出口管理试行办法的通知》,1980 年国务院批转了《文化部关于整顿国画收售混乱情况的报告》,这在一定程度上制止了当时美术品经营上的混乱局面,规范了市场秩序,保证了市场的健康发展。

为了开创社会主义艺术事业的新局面,推动我国艺术产业的改革与创新,努力提高精神产品的质量,在 1985 年 1 月 1 日起实施的《艺术创作基金暂行条例》中,文化部决定设立艺术创作基金,以鼓励艺术创作。1990 年出台《文化艺术品出国(境)和来华展览管理办法》《关于加强引进外国艺术表演和艺术展览管理的意见》,这些对于加强涉外文化艺术展览管理起到了重要作用。

为了加强城市建设和管理,维护城市的艺术形象,1993 年 9 月 14 日,文化部和建设部发布《城市雕塑建设管理办法》。同年 9 月 15 日文化部发布《关于加强美术市场管理工作的通知》和《文化部关于加强美术品出厂管理工作的通知》,对美术品经营活动和美术品出厂进行了规范和监督管理,抑制了美术品经营的混乱状况。10 月 12 日文化部又颁布了《文化艺术品出国和来华展览管理细则》,加强了对文化艺术品进出境展览的归口管理,对于主办跨国展览的单位做了资格限定,也明确规定了相应的报批程序。

1994 年 11 月 25 日发布施行的《美术品经营管理办法》是当时艺术品市场管理的重要依据,它对于培育和繁荣中国的美术品市场,逐步规范市场秩序起到了重要的推动作用。

1997 年 2 月 14 日,海关总署发布《中华人民共和国海关对进口展览品管理办法》,规定了进口展览品须向海关总署申报的具体程序。主要内容包括:明确了进口展览品的范围;规定了进口展览品举办单位应将有关的批准文件,事先抄送展出地海关并备案;还规定了进口展览品应履行的手续等。同年 8 月 1 日文化部发布了《文化部涉外文化艺术表演及展览规定》,明确了文化部负责全国涉外文化艺术表演及展览活动的归口管理和宏观调控的职能,规定了申请从事涉外商业和有偿文化艺术表演及展览(展销)活动资格的经营机构和经营场所所需具备的条件及其资格认定程序,并制定了相应的处罚措施。这些政策与法规为艺术品进出境的管理提供了依据,虽然当时在很多方面仍需完善,但在一定程度上避免了艺术品进出境的随意性,促进了艺术交流,有力遏制了民族艺术精品的流失。此后,国务院有关部门又相继颁布了《传统工艺美术保护条例》《关于加强美术展览活动广告管理的通知》《艺术档案管理办法》等,加强了对传统工艺美术的保护和对美术展览活动广告及艺术品档案的管理。

随着美术品市场的不断发展,1994 年 11 月 25 日颁布的《美术品经营管理办法》已经不能适应客观需要,为配合《行政许可法》的颁布实施,2004 年 7 月 1 日修订后的《美术品经营管理办法》颁布实施,先后取消了美术品经营单位的审批、美术品拍卖单位和拍卖活动的审批以及国内美术品展览、比赛的审批,将文化行政部门的角色定位为“制定美术品市场的发展规划”,强调由市场来调节美术品经营者的行为;并且进一步降低了准入条件,首次允许外资进入,对经营主体的限制减少。《美术品经营管理办法》的颁布对转变文化行政管理部门职能,引导美术品经营单位规范执业,保护创作者的知识产权,建立艺术品市场信用管理体系,建立美术品经营单位信用档案制度起到了积极的作用。

2016年1月18日,文化部印发《艺术品经营管理办法》,分总则、经营规范、艺术品进出口经营活动、法律责任、附则5章26条,自2016年3月15日起施行,以加强对艺术品经营活动的管理,规范经营行为,繁荣艺术品市场,保护创作者、经营者、消费者的合法权益。这里所称艺术品,是指绘画作品、书法篆刻作品、雕塑雕刻作品、艺术摄影作品、装置艺术作品、工艺美术作品等及上述作品的有限复制品,不包括文物。2004年7月1日公布的《美术品经营管理办法》同时废止。

文化部文化市场司副司长马峰对上述行为进行了解读。现行《美术品经营管理办法》是在1994年版本的基础上,于2004年修订的。随着形势的发展,原办法已不能适应新时期我国艺术品市场管理与发展的需要:一是部分条款不符合国家简政放权的要求;二是近年来艺术品网络化、金融化趋势明显,但这些领域还是监管空白;三是对艺术品市场存在的制假售假、虚假鉴定、虚高评估、交易不透明、不规范等问题缺乏有效的约束条款;四是对于2013年国务院将美术品进出口经营活动审批下放至省级文化行政部门且国务院对艺术品份额化交易等方面做出了规定,但《美术品经营管理办法》还没有做出相应调整。本次修订《艺术品经营管理办法》的总体思路以落实国务院关于简政放权、放管结合、优化服务的要求为出发点,在明确监管对象、放宽市场准入、强化主体责任、划清行业底线、开展信用管理、加强事中事后监管等方面对现行办法进行修订。

《艺术品经营管理办法》建立了多个新制度,以促进公开透明交易,保护消费者合法权益。一是明示担保制度,要求经营者明示艺术品作者、年代、尺寸、材料、价格等信息,有利于保障消费者的知情权,促进公平透明交易;二是尽职调查制度,艺术品消费者并非都是具有鉴别、鉴定能力的专业人士,因此经营者有责任应买受人要求,提供艺术品真实性证明;三是明确鉴定评估责任与义务,艺术品鉴定评估领域一直存在问题,明确鉴定评估责任与义务,有利于规范鉴定评估行为,维护市场公平竞争;四是信用监管制度,构建以信用监管为核心的事中事后监管体系,建立艺术品市场信用监管制度;五是专家委员会制度,对艺术品内容的认定具有较强专业性,建立专家委员会制度可以为政府管理部门执法及艺术品进出口内容审查提供专家专业意见。

第二节 文物政策法规主要内容

我国的文物保护确定了"保护为主,抢救第一,合理利用,加强管理"的文物管理方针,在此基础上制定了一系列政策与法规,主要有以下内容。

一、文物的概念及文物法保护的范围

从国家有关文物政策法规来看,首先界定了文物的概念和文物保护范围的相关问题。

(一)关于文物的概念

对于文物含义与文物管理的问题,有不同的解释,主要有以下内容。

1. 关于文物的概念和基本特征问题

文物是人类在社会历史发展进程中遗留下来的,由人类创造或与人类活动有关的一切有价值的物质遗存的总称。

文物基本特征表现为作为具体的物质遗存,首先必须是由人类创造的或与人类活动有关的;其次必须是已成为历史的过去,不可能再重新创造的。

2. 关于文物的年代下限问题

关于文物的年代下限问题,源于美国 1930 年的关税条例,该条例规定凡 1830 年以前制作的艺术品可以免税。从此之后在国际上很多国家就把 1830 年确定为文物的年代下限。1966 年美国通过了新的关税条例,又规定"自免税进口报单提出之日起,凡 100 年以前制作的文物"概予免税进口。因此 100 年以前制作的文物也就成为国际上通行的界定。但各国的情况不同,也有自己的规定。如希腊就把 1450 年作为文物年代下限,埃及则把文物下限确定为 1883 年。这些规定都是根据本国的具体情况来界定的。

我国曾把文物年代下限界定在清末,但在 1983 年颁布的《文物保护法》中又把文物的下限延伸到当代。《文物保护法》规定:"与重大历史事件、革命运动或著名人物有关的以及具有重要纪念意义、教育意义或史料价值的近代现代重要史迹、实物、代表性建筑"亦属于文物的范畴。例如 1958 年 5 月 1 日落成的人民英雄纪念碑,在 1961 年就被国务院列入为第一批全国重点文物保护单位。

(二)关于文物的分类与分级

文物的分类与分级问题关系到文物的保护和管理。因此下面做一个简要的介绍和分析。

1.关于文物分类的问题

我国的文物保护法把文物分为两大类:不可移动文物和可移动文物。所谓不可移动文物,一般是指其本体与群体、周围环境联系在一起,体量较大,不能或不宜整体移动的文物史迹,它主要包括古文化遗址、古墓葬、古建筑、石窟寺、石刻、壁画以及纪念性建筑、重要历史事件纪念地等;可移动文物是指体量小、重量轻,根据需要可以移动的文物,主要是指收藏文物和流散文物等。

2.关于文物分级的问题

根据文物的历史和艺术以及科学价值把不可移动文物,如古文化遗址、古墓葬、古建筑、石窟寺、石刻、壁画以及近现代重要史迹代表性建筑等,分别确定为全国重点文物保护单位、省级文物保护单位、市县级文物保护单位。把可移动文物,如历史上各时代的重要实物、艺术品、文献、手稿、图书资料、代表性实物等,分为珍贵文物和一般文物。珍贵文物可分为一级文物、二级文物、三级文物,具有重要历史、艺术、科学价值的为二级文物;具有比较重要历史、艺术、科学价值的为三级文物。具有一定历史、艺术、科学价值的为一般文物。

(三)文物法规保护的范围

根据文物法规的规定,在中华人民共和国境内,下列文物受国家保护:

(1)具有历史、艺术、科学价值的古文化遗址、古墓葬、古建筑、石窟寺和石刻、壁画。

(2)与重大历史事件、革命运动或著名人物有关的以及具有重要纪念

意义、教育意义或史料价值的近代现代重要史迹、实物、代表性建筑。

（3）历史上各时代珍贵的艺术品、工艺美术品。

（4）历史上各时代重要的文献资料以及具有历史、艺术、科学价值的手稿和图书资料等。

（5）反映历史上各时代、各民族社会制度、社会生产、社会生活的代表性实物。

具有科学价值的古脊椎动物化石和古人类化石同文物一样受国家保护。

二、文物所有权和文物管理

根据文物法规，对文物所有权和管理权有下列规定。

（一）关于文物的国家所有权问题

《文物保护法》明确规定：中华人民共和国境内地下、内水和领海中遗存的一切文物，属于国家所有。

古文化遗址、古墓葬、石窟寺属于国家所有。国家指定保护的纪念建筑物、古建筑、石刻、壁画、近代现代代表性建筑等不可移动文物，除国家另有规定的以外，属于国家所有。

国有不可移动文物的所有权不因其所依附的土地所有权或者使用权的改变而改变。

下列可移动文物，属于国家所有：

（1）中国境内出土的文物，国家另有规定的除外。

（2）国有文物收藏单位以及其他国家机关、部队和国有企业、事业组织等收藏、保管的文物。

（3）国家征集、购买的文物。

（4）公民、法人和其他组织捐赠给国家的文物。

（5）法律规定属于国家所有的其他文物。

属于国家所有的可移动文物的所有权不因其保管、收藏单位的终止或者变更而改变。

国有文物所有权受法律保护，不容侵犯。

属于国家所有的可移动文物的所有权不因其保管和收藏单位的终止

或变更而改变,这是一条重要原则。它是国家所有的可移动文物所有权不受侵犯的法律保障。保管和收藏单位虽然改变了,但可移动文物的国家所有权并没有改变,这样可以有效防止因保管和收藏单位变化而导致文物流失。

(二)关于集体所有权和私人所有权的问题

国家指定保护的纪念建筑物、古建筑、石刻、壁画、近代现代代表性建筑等不可移动文物,除国家另有规定的以外,属于国家所有。国家所有以外的文物所有权可以归集体和私人所有,如中华人民共和国成立前地方资本家的房舍、古民居、宗族祠堂、鼓楼等公共建筑物以及集体组织依法购买的传世文物和近现代艺术品,归集体所有,而有些继承的地主资本家的房舍、私人所有的古民居、名人故居及个人从合法渠道购买或在拍卖活动中竞购或继承的传世文物和近现代艺术品,归个人所有。

《文物保护法》规定:"属于集体所有和私人所有的纪念建筑物、古建筑和祖传文物以及依法取得的其他文物,其所有权受法律保护。"

具体来说,集体所有的文物,其所有权的主体是法定的群众集体组织,在允许的范围内有权独立自主地行使占有、使用、收益和处分的权利,但在行使权利时,不是集体组织的每个成员,而只能是集体组织的法人代表,而法人代表在行使权利时,必须遵守国家文物政策与法规的规定,接受文物行政部门的指导和监督及管理。私人所有文物所有权的主体是公民个人。凡一切公民,无论是否成年,是否具有行为能力,均具有公民个人的文物所有权主体资格,文物所有人对其所有的文物享有占有、使用、收益和处分的权利,并依法受到法律的保护,但在行使权利时,必须遵守国家文物政策与法规的规定。

三、文物保护单位和历史文化名城的保护与管理

近年来在全国各地经济建设和社会发展中,不断出现文物保护单位被地方处置、改变、破坏和拆除的现象。英国文物建筑学会认为,20世纪70年代以来的旧区改造所破坏的具有文物性质的建筑竟比第二次世界大战中被炮火摧毁的还要多。我国文物保护界相关人士也赞同这种说法,认为中国改革开放30多年来以建设的名义对旧城的破坏超过了以往100年。

由此看来,我国文物保护单位和历史文化名城的保护与管理任重而道远。

(一)关于国有文物保护单位与历史文化名城的公布和核定问题

国有文物在省级、市级、县级文物保护单位中,选择具有重大历史、艺术、科学价值的确定为全国重点文物保护单位,或直接确定为全国重点文物保护单位的,报国务院核定公布。省级文物保护单位,由省级人民政府核定公布,并报国务院备案。市级和县级文物保护单位,分别由设区的市、自治州和县级人民政府核定公布,并报省级人民政府备案。尚未核定公布为文物保护单位的不可移动文物,由县级人民政府文物行政部门予以登记并公布。

保存文物特别丰富并且具有重大历史价值或革命纪念意义的城市,由国务院核定公布为历史文化名城。保存文物特别丰富并且具有重大历史价值或革命纪念意义的城镇、街道、村庄,由省级人民政府核定公布为历史文化街区、村镇,并报国务院备案。

(二)关于文物保护和管理的问题

根据文物法规规定,文物保护和管理要做到:划定文物保护范围、做出标志说明、建立记录档案、设立保管机构。

1. 划定文物保护范围

文物保护范围是指为了文物保护单位的安全及其周围的环境风貌不受破坏,在文物保护单位之外划出一定的保护区域。保护范围的大小以文物保护单位价值的高低、文物保护单位形成的历史、类别、规模、位置、环境等情况而定,并以对文物保护单位的保护有利、对生产建设有利为出发点,因地制宜划出重点保护区和一般保护区。

2. 做出标志说明

文物保护单位必须竖立保护标志。标志标明的内容包括:级别,名称,颁发机关和日期,立标单位。其中全国重点文物保护单位由省级人民政府竖立标志,省级和县级文物保护单位由县级人民政府竖立标志。文物保护标志应竖立于较为醒目的地方。竖立方式可以因地制宜,以牢固和不易破坏为原则。

3. 建立记录档案

文物保护单位的建档工作主要包括文字记录、照片资料、绘图资料、拓片资料等,在条件许可的情况下,还需要录像、制作模型、拍电影或电视片等。

4.设立保管机构

文物保护单位,一般由所在地县级以上文化(文物)局和文物机构负责管理,其主要任务是负责对文物保护单位进行调查、保护、管理、维修、宣传陈列、科学研究等。

四、关于考古调查与发掘问题

根据文物法规的规定,考古调查与发掘必须严格按照下列的程序进行。

(一)考古发掘的申请与审批

考古发掘是指考古工作者对埋藏在地下的各种遗址和遗物进行发掘研究,以阐明古代的社会经济状况和物质文化面貌,进而揭示社会历史发展的一项工作。

一切考古发掘工作,必须履行报批手续;从事考古发掘的单位,应经国家文物局批准。地下埋藏的文物,任何单位或个人不得私自发掘。

(二)考古调查与发掘管理

关于考古调查与发掘管理的规定,有以下几个方面。

1.关于考古调查问题

考古调查是为了解地面、地下的古代文化遗存而进行的查阅文献、实地踏勘、采集标本并做出文字、绘图、摄影记录,提出勘探或考古发掘计划等工作。考古调查是文物行政管理部门的重要工作之一,既是考古发掘的准备工作,也是文物保护、管理、研究的基本建设工程。

2.关于考古发掘的分类问题

根据考古发掘的性质不同,可以把考古发掘分为主动发掘和被动发掘两类;根据其任务和目的的差异,主要有以下四种:为配合基本建设工程的发掘、抢救性发掘、为科学研究的发掘、为教学实习的发掘。

3.关于考古发掘管理问题

在考古发掘过程中,考古发掘单位应注意以下四点:

(1)在进行田野发掘时,考古发掘人员应严格按照文化部于 1984 年颁发、2008年修订的《田野考古工作规程》进行。

（2）发掘工作结束后，应及时对发掘现场做妥善处理，需保留发掘现场的要提出保护意见，并采取保护措施。

（3）做好出土文物、标本、资料的整理工作，及时编写发掘报告。

（4）做好出土文物的移交工作。

4. 关于对外国人在华进行考古调查发掘的规定问题

目前我国原则上不允许外国人在华进行考古调查发掘。《文物保护法》第三十三条规定："非经国家文物局报经国务院特别许可，任何外国人或外国团体不得在中华人民共和国境内进行考古调查、勘探、发掘。"但是外国人或外国团体可以采取同中国合作的方式进行考古调查、发掘工作。1991年1月颁布施行的《中华人民共和国考古涉外工作管理办法》第三条规定："任何外国组织、国际组织在中国境内进行考古调查、勘探、发掘都应采取与中国合作的形式。"

中外双方合作发掘需遵守以下原则：

（1）合作双方共同实施考古调查、勘探、发掘项目，并组成联合考古队，由中方专家主持全面工作。

（2）合作双方应在中国境内共同整理考古调查、勘探、发掘所获取的资料并编写报告。报告由合作双方共同署名，中方有权优先发表。

（3）合作考古调查、勘探、发掘活动所获取的文物、自然标本以及考古记录的原始资料，均归中国所有，并确保其安全。

（三）考古发掘出土文物的管理

根据文物法规的规定，对考古发掘出土文物的管理有以下内容。

1. 关于出土文物的保管与收藏

在考古调查和勘探以及发掘工作结束后，应将发掘结果和工作总结报告国家文物局和省文化（文物）局。考古发掘的文物应登记造册，妥善保管，按照国家有关规定移交给由省、自治区、直辖市人民政府文物行政部门或者国务院文物行政部门指定的国有博物馆、图书馆或者其他国有收藏文物的单位收藏。经省、自治区、直辖市人民政府文物行政部门批准，从事考古发掘的单位可以保留少量出土文物作为科研标本。特别强调指出：考古发掘的文物，属于国家所有，任何单位或个人不得侵占。

2.关于出土文物的调用

在保证文物安全的前提下,根据进行科学研究和充分发挥文物作用的需要,省文化(文物)局经本级人民政府批准,可以调用本行政区域内的出土文物;国家文物局经国务院批准,可以调用全国的重要出土文物。

调用文物主要有三种情况:

(1)为保证文物完全。有些地方博物馆安全设施不够完善,或缺乏保存有些易损文物的科技条件,为保证出土文物不受损失,将其调拨到设施完备的博物馆去就显得十分必要。

(2)为科学研究的需要。因为一个地方或一个单位的科研力量毕竟有限,对于有些重要的出土文物或特殊的出土文物,单靠一个单位的专业力量进行研究是有困难的,需要由各级文物行政部门组织有关方面的专家共同进行,为方便研究,有时需要调用出土文物。

(3)调用出土文物陈列展览。普及文物知识,进行文化交流,是充分发挥文物作用的重要方面。

五、文物经营管理和文物出入境管理

根据文物法规规定,文物经营管理和文物出入境管理有以下几个方面。

(一)关于民间文物收藏与文物经营管理的问题

民间收藏的文物,是指可移动文物,是古代流传下来的文物,不包括1949年以来的出土文物。出土文物属国家所有,不属于民间收藏的范围。

1.集体和私人拥有文物的合法来源

民间收藏的文物来源有以下情况:

(1)依法继承或接受赠与。

(2)从文物商店购买。

(3)从经营文物拍卖的拍卖企业购买。

(4)公民个人合法所有的文物相互交换或依法转让。

(5)国家规定的其他合法方式。

但是,公民和法人以及其他组织不得买卖下列文物:

(1)国有文物,除国家允许的外。

（2）非国有馆藏珍贵文物。

（3）国有不可移动文物中的壁画、雕塑、建筑构件等，但是依法拆除中的壁画、雕塑、建筑构件等不属此类。

（4）来源不符合规定的文物。

2.民间文物的管理和利用

国家鼓励文物收藏单位以外的公民和法人以及其他组织将其收藏的文物捐赠给国有文物收藏单位或出借给文物收藏单位展览和研究。国有文物收藏单位应尊重并按照捐赠人的意愿，对捐赠的文物妥善收藏、保管和展示。

国家禁止出境的文物，不得转让、出租、质押给外国人。

3.文物经营活动

（1）文物经营活动的主体。文物经营活动的主体主要是文物商店和经营文物拍卖的拍卖企业。除经批准的文物商店和经营文物拍卖的拍卖企业外，其他单位或个人不得从事文物的商业经营活动。

（2）文物的销售和拍卖。文物商店销售的文物，在销售前应经省文化（文物）局审核；对允许销售的，省文化（文物）局做出标识。

拍卖企业拍卖的文物，在拍卖前应经省文化（文物）局审核，并报国家文物局备案，省文化（文物）局不能确定是否可以拍卖的，应报国家文物局审核。

文物商店购买、销售文物，拍卖企业拍卖文物，应按照国家有关规定做出记录，并报原审核的文物行政部门备案。拍卖文物时，委托人、买受人要求对其身份保密的，文物行政部门应为其保密；法律、行政法规另有规定的除外。

（二）关于文物出入境管理问题

《文物保护法》对文物出入境管理有如下规定。

1.文物出境管理

国有文物、非国有文物中的珍贵文物和国家规定禁止出境的其他文物，不得出境；但是出境展览或因特殊需要经国务院批准出境的除外。文物出境展览，应报国家文物局批准；一级文物超过国务院规定数量（一级文物展品超过120件，或一级文物展品超过展品总数的20%）的，应报国务院批准。

一级文物中的孤品和易损品,禁止出境展览。未曾在国内正式展出的文物,不得出境展览。出境展览期间要确保文物安全。

出境展览的文物由文物进出境审核机构审核、登记。海关凭国家文物局或国务院的批准文件放行。出境展览的文物复进境,由原文物进出境审核机构审核查验。

2. 文物入境管理

文物临时进境,应向海关申报,并报文物进出境审核机构审核、登记。临时进境的文物复出境,必须经原审核、登记的文物进出境审核机构审核查验;经审核查验无误的,由国家文物局发给文物出境许可证,海关凭文物出境许可证放行。

六、馆藏法规

国家设立的文物收藏单位,如博物馆、图书馆、纪念馆等单位负责收藏保管国有可移动文物,其中博物馆是最主要的文物收藏单位。其他国家机关、部队和国有企业、事业组织等收藏、保管的可移动文物,也属于国家所有。国有文物收藏单位对藏品负有科学管理、科学保护、整理研究、公开展出和提供使用的责任。

(一)关于博物馆的设立问题

申请设立博物馆,应具备下列条件:

(1)具有固定的馆址,设置专用的展厅(室)、库房和文物保护技术场所,展厅(室)面积与展览规模相适应,展览环境适宜对公众开放。

(2)具有必要的办馆资金和保障博物馆运行的经费。

(3)具有与办馆宗旨相符合、一定数量和成系统的藏品及必要的研究资料。

(4)具有与办馆宗旨相符合的专业技术和管理人员。

(5)具有符合国家规定的安全和消防设施。

(6)能够独立承担民事责任。

(二)关于馆藏文物藏品的来源问题

文物藏品是国家宝贵的科学、文化财富,是博物馆业务活动的物质基础,博物馆应根据本馆的性质和任务搜集藏品。《文物保护法》第三十七条规定:"文物收藏单位可以通过下列方式取得文物:购买;接受捐赠;依法交换;法律、行政法规规定的其他方式。"此外,"国有文物收藏单位还可以通过文物行政部门指定本馆或调拨方式取得文物"。

(三)关于馆藏文物保管制度问题

文物馆藏的相关法规,具体规定如下。

1. 馆藏文物的建档

博物馆通过依法征集、购买、交换、接受捐赠和调拨等方式取得藏品,应在30日内登记入藏品总账。征集文物、标本时,必须注意搜集原始资料,认真做好科学记录,及时办理入馆手续,逐件填写入馆凭证或清册,组织有关人员认真进行鉴定,确定真伪、年代、是否入藏并分类、定名、定级。各种凭证每年装订成册,集中保存。

2. 馆藏文物的修复和复制及拍摄

(1)馆藏文物的修复。藏品修复时,不得任意改变其形状、色彩、纹饰、铭文等。修复前、后做好照相、测绘记录;修复前应由有关专家和技术人员指定修复方案;修复中要做好配方、用料、工艺流程等记录;修复工作完成后,这些资料均应归入藏品档案,并在编目卡片上注明。

(2)馆藏文物的复制。文物复制是指依照文物的体量、形制、色彩、质地等,基本采用原制作工艺复制与原文物相同的制品的活动。

(3)馆藏文物的拍摄。2001年6月7日,国家文物局制定并颁布了《文物拍摄管理暂行办法》,根据规定因制作出版物、音像制品以及其他各种需要而拍摄文物的活动必须履行报批手续,文物收藏、研究单位为研究和保管工作需要所进行的拍摄活动,普通观众在对社会开放的文物单位所进行的纪念拍摄活动,无须报批。

3. 馆藏文物的流动管理

国有文物收藏单位收藏的文物藏品禁止买卖,这是根据《文物保护法》关于"禁止国有文物收藏单位将馆藏文物赠与、出租或出售给其他单位、个人"的规定。但可以将馆藏文物通过调拨、借用和交换的方式进行流动。

(1)馆藏文物的调拨。国家文物局可以调拨全国的国有馆藏文物。省文化(文物)局可以调拨本行政区域内其主管的国有文物收藏单位馆藏文物;调拨国有馆藏一级文物,应报国家文物局备案。

(2)馆藏文物的借用。文物收藏单位应充分发挥馆藏文物的作用,通过举办展览、科学研究等活动,加强对中华民族优秀的历史文化和革命传统的宣传教育。国有文物收藏单位或其他单位举办展览、科学研究等需要借用馆藏文物的,应报主管的文物行政部门备案或批准;借用馆藏一级文物,应经国家文物局批准。文物收藏单位之间借用文物的最长期限不得超过3年。

(3)馆藏文物的交换。已经建立馆藏文物档案的国有文物收藏单位,经省、自治区、直辖市人民政府文物行政部门批准,并报国家文物局备案,馆藏文物可以在国有文物收藏单位之间交换。为了防止国有馆藏文物在交换、借用中流失,未建立馆藏文物档案的国有文物收藏单位,不得对其馆藏文物借用、交换。

(4)馆藏文物的流动管理。依法调拨、交换、借用国有馆藏文物,取得文物的文物收藏单位可以对提供文物的文物收藏单位给予合理补偿。国有文物收藏单位调拨、交换、出借文物所得的补偿费用,必须用于改善文物的收藏条件和搜集新的文物,不得挪作他用;任何单位或个人不得侵占。

依法调拨、交换、借用的文物必须严格保管,不得丢失、损毁。

(四)关于馆藏文物的安全管理制度问题

馆藏文物的安全管理制度包括:馆藏文物出入馆规定,馆藏文物出入库规定,馆藏文物提用规定,保管人员及有关人员出入库规定,馆藏文物库房管理规定,等等。

七、我国有关文物市场管理的法律责任

我国文物市场管理的相关法律和法规,有下列规定。

(一)刑事法律责任

在文物保护管理中,自然人侵犯了法律所调整的文物保护的社会关系,严重危害文物管理秩序,侵害了国有、集体和个人所有文物及其合法权益的犯罪行为,要承担相应的刑事法律责任。对于刑事责任的处罚,适用《刑法》的有关规定。

1. 盗掘古文化遗址与墓葬罪

《刑法》第三百二十八条规定,盗掘具有历史、艺术、科学价值的古文化遗址、古墓葬的,处 3 年以上 10 年以下有期徒刑,并处罚金;情节较轻的,处 3 年以下有期徒刑、拘役或管制,并处罚金;有下列情形之一的,处 10 年以上有期徒刑、无期徒刑或死刑,并处罚金或没收财产:

(1)盗掘确定为全国重点文物保护单位和省级文物保护单位的古文化遗址、古墓葬的。

(2)盗掘古文化遗址、古墓葬集团的首要分子。

(3)多次盗掘古文化遗址、古墓葬的。

(4)盗掘古文化遗址、古墓葬的,并盗窃珍贵文物或造成珍贵文物严重破坏的。

2. 故意损毁名胜古迹罪、故意损毁文物罪、过失损毁文物罪

《刑法》第三百二十四条规定,故意损毁国家保护的珍贵文物或者被确定为全国重点文物保护单位、省级文物保护单位的文物的,处 3 年以下有期徒刑或者拘役,并处或者单处罚金;情节严重的,处 3 年以上 10 年以下有期徒刑,并处罚金。故意损毁国家保护的名胜古迹,情节严重的,处 5 年以下有期徒刑或者拘役,并处或者单处罚金。过失损毁国家保护的珍贵文物或者被确定为全国重点文物保护单位、省级文物保护单位的文物,造成严重后果的,处 3 年以下有期徒刑或者拘役。

3. 非法出售与私赠文物藏品罪

《刑法》第三百二十七条规定,违反文物保护法规,国有博物馆、图书馆等单位将国家保护的文物藏品出售或私自送给非国有单位或个人的,对单位判处罚金,并对其直接负责的主管人员和其他直接责任人员,处 3 年以下有期徒刑或拘役。

4. 非法向外国人出售、赠送珍贵文物罪

《刑法》第三百二十五条规定,违反文物保护法规,将收藏的国家禁止出口的珍贵文物私自出售或私自赠送给外国人的,处 5 年以下有期徒刑或拘役,可以并处罚金。单位犯前款罪的,对单位判处罚金,并对其直接负责的主管人员和其他直接责任人员,依照前款的规定处罚。

5. 倒卖文物罪

《刑法》第三百二十六条规定,以牟利为目的,倒卖国家禁止经营的文

物,情节严重的,处5年以下有期徒刑或拘役,并处罚金;情节特别严重的,处5年以上10年以下有期徒刑,并处罚金。单位犯前款罪的,对单位判处罚金,并对其直接负责的主管人员和其他直接责任人员,依照前款的规定处罚。

6.走私文物罪

走私文物是指违反海关法规,逃避海关监管,非法携带、运输、邮寄国家禁止出口的文物出入国(边)境的行为。《刑法》第一百五十一条规定,走私国家禁止出口的文物的,处5年以上有期徒刑,并处罚金;情节较轻的,处5年以下有期徒刑,并处罚金。情节特别严重的,处无期徒刑或死刑,并处没收财产。

7.盗窃文物罪和侵犯财产罪

侵犯财产罪包括哄抢、私分或非法侵占国有文物等行为。《刑法》第二百六十四条规定,盗窃珍贵文物,情节严重的,处无期徒刑或死刑,并处没收财产。对于哄抢、私分或非法侵占国有文物等犯罪行为适用《刑法》第二百六十八、二百七十、二百七十一条规定。

8.应追究刑事责任的其他妨害文物管理行为

《刑法》第四百一十九条规定了"渎职罪",国家机关工作人员严重不负责任,造成珍贵文物损毁或流失,后果严重的,处3年以下有期徒刑或拘役。

《文物保护法》第七十六条也有类似的规定,文物行政部门、文物收藏单位、文物商店、经营文物拍卖的拍卖企业的工作人员,有下列行为之一的,依法给予行政处分,情节严重的,依法开除公职或者吊销其从业资格;构成犯罪的,依法追究刑事责任:

(1)文化行政部门的工作人员违反规定,滥用审批权限、不履行职责或发现违法行为不予查处,造成严重后果的。

(2)文化行政部门或国有文化收藏单位的工作人员借用或非法侵占国有文物的。

(3)文化行政部门的工作人员举办或参与举办文物商店或经营文物拍卖的拍卖企业的。

(4)因不负责任造成文物保护单位、珍贵文物损毁或流失的。

(5)贪污、挪用文物保护经费的。

《文物保护法》第七十八条规定,公安机关、工商行政管理部门、海关、城乡建设规划部门和其他国家机关,违反规定滥用职权、玩忽职守、徇私舞弊的,造成国家保护的珍贵文物损毁或流失的,对负有责任的主管人员和其他直接责任人员依法给予行政处分;构成犯罪的,依法追究刑事责任。

(二)行政法律责任

1.行政处罚

行政处罚种类包括:警告,罚款,没收非法所得、没收非法财物,责令停业,吊销许可证书、吊销营业执照等五种。

(1)有下列行为之一的,由县级以上地方人民政府文物主管部门责令改正,造成严重后果的,并处5万元以上20万元以下的罚款;情节严重的,由原发证机关吊销资质证书。

①擅自在文物保护单位的保护范围内进行建设工程或爆破、钻探、挖掘等作业的;

②在文物保护单位的建设控制地带内进行建设工程,其工程设计方案未经文物行政部门同意,报城乡建设规划部门批准,对文物保护单位的历史风貌造成破坏的;

③擅自迁移、拆迁不可移动文物的;

④擅自修缮不可移动文物,明显改变文物原状的;

⑤擅自在原址重建已全部毁坏的不可移动文物造成文物破坏的;

⑥施工单位未取得文物保护工程资质证书,擅自从事文物修缮、迁移、重建的。

刻画、涂污或损坏文物尚不严重的,或损毁文物保护单位标识的,由公安机关或文物所在单位给予警告,可以并处罚款。

(2)有下列行为之一的,由县级以上地方人民政府文物主管部门责令改正,没收违法所得,违法所得1万元以上的,并处2倍以上5倍以下的罚款;违法所得不足1万元的,并处5000元以上2万元以下的罚款。

①转让或抵押不可移动文物或将不可移动文物作为企业资产经营的;

②将非国有不可移动文物转让或抵押给外国人的;

③擅自改变国有文物保护单位的用途的;

④买卖禁止买卖的文物或将禁止出境的文物转让、出租、质押给外国

人的。

（3）有下列行为之一的，由县级以上地方人民政府文物主管部门责令改正，并处 2 万元以下的罚款；有违法所得的，没收违法所得。

①文化收藏单位未按照国家有关规定配备防火、防盗、防自然损坏的设施的；

②国有文化收藏单位法人离任时未按照馆藏文物档案移交馆藏文物，或所移交的馆藏文物与馆藏文物档案不符的；

③将国有文物收藏单位将馆藏文物赠与、出租或出售给其他单位、个人的；

④借用国有馆藏文物，没有报主管的文物行政部门备案或批准的；借用或交换馆藏一级文物，没有经国家文物局批准的；未建立馆藏文物档案的国有文物收藏单位借用或交换馆藏文物的；因保管不善丢失、损毁调拨、交换、借用文物的；

⑤挪用或侵占依法调拨、交换、出借文物所得补偿费用的。

（4）发现文物隐匿不报或局部上交的以及未按照规定移交拣选文物的，情节严重，并处 5000 元以上 2 万元以下的罚款。

（5）下列行为由县级以上地方人民政府文物主管部门责令改正。

①改变国有未核定为文物保护单位的不可移动文物的用途，未按规定报告的；

②转让、抵押非国有不可移动文物或改变其用途，未按规定备案的；

③国有不可移动文物的使用人拒不依法履行修缮义务的；

④考古发掘单位未经批准擅自进行考古发掘，或不如实报告考古发掘结果的；

⑤文物收藏单位未按照国家有关规定建立馆藏文物档案、管理制度，或未将馆藏文物档案、管理制度备案的；

⑥未经批准擅自调取馆藏文物的；

⑦馆藏文物损毁未报文物行政部门核查处理，或馆藏文物被盗、被抢或丢失，文物收藏单位未及时向公安机关或文物行政部门报告的；

⑧文物商店销售文物或拍卖企业拍卖文物，未按照国家有关规定做出记录或未将所做记录报文物行政部门备案的。

（6）对未经许可，擅自设立文物商店、经营文物拍卖的拍卖企业，或擅

自从事文物的商业活动的,由工商行政部门依法予以制止,没收违法所得、非法经营的文物,违法经营额 5 万元以上的,并处违法经营额 2 倍以上或 5 倍以下的罚款;违法经营额不足 5 万元的,并处 2 万元以上 10 万元以下的罚款。

(7)有下列情形之一的,由工商行政部门没收违法所得、非法经营的文物,违法经营额 5 万元以上的,并处违法经营额 2 倍以上或 5 倍以下的罚款;违法经营额不足 5 万元的,并处 2 万元以上 10 万元以下的罚款。情节严重的,由原发证机关吊销许可证书。

①文物商店从事文物拍卖经营活动的;

②经营文物拍卖的拍卖企业从事文物购销经营活动的;

③文物商店销售的文物、拍卖企业拍卖的文物,未经审核的;

④文物收藏单位从事文物的商业经营活动的。

(8)构成违反治安管理行为的,由公安机关依法给予治安管理处罚。构成走私行为,尚不构成犯罪的,由海关依照有关法律、行政法规的规定给予处罚。

2.行政处分

(1)文物行政部门、文物收藏单位、文物商店、经营文物拍卖的拍卖企业的工作人员,有下列行为之一的,依法给予行政处分;情节严重的,依法开除公职或吊销其从业资格。

①文物行政部门的工作人员违反规定,滥用审批权限、不履行职责或发现违法行为不予查处,造成严重后果的;

②文物行政部门或国有文化收藏单位的工作人员借用或非法侵占国有文物的;

③文物行政部门的工作人员举办或参与举办文物商店或经营文物拍卖企业的;

④因不负责任造成文物保护单位、珍贵文物损毁或流失的;

⑤贪污、挪用文物保护经费的。

被开除公职或吊销从业资格的人员,自被开除公职或吊销从业资格之日 10 年内不得担任文物管理人员或从事文物经营活动。

(2)公安机关、工商行政管理部门、海关、城乡建设规划部门和其他国家机关,违反规定滥用职权、玩忽职守、徇私舞弊的,造成国家保护的珍贵文物损毁或流失的,对负有责任的主管人员和其他直接责任人员依法给予行政处分。

(3)历史文化名城的布局、环境、历史风貌等遭到破坏的,由国务院撤销其历史文化名城称号;历史文化城镇、街道、村庄的布局、环境、历史风貌等遭到破坏的,由省级人民政府撤销其历史文化街区、村镇称号;对负有责任的主管人员和其他直接责任人员依法给予行政处分。

(三)民事法律责任

根据《文物保护法》第六十五条的规定,造成文物灭失、损毁的,依法承担民事法律责任。

第三节 艺术品市场政策法规主要内容

我国艺术品市场的政策法规,主要有2016年公布的《艺术品经营管理办法》和《传统工艺美术保护条例》等。具体体现在以下几个方面。

一、关于艺术品与艺术品经营活动的条件

(一)关于艺术品和艺术品经营活动问题

艺术品是指绘画作品、书法篆刻作品、雕塑雕刻作品、艺术摄影作品、装置艺术作品、工艺美术作品等及上述作品的有限复制品。《艺术品经营管理办法》中所称艺术品不包括文物。

艺术品经营活动包括:收购、销售、租赁、经纪、进出口经营、鉴定、评估、商业性展览等服务,以艺术品为标的物的投资经营活动及服务,也包括利用信息网络从事艺术品经营的活动。

(二)关于设立艺术品经营单位

设立从事艺术品经营活动的经营单位,应当到其住所地县级以上人民政府工商行政管理部门申领营业执照,并在领取营业执照之日起15日内,到其住所地县级以上人民政府文化行政部门备案。其他经营单位增设艺术品经营业务的,应当按前款办理备案手续。

（三）关于艺术品进出口活动

从境外进口或者向境外出口艺术品的,应当在艺术品进出口前,向艺术品进出口口岸所在地省、自治区、直辖市人民政府文化行政部门提出申请并报送以下材料:营业执照、对外贸易经营者备案登记表;进出口艺术品的来源、目的地;艺术品图录;审批部门要求的其他材料。

二、关于艺术品经营管理的政策法规

根据相关法规和条例的规定,艺术品经营管理的政策法规主要有以下内容。

（一）艺术品经营单位不得经营的内容

1. 艺术品经营单位不得有以下经营行为

（1）向消费者隐瞒艺术品来源,或者在艺术品说明中隐瞒重要事项,误导消费者的。

（2）伪造、变造艺术品来源证明、艺术品鉴定评估文件以及其他交易凭证的。

（3）以非法集资为目的或者以传销为手段进行经营的。

（4）未经批准,将艺术品权益拆分为均等份额公开发行,以集中竞价、做市商等集中交易方式进行交易的。

（5）法律、法规和国家规定禁止的其他经营行为。

2. 禁止经营含有以下内容的艺术品

（1）反对宪法确定的基本原则的。

（2）危害国家统一、主权和领土完整的。

（3）泄露国家秘密、危害国家安全或者损害国家荣誉和利益的。

（4）煽动民族仇恨、民族歧视,破坏民族团结,或者侵害民族风俗、习惯的。

（5）破坏国家宗教政策,宣扬邪教、迷信的。

（6）宣扬恐怖活动,散布谣言,扰乱社会秩序,破坏社会稳定的。

（7）宣扬淫秽、色情、赌博、暴力或者教唆犯罪的。

（8）侮辱或者诽谤他人,侵害他人合法权益的。

（9）违背社会公德或者民族优秀文化传统的。

（10）蓄意篡改历史、严重歪曲历史的。

（11）有法律、法规和国家规定禁止的其他内容的。

3.禁止经营以下艺术品

（1）走私、盗窃等来源不合法的艺术品。

（2）伪造、变造或者冒充他人名义的艺术品。

（3）除有合法手续、准许经营的以外，法律、法规禁止交易的动物、植物、矿物、金属、化石等为材质的艺术品。

（4）国家规定禁止交易的其他艺术品。

（二）艺术品经营单位的规定

1.艺术品经营单位应遵守的规定

（1）对所经营的艺术品应当标明作者、年代、尺寸、材料、保存状况和销售价格等信息。

（2）保留交易有关的原始凭证、销售合同、台账、账簿等销售记录，法律、法规要求有明确期限的，按照法律、法规规定执行；法律、法规没有明确规定的，保存期不得少于5年。

2.证明材料要求

艺术品经营单位应买受人要求，应当对买受人购买的艺术品进行尽职调查，提供以下证明材料之一：

（1）艺术品创作者本人认可或者出具的原创证明文件。

（2）第三方鉴定评估机构出具的证明文件。

（3）其他能够证明或者追溯艺术品来源的证明文件。

3.艺术品鉴定和评估服务规定

艺术品经营单位从事艺术品鉴定、评估等服务，应当遵守以下规定：

（1）与委托人签订书面协议，约定鉴定、评估的事项，鉴定、评估的结论适用范围以及被委托人应当承担的责任。

（2）明示艺术品鉴定、评估程序或者需要告知、提示委托人的事项。

（3）书面出具鉴定、评估结论，鉴定、评估结论应当包括对委托艺术品的全面客观说明，鉴定、评估的程序，做出鉴定、评估结论的证据，鉴定、评估结论的责任说明，并对鉴定、评估结论的真实性负责。

（4）保留书面鉴定、评估结论副本及鉴定、评估人签字等档案不得少于

5年。

(三)艺术展规定

以销售、商业宣传为目的在境内公共展览场所举办有境外艺术品创作者或者境外艺术品参加的展示活动,应当由举办单位于展览日45日前,向展览举办地省、自治区、直辖市人民政府文化行政部门提出申请,并报送以下材料。

(1)主办或者承办单位的营业执照、对外贸易经营者备案登记表。

(2)参展的境外艺术品创作者或者境外参展单位的名录。

(3)艺术品图录。

(4)审批部门要求的其他材料。

(四)艺术品经营管理的法律责任

根据有关法律法规,下列情况应该承担法律责任。

1.刑事法律责任

艺术品经营单位的经营活动有侵犯他人著作权行为,构成犯罪的,依法追究刑事责任。

2.行政法律责任

艺术品经营单位的经营活动涉及行政法律责任的行政处罚,主要有警告、罚款、吊销营业执照等方式。

(1)经营含有禁载内容艺术品的,由县级以上人民政府文化行政部门或者依法授权的文化市场综合执法机构没收非法艺术品及违法所得,违法经营额不足1万元的,并处1万元以上2万元以下罚款;违法经营额1万元以上的,并处违法经营额2倍以上3倍以下罚款。

(2)艺术品经营单位出现禁止经营行为的,由县级以上人民政府文化行政部门或者依法授权的文化市场综合执法机构责令改正,没收违法所得,违法经营额不足1万元的,并处1万元以上2万元以下罚款;违法经营额1万元以上的,并处违法经营额2倍以上3倍以下罚款。

(3)擅自开展艺术品进出口经营活动,以及销售或者利用其他商业形式传播未经文化行政部门批准进口的艺术品的,由县级以上人民政府文化行政部门或者依法授权的文化市场综合执法机构责令改正,违法经营额不足1万元的,并处1万元以上2万元以下罚款;违法经营额1万元以上的,并处违法经营额 2 倍以上 3 倍以下罚款。

三、关于传统工艺美术保护政策法规

为了保护传统工艺美术,促进传统工艺美术业的发展与繁荣,1997 年 5 月 20 日,国务院制定的《传统工艺美术保护条例》发布,这是传统工艺美术的一个重要政策与法规。2013 年 7 月 18 日,《国务院关于废止和修改部分行政法规的决定》对此做了修订。

传统工艺美术的含义是指百年以上,历史悠久,技艺精湛,世代相传,有完整的工艺流程,采用天然原材料制作,具有鲜明的民族风格和地方特色,在国内外享有盛誉的手工艺品种和技艺。

（一）传统工艺美术技艺的保护措施

国家对认定的传统工艺美术技艺采取下列保护措施：

（1）搜集、整理、建立档案。

（2）征集、收藏优秀代表作品。

（3）对其工艺技术秘密确定密级,依法实施保密。

（4）资助研究,培养人才。

（二）传统工艺美术珍品的保护措施

工艺美术珍品的含义是,传统工艺美术品种中的卓越作品,经国务院负责传统工艺美术保护工作的部门聘请专家组成评审委员会进行评审后,由国务院负责传统工艺美术保护工作的部门命名为中国工艺美术珍品。我国对工艺美术珍品的保护措施主要有以下方面：

（1）国家征集和收购的珍品由中国工艺美术馆或者省、自治区、直辖市工艺美术馆和博物馆珍藏。

（2）工艺美术珍品禁止出口。珍品出国展览必须经国务院负责传统工艺美术保护工作的部门会同国务院有关部门批准。

（三）传统工艺美术制作原料的规划与保护

县级以上人民政府有关部门对制作传统工艺美术品种特需的天然原料、材料,应当统筹规划,妥善安排。

对制作传统工艺美术品种特需的宝石、玉石等珍稀矿种,国家依法保护,严禁乱采滥挖。

（四）传统工艺美术品的发掘和抢救

国家鼓励地方各级人民政府根据本地区实际情况，采取必要措施，发掘和抢救传统工艺美术技艺，征集传统工艺美术精品，培养传统工艺美术技艺人才，资助传统工艺美术科学研究。

对于制作经济效益不高、艺术价值很高并且面临失传的工艺美术品种的企业，各级人民政府应当采取必要措施，给予扶持和帮助。

（五）工艺美术产品的管理制度

制作传统工艺美术产品的企业应当建立、健全传统工艺美术技艺的保护或者保密制度，切实加强对传统工艺美术的管理。

从事传统工艺美术产品制作的人员，应当遵守国家有关政策与法规，不得泄露在制作传统工艺美术过程中知悉的技术秘密和其他商业秘密。

（六）关于惩罚的措施

（1）依照有关法律法规的规定，对下列违法行为给予行政处分或者行政处罚；构成犯罪的依法追究刑事责任。

①窃取或者泄露传统工艺美术技艺秘密的；

②非法开采用于制作传统工艺美术品的珍稀矿产资源或者盗卖用于制作传统工艺美术品的珍稀矿产品的；

③私运珍品出境的。

（2）依照有关法律法规，对下列违法行为给予行政处罚：制作和出售假冒中国工艺美术大师署名的传统工艺美术作品的，应当依法承担民事责任。

四、关于美术馆管理的政策法规

美术馆是造型艺术的博物馆，是具有收藏美术精品、向群众进行审美教育、组织学术研究、开展国际文化交流等多职能的国家美术事业机构。

为发展和繁荣我国美术事业，加强国家各级美术馆的建设和管理，文化部于 1986 年 12 月 1 日制定并颁布实施了《美术馆工作暂行条例》。这是美术馆管理的政策与法规。《美术馆工作暂行条例》明确规定美术馆的任务是：收藏、保管、研究、编辑出版馆藏作品，陈列与展览，社会服务等工作。

美术馆是永久性的文化机构。美术馆及其藏品受法律保护。任何单位、团体、个人不得以任何名义侵占、毁坏或处置。

第四节　文物艺术品市场政策法规典型案例

为了帮助大家对文物艺术品市场相关政策法规加强理解，我们选择了几个典型的案例进行分析，希望大家能从案例中得到一些启示。

一、文物走私案例

▌案情简介

文物走私是指违反海关法规、逃避海关监管，非法携带、运输、邮寄国家禁止出口的文物出入国（边）境的行为。近年来我国海关连续查获文物非法出境案件，从这些案件看，文物走私正呈现一些特点：由以前的个人携带少量文物发展到大批量多品种走私；走私者成分日趋复杂；走私流向主要是韩、日、美、英等国。

（一）文物走私的来源

走私文物犯罪行为是文物犯罪的末端行为，走私的文物来源多种多样，从最近20多年来海关查获的文物走私案件分析，主要可以归纳为以下三个方面。

1.盗掘古墓葬、古文化及古生物化石遗址

"要想富，挖古墓，一夜能成万元户"，这是20世纪80年代流行于河南、陕西、甘肃等文物大省的一句顺口溜。那时，这些地区的群众性盗墓及贩卖文物活动猖獗，甚至在一些地方形成了行业。青海某地在短短几个月时间被毁古墓达1000余座，5000多件新石器时代仰韶文化的珍品被哄抢一空。由于古墓葬往往分布在荒山僻野，管理非常不便，而文物保护部门又缺乏经费，人手不够，防范工作力不从心，使盗墓贼有了可乘之机。

从20世纪90年代至今，随着我国打击盗掘、贩卖文物犯罪行为的力度不断加大，盗墓活动也由公开转为秘密进行，盗掘行为更为隐蔽，作案手

段更为现代化、机械化。从盗墓工具看,盗墓者从简单的"洛阳铲"发展到现在的军用罗盘、冲击钻、鼓风机、氧气面罩和红外线探测仪,盗墓者把电动遥控车改装,增强发射器、接收器的频率和小马达的功率,然后在车上安装无线探头,用于在复杂的墓道中探索文物。从盗墓组织来看,组织严密、单线联系、互用暗语、分工明确,采点、挖墓、望风、运输、贩卖、走私一条龙。从盗墓涉及范围来看,盗墓活动由个别文物大省蔓延到全国各地,盗墓数逐年大幅度上升并由古墓转向近现代墓。

2.从博物馆、文物馆、古寺庙中盗窃

博物馆、文物馆、古寺庙等是我国保存文物的重要场所。但由于许多地方每年用于基层文物保护的经费少得可怜,甚至连工作人员的工资都无力支付,文物保护力量薄弱,防盗设备落后,馆舍简陋,技术防范差,安全系数低,为文物贩子盗窃文物提供了可乘之机。如震惊全国的河南某市博物馆被盗案。1992年9月18日凌晨,犯罪分子刘某、刘某、文某、李某4人盗窃河南某市博物馆国家珍贵文物69件,并将部分文物走私出境。后在公安机关的艰苦努力下,终于抓获了全部案犯,追回了68件被盗文物。

中华人民共和国成立初,我国仅有21家博物馆,截至2015年,我国登记注册的博物馆已达到4692家,随着数量的增加也出现了更多问题,如湖北某市博物馆副馆长王某和王某盗掘古墓、非法出售馆藏文物案,原新疆某博物馆考古部副主任黄某珍贵文物流失案……均是监守自盗。2003年原河北承德某管理处文物保管部主任李某盗窃国家文物案就是典型的一例。他利用管理文物的职务之便,共盗窃走私国家珍贵文物158件,其中有数件国宝级的一级文物,其余分属二、三级文物。他盗窃文物主要有两条途径:一个是仿制赝品,换出真品;另一个是把没有登记入账的文物私自带出。作案长达10多年竟然没有被发现,直到2002年10月被盗窃的部分文物出现在香港的艺术品拍卖市场上才引起有关部门的注意,导致案发。有专家认为,馆藏文物的流失,已经成为我国文物走私市场仅次于盗掘古墓的第二大来源。

3.从古玩旧货市场、民间、艺术品拍卖市场购买

文物黑市是走私文物的一个重要来源。尽管理论上还在探讨古玩市场的合法与否,但古玩市场确实真真切切地存在着。如北京的潘家园市场,其他的文物大省如河南、陕西、江西等都存在这样的古玩市场。一方面

古玩市场的存在有利于一般文物在民间的交流、保护,提高普通民众的文物品位,但另一方面由于管理的不规范,民间古玩市场普遍存在超范围经营现象,不少打着"古玩"旗号的店铺,私下进行各种非法文物交易,成为犯罪分子销赃的场所。从盗墓等非法途径获取的文物被暗中销售,走私分子或其他代理人专门在这里寻找有价值的文物,再走私到境外牟取暴利。文物贩子甚至还能为走私的文物披上合法的外衣,只要付上一定的报酬,便能为文物出境提供所需的全套凭证——火漆印、出境许可证和外销专用发票。走私网络还延伸到我国广大的农村地区,文物贩子通过走街串巷,到民间收购传家宝或盗窃得来的文物,通过各种渠道将收购的文物上传到网络的上一家,层层贩卖到境外走私分子手中。由于文物拍卖法规的不完善和监督不力,一些拍卖市场存在一定的漏洞,如本该定向拍卖的文物却向社会公开拍卖等,导致一些不该出境的文物也可能被走私出境了。

(二)文物走私的危害

1.文物走私刺激盗墓狂潮

中国作为一个文明古国、文物大国,几千年文化积淀下来的丰富文化遗产使我国成为当之无愧的文物大国。但是,目前国家登记在册的文物,即全国博物馆、文管所及全国文物商店拥有的文物,总数只有1100多万件。而美国国立美国史博物馆收藏的文物多达1700多万件,美国自然历史博物馆的藏品更高达3600多万件。相形之下,我国珍藏的文物不仅不多,而且相当匮乏。在这种状况下,日益流失的文物资源,正在蚕食我们原本有限的文化财富。

中国历史博物馆曾举办过两次反响强烈的展览。一是1998年的"打击文物走私展",一是2000年的"国宝归国展"。展览包括早期的恐龙蛋化石、新石器时代的彩陶,到汉代的陶俑、清代的龙袍。历史悠久的中国是世界文物贩子觊觎的"原料市场",他们以巨额利润为诱饵,强烈地刺激着我国文物犯罪活动的蔓延。据国家文物局提供的资料,河南、山西、陕西等文物大省,群众性的盗墓挖坟以及贩卖文物之风屡禁不绝,甚至在一些地方形成行业。从20世纪80年代一直流行至今,我们的文物遗产经受着空前的掠夺与洗劫。

江西某宋墓聚集区,1000多座宋墓被当地农民集体盗掘,宋影青瓷壶等珍贵文物流失海外。青海某地2000多名村民,在短短几个月时间毁坏古墓1000余座,5000多件新石器时代仰韶文化的珍品被哄抢一空。马家窑遗址已经残骸处处,毁灭殆尽。

盗卖文物的暴利让不法之徒铤而走险。尽管国家早在20世纪80年代就下达了《关于打击盗掘和走私文物活动的通告》,并在20世纪90年代多次对此进行严厉打击,但文物的被盗以及流失依然触目惊心。据不完全统计,近几年发生在全国各地的盗挖古墓案10万余起,被毁古墓20余万座。其中清代以前被盗挖的各朝古墓,占全部已知具有发掘价值古墓群的40%以上。

从地下文物到地上文物,从寺庙、博物馆到田野石刻,从中原各地到边疆地区,文物盗窃的狂潮在整个中国蔓延。即便是一些体积庞大的地上文物也未能幸免,其中有著名的龙门石窟唐代立佛,以及众多田野石造像。

2. 走私猖獗危及古老文化

1994年英国警方曾破获一起盗窃走私文物案,查扣7个集装箱6000件中国的文物。当闻讯而来的中国文物专家赶至现场时,被眼前的一切震惊:堆占了3大间库房的文物,足够开办一个相当规模的博物馆;从文物的年代和空间范围来说,也足以举办一个中国历史的展览。

海关总署资料表明,近年来,我国文物走私的规模越来越大,逐渐走向集团化、现代化。走私方式也日益多样化,从个人随身携带少量文物,发展到通过集装箱夹藏,以及通过邮递快件渠道大批量多品种走私文物出境。走私流向主要是韩、日、美、英等国。走私者的成分也日趋复杂,有商人、大学教授,甚至还有个别文物和执法部门中的败类,同走私分子内外勾结,沆瀣一气。

事实证明,国外和中国一些不法古董商,从中国往外走私中国珍贵文物已到了十分严重的地步。1997年仅海关旅检即查获文物走私案600多起,缉获文物1.12万余件。1997年5月,天津海关一次查缉集装箱走私文物5000余件,其中国家禁止出境文物达4000件。

被盗文物总是迅速地出现在国际市场。1996年11月16日河南省宋陵失盗的一尊石刻雕像,1997年5月就被发现于美国旧金山的一家拍卖公司中。2000年3月和5月,甘肃省华池县双塔寺的一尊12米的11层石雕佛塔,被犯罪分子分开拆盗后,很快就通过地下通道卖到了台湾地区。

据海关提供的资料,2000 年虽经全国开展打击走私犯罪活动,全国海关仍然查处文物走私案件 240 多起,收缴国家限制出口文物 8780 余件。而这仅仅是在海关对于出境货物 5％的抽查中发现的。

令人忧虑的是,损失还不仅是我们失去了祖先留下的珍贵文物。由于盗掘者在学者发觉前便糟蹋和掠夺了考古遗迹,这些被盗掘的文物失去了确切的出土地点、时间和相互关系的背景性材料,其宝贵的科学与艺术价值受到严重影响。

我们因此失去了通过先人留下的"信物"破译历史之谜的机会,失去了我们这个民族悠远历史的某些印记。

案情评析

文物是祖先馈赠给子孙后代的珍贵文化遗产,是后人感知历史的最直观载体。能够对文物实施有效的保护,证明了一个国家的文明程度和经济实力,也显示了一个民族的文化素质。自 19 世纪中叶以来,中国文物屡遭劫难,既有侵略者的大肆掠夺,又有不法之徒的疯狂盗卖,致使无数中华民族的宝贵遗产流落异邦。而今,改革开放的中国已经跃上了现代化的潮头,巨大的经济活力赢得了世界的关注,此时,遏止文物走私,守护我们民族的文化遗产已是刻不容缓。

前几年,在深圳召开的研讨会上,一位联合国教科文组织顾问提出,人们大多知道中国曾历经 4 年从英国首次成功追索文物 3000 件,却不知其实那次出境的中国文物有 7000 件之多,其余的 4000 件因为种种原因永远地留在了异国他乡。这位顾问因此有这样的忠告:不要等到流失出国才去追索,因为各国的法律不同,制止文物的出口要比从国外收回走私的文物容易得多。

联合国教科文组织的专家指出,打击文物走私是个世界性的难题。对于有着 5000 年历史的中国而言,任务更为艰巨。

我国地下地上文化蕴藏十分丰富,许多野外古墓葬、古遗址和石刻造像基本处于失控状态。

近年来,为保护民族文化遗产,我国政府制定法规打击文物走私,加强部门协作进行综合治理。与此同时,有关部门在世界范围内展开各种国际合作,将打击走私的战线拓展到了国外。因此,要严格执行文物保护法,加强对文物市场的管理,加大对文物犯罪的打击力度,并应增强国家文物局的法律权限。只有这样,才能唤起更多国人的警醒。

来源:http://www.zjsgat.gov.cn/jwzx/lszt/ztzl/afzs/zsfzff/201201/t20120119_13517.html

二、宁波海关查获 8 起走私木制家具文物出境案件

▌案情简介

2007 年 12 月 21 日,宁波海关在一批出口至美国的木制家具中,查获禁止、限制出境的清末民国时期文物 20 件。而这已是 2007 年该关查获的第 8 起走私木制家具文物出境案件,共涉及国家禁止、限制出境文物 272 件。这些文物家具年代久远、工艺精湛,销售单位无法出示出境许可证明和相关鉴定标识而被海关扣留。

(一)欧美各国大兴收藏中国家具之风

"近年来,国际非法贩运文化财产活动已经成为一种规模庞大的买卖,而一些文明古国因此成为'文物输出国'。"联合国教科文组织高级顾问霍顿女士介绍说。20 多年来,随着我国与国外交流的增多,文物走私也逐渐猖獗。据不完全统计,在 47 个国家和地区的 200 多个博物馆中,有不下百万件的中国文物。特别是随着"中国热"在世界各地的蔓延,近年来,欧美各国大兴收藏中国家具之风,且价格节节攀升,而国人却不重视对传统木器工艺的保护,只关注西方现代家居潮流,使大量精美的木器文物流向海外。

据宁波海关介绍,国内部分从事古旧家具生意的贸易公司,通过民间旧货市场非法收购文物,或稍加改装或原封不动地夹藏在普通木制家具中向海关申报出口。海关查验这些文物时,经营单位却无法出示文物出境许可证明和鉴定标识。例如,宁波海关近期查获的一起文物走私案中,浙江某进口有限公司共申报出口木制家具 287 件,引起海关关员警觉的是,这

家出口商以往很少从事家具贸易,此次出口家具数量之多值得怀疑。果然,经过查验发现,287件木制家具中有140件无法提供其合法鉴定手续。经专家鉴定,1件属于国家禁止出境文物,19件属于国家限制出境文物。

宁波海关办案人员告诉记者,在当前查获的文物出口案件中,从民间收集而来的清末民初时期古旧家具、陶瓷制品等限制出境文物占据较大比例。这些文物对于研究清末和民国时期的雕刻和建筑风格具有较大的参考价值。

"从材料本身看,木器的价值不算是高档的,但就其文物与收藏价值来看,它是中国文物众多品种中一个不可或缺的重要项目。"文物专家说。

(二)高额利润及监管不力致使文物走私屡禁不止

文物走私之所以屡禁不止,主要原因是高额利润的吸引。以古旧家具出口走私为例,目前浙江、广东和天津已成为全国古旧家具出口最集中的3个省市,而浙江省慈溪市的天元镇,可谓是目前国内最活跃的古旧家具集散地之一。

记者从浙江省文物鉴定中心等相关部门了解到,浙江省的加工业大多数是微利行业,唯独古旧家具的加工利润高得惊人。高额利润还吸引了大量外资涉足这一行业。一家外商独资的家具公司总经理,曾私下告诉过记者,文物出口的利润很高。譬如在国内收购、制造成本价为1万元人民币的古旧家具,卖到国外就是1万美元左右。

另一个原因则是文物审批不严、监管不力,交易场所数量过多、规模过大、秩序混乱,以及超范围经营和以假充真现象比较普遍。据了解,目前我国文物监管物品交易市场在很短时间内就遍及了全国大中型城市,这些场所有的未经主管部门审核批准,有的虽经批准但没有采取有效的监管措施。多数市场都是新工艺品、假货充斥,交易中以假充真现象普遍,被称为"新假货"市场。个别经营者买卖国家明令禁止流通的出土文物,有的文物犯罪分子还将文物监管物品交易市场作为销赃的场所。走私分子便从中大钻空子,廉价收集,采取伪装、隐蔽等手法,将有价值的文物"倒腾"走私到国外,从中牟取高额利润。

有关文物专家介绍,走私文物主要来源于几个途径:从古遗址墓葬、博物馆中盗窃,从古玩市场购买,从文物拍卖市场购得。而盗掘和文物"黑市"则是其最直接的源头。特别是民间旧货市场普遍存在着超范围经营现象,不少打着"古玩"旗号的店铺,私下进行各种非法文物交易。文物走私分子从以前的个人携带少量文物,发展到通过集装箱夹藏,以及通过邮递快件渠道大批量、多品种走私文物出境。走私流向主要是是韩、日、美、英等国。

(三)需多方合作才能把走私文物堵截在国门之内

受文物走私巨额利润的利益驱动,各种走私活动的日趋隐蔽,以及境内外走私分子的内外勾结等,使打击文物走私斗争面临严峻的挑战。打击文物走私,不仅要靠海关、公安、边防、工商及文物管理等部门齐抓共管,还要文物经营、拍卖等行业和进出境企业密切配合,多渠道、多手段、多措施,才能把走私文物堵截在国门之内。

文物监管部门应加大清理整顿文物监管物品市场的力度,对依法批准的文物经营场所内销售的物品统一管理,对未经严格审批或经过审批问题比较突出的经营活动和市场要坚决予以取缔。对申请销售文物监管物品的经营者,应经各地文物行政管理部门审核批准,分别向公安、工商管理部门申领"特种行业许可证"和营业执照。

应借助民间力量加强文物保护。据宁波海关介绍,从浙江省的实际情况来看,民间私藏文物可谓是量大面广。浙江省博物馆曾推出免费为市民鉴宝活动,3个多月的时间为市民免费鉴定了2万多件民间私藏文物的真伪,因此提高大众文物保护意识十分重要。

另外,上海市将文物保护纳入领导政绩考核的办法值得借鉴。上海市将文物保护作为年度考核指标,还要求相关部门做好文物专业人才的培养和队伍建设工作,对文物保护不力的部门领导规定其将承担的相应责任。

此外,打击文物走私需加强国际合作。目前,我国有关部门已在世界范围内展开了各种国际合作,将打击走私的战线拓展到国外。例如:我国政府曾利用法律武器追回海外流失的文物3000件,创立了追索文物的成功典范。随着海关、公安及文物管理等部门与国际相关组织和各国间的交往日趋频繁,打击文物走私已经有了良好的国际合作的基础和条件。

宁波海关关长王全国告诉记者,针对日益隐蔽的文物走私活动,宁波海关充分运用风险分析布控平台,采用计算机网络和集装箱透视检查系统等高科技手段,在货运渠道严密防范、封堵走私分子利用夹带、夹藏、伪报等各种手法走私文物。此外,积极与相关文物部门紧密合作,建立了一整套打击文物走私的长效机制,以阻击文物的流失。

▌案情评析

文物是记载历史的一种载体,也是历史记忆的一种符号。随着改革开放的深入,对外交流大门的打开,一些境外的文物收藏者和从事文物走私的人员对我国民间收藏的文物十分感兴趣,与此相呼应,民间文物流失海外的数量亦大量增加。本案反映的就是民间文物走私出境的一种状况。

虽然木制家具文物从材质判断,价值不算高档,但也是我国文物中不可或缺的一种,运送、携带木制家具文物出境也要遵守我国文物的监管制度。在未取得国家主管部门核准的文物出境许可证以及文物出境标识的情况下,将木制家具文物夹藏出境,违反我国文物出境的监管制度,符合走私文物罪的犯罪构成要件。

走私文物罪是指违反国家法律法规规定,逃避海关监管,将国家禁止出口的文物运输、携带或邮寄至境外的行为。其特征是:(1)运输、携带或邮寄至境外的物品必须是国家禁止出口的文物;(2)违反了文物出境的管理规定,逃避海关监管。

构成走私文物罪必须具备以下几个条件:(1)文物必须是属于国家禁止出口的文物;(2)行为人主观上有故意,即其知道其运输、携带或邮寄至境外的物品属于国家禁止出口的文物,仍希望将该文物运输、携带或邮寄至境外;(3)行为人客观上实施了将国家禁止出口的文物保护、携带或邮寄至境外的行为。文物是否属于国家禁止出口的文物,应根据国家有关文物保护的法律法规及相关规定进行界定。

来源:蔡岩红:《高额利润诱使文物大量外流　监管亟待加强》,《法制日报》,2007年12月21日

三、圆明园鼠首兔首拍卖追索案

▌案情简介

圆明园十二生肖铜像制作完成于清朝乾隆年间,当年摆放在圆明园海晏堂前,据考证这是按照我国十二生肖设计的喷泉时钟,每隔两小时代表该时辰的生肖铜像口中便会喷水,因此又被称为水立钟头。1860 年英法联军烧毁圆明园,掠走了这十二生肖铜像,致使国宝流失海外 140 多年。

2008 年 6 月,闻名世界的法国时装设计师伊夫·圣罗兰病逝,其生活和生意的伙伴皮埃尔·贝杰决定将两人的艺术品拍卖,用于建立一个防止艾滋病的新基金会。其中亚洲艺术部分的最大卖点就是圆明园流失的十二生肖鼠首和兔首铜像,两件拍品估价均为 800 万至 1000 万欧元,当时折合人民币总额高达 2 亿元。2008 年 10 月,负责这次拍卖的佳士得公司宣布此次拍卖将在 2009 年 2 月 23 日到 25 日举行,此事一传出去就引起了中国媒体的强烈关注和国人的极大愤怒。人们表示坚决反对圆明园文物进入拍卖程序,通过拍卖回购战争劫掠文物,于情于理都不能接受。国家文物局博物馆司司长宋新潮认为,对这件事"不予理睬是最好的应对"。他说,对由于战争原因被掠夺到海外的文物,国家文物局可以通过许多形式使其回归,但绝对不会采取"回购"的方式,这是一个基本原则。他也呼吁,海内外媒体不要炒作此事,"炒作的结果,是让那些利用中国老百姓爱国热情投机赚钱的商人获利"。

2008 年 11 月 6 日,圆明园鼠首和兔首铜像现身纽约佳士得,成为"伊夫·圣罗兰与皮埃尔·贝杰珍藏"拍卖预展上的两件拍卖品。

2009 年 1 月 16 日,由 67 名律师组成的律师团向圆明园管理方及文物专家、法律专家发出了传唤状的征求意见稿,准备打跨国官司,要求拍卖公司停止拍卖,并要求收藏者返还被盗走的圆明园兽首。此后又有数十名律师加入此项行动。

律师团成立后面临的第一个问题就是:没有原告。圆明园管理处、中华抢救流失海外文物专项基金均未出任原告。之后,律师团在确定暂以"全球爱新觉罗家族宗亲会"为原告的基础上,向佳士得公司和皮埃尔

·贝杰发出律师函和律师声明,申明了反对拍卖的立场,事件进入法律程序。

2009年2月11日,有媒体报道,由于来自中国的舆论压力太大,佳士得公司已与卖主达成协议,取消圆明园兔首、鼠首铜像的公开拍卖,改为私下交易。佳士得公司回应称拍卖需要如期举行。同一天,中国外交部发言人在举行例行记者会时回应此事说,拍卖战争中非法掠夺的文物不仅伤害中国人民的感情,损害中国人民的文化权益,而且有悖有关国际公约,希望有关方面慎重考虑。

2009年2月17日,圆明园管理处首次正式回应称,圆明园不赞成流散文物进入拍卖市场,也不赞同以"回购"方式买回被别人掠夺走的中国珍贵文物。2月19日,中国追索海外流失文物律师团将阻止拍卖的"禁止令"递交法国方面,法国巴黎大审法院以申请人"无直接请求权"为由,驳回关于要求停止拍卖圆明园兔首和鼠首文物的诉请。

中国国家文物局就佳士得公司即将拍卖圆明园鼠首和兔首一事正式做出回应,表明强烈反对其拍卖圆明园文物的原则立场,"希望有关当事人能够理解和尊重中国人民的正当要求",并表示将持续关注事件的发展。圆明园管理处25日再次重申关于拍卖圆明园流散文物的一贯态度和立场,声明拍卖圆明园文物严重损害中国人民的感情,希望佳士得公司认真考虑中国国家文物局函件中有关撤拍圆明园文物的原则立场,"希望有关各方能够理解和尊重中国人民的正当要求",并促成中国圆明园文物回归中国。

法国当地时间25日晚,佳士得拍卖行在巴黎拍卖中国圆明园流失文物鼠首和兔首铜像,均以1400万欧元成交。法国著名现代艺术品拍卖师圣西尔认为,从文物价值的角度来说,这两个18世纪的兽首不至于卖出如此高价,必然有很多其他因素,这其中就有由"那段历史"所引发的情感因素。

中国国家文物局26日就此发表声明,表示"坚决反对并谴责所有拍卖非法出境文物的行为。此次拍卖造成的一切后果应由佳士得方面承担"。声明指出,国家文物局不承认对被劫掠文物的非法占有,并将继续依照相关国际公约和中国法律规定,通过一切必要途径追索历史上被盗和非法出口的文物。国家文物局鉴于佳士得拍卖行近年来已有多次公开拍卖从我

国劫掠、盗窃、盗掘和走私文物的行为,所涉及的文物均为非法出境,为加强文物进出境审核管理,发出《关于审核佳士得拍卖行申报进出境的文物相关事宜的通知》,要求各国家文物进出境审核管理处认真审核佳士得拍卖行及其委托机构、个人在我国申报进出境的文物。所有文物均应提供合法来源证明(包括文物所有人的详细信息、文物的流传过程和历次交易证明文件、文物出境证明文件、文物所在国政府主管部门和公证机构分别出具的文物权属证明文件等)。未提供合法来源证明或证明文件不全的,不予办理文物进出境审核手续。

圆明园管理处对法国佳士得公司不顾我国外交部和国家文物局的明确要求,公开拍卖圆明园流失海外文物之鼠首、兔首,发出郑重声明:

我们对无视中国人民正当要求,严重损害中国人民的感情,拍卖圆明园流失海外文物的行为,表示强烈愤慨。圆明园流失海外文物(包括鼠首、兔首在内),大多是第二次鸦片战争中被英法联军劫掠走,并流失海外多年的珍贵文物,中国对其拥有不可置疑的所有权。按照国际公约,这些文物理应归还中国,回到它的原生地。

我们历来不赞同圆明园流失文物进入拍卖市场,因为它承载着太多的历史文化信息和中华民族的情感。拍卖圆明园流失文物,容易模糊其本身所承载的历史文化信息,伤害中国人民的感情,损害中国人民的文化权益,而且有悖相关国际公约。我们历来不赞同以"回购"的形式买回被别人掠夺走的圆明园流失文物。因为它无异于给"赃物"披上了合法的外衣。我们历来不赞同中华民族的情感和中国人民的爱国热情被国际上某些拍卖者们所利用,因为这将使圆明园流失文物成为拍卖者"漫天要价"的代名词。

我们强烈呼吁有关各方能够理解和尊重中国人民的正当要求,遵守国际公约和国际共识,促成圆明园流失文物回归中国。我们对国人给予圆明园流失文物回归的深切关注以及为圆明园流失文物回归所做的大量工作表示衷心的感谢。我们热切地希望鼠首、兔首能够早日回归,我们热切地希望十二生肖能够再次聚首圆明园。我们相信流失在海外的国宝,一定会回到祖国。我们将继续努力做好圆明园遗址保护利用工作。

2013年4月,法国皮诺家族表示已从文物原持有人手中买下了这两件兽首,并将向中方无偿捐赠。6月28日,圆明园青铜鼠首、兔首被正式归还中国。国家文物局已将两尊圆明园兽首划拨国家博物馆收藏。

▍案情评析

文物追讨是一个全球性的难题。因为它涉及面广,时间跨度大,而其间又融合了不少民族感情。尽管联合国的国际公约对丢失文物及其索回做出了规定,但包括法国在内的不少国家并没有在本国审批通过,因此不具备法律效益。通过本次拍卖来看,有几个问题值得评析:

(一)仓促应对法律鸿沟

本次诉讼,始终没有找到合适原告。后来,一位自称溥仪堂弟、名叫爱新觉罗·州迪的老人和深圳一家房地产公司赞助的 40 万元诉讼费,一度被看作是"救命稻草"。但是在法律上,这个老人代表的"爱新觉罗宗亲会"作为原告在身份认定上存在明显瑕疵。因此,圆明园新闻发言人曾以个人名义表示:"对于律师的爱国心和热情,我们是支持的,也是赞同的。但要做成一个可操作性的,而不是一个炒作性的事情。"

而此时"圆明园海外流失文物诉讼律师志愿团"刘洋律师已经在筹备前往法国的护照了,他不懂法语,深知自己在法国打官司,要吃大亏。于是,在法国执业多年的律师任晓红进入了他的视野。她是巴黎大学法学博士,拥有美国、法国和中国的执业律师资格,精通法国法律。此前,她在巴黎完成了多起移民官司。在接受本报记者连线采访时,她形容当初接下这个官司实在"太仓促"。

2009 年 2 月 16 日,任晓红在庭审前的最后一周才接手官司。"用那个皇室后裔宗亲会做原告……完全不合适。"在她看来,"宗亲会"的注册地是香港,根本不可能作为诉讼主体在法国提起诉讼,"这是法律常识"。

最后时刻,她在巴黎找到了"欧洲保护中华艺术协会",并游说协会主席高美斯接手做原告。这是一个注册地在巴黎,仅有 3 名平时分别在西班牙、法国和中国的成员的组织。在法国,协会就只有高美斯一个人。但是,这个协会毕竟是在法国的一个法律实体,而且是以保护中国文化艺术为宗旨。

任晓红强调,她的诉状也是在"最后一分钟"提交的——"2 月 19 日是周四,按照法国法律,如果该周周四不递上诉状,那么周五法院就决定不了是否接受这个诉状,这样到了 2 月 23 日的拍卖会开始日,就不可能开庭"。任晓红在周四下午 5 时,法院关门前的最后一刻,把诉状递了进去。

结果巴黎大审法院紧急受理了这个诉讼,2 月 20 日通知任晓红能够开庭,2 月 23 日正式开庭。

(二)法国律师"威胁"法官

2 月 23 日上午的巴黎大法院,只能容纳 30 人的紧急审理庭里座无虚席,在原告辩护律师席上,坐着的是中国旅法律师任晓红,以及她的一名法国助理;而相视而坐的则是来自法国文化部、佳士得的 8 位辩护律师。两个小时的唇枪舌剑,随着法官的裁决而一锤定音,法官驳回了任晓红提出的禁拍请求。

任晓红的呈词只有十几分钟。她试图说服法官,"如果不能归还,至少希望能够把兽首放在法国博物馆里,而不是放到拍卖会上"。然而,对方 8 名辩护律师的轮番发言,几乎占去多数庭审时间。对方辩护律师直接摊牌:鼠首、兔首铜像既然是中国的东西,应该由中国政府或中国文物管理部门充当原告。任晓红所代理的原告——"欧洲保护中华艺术协会",不是直接的利害关系者,没有资格作为原告提起上诉。

庭审当中,颇令人尴尬的是,被告律师拿出中国民间律师团首席律师刘洋及律师团在中国媒体发表的一些言论,指责中国媒体拿圆明园兽首造势,鼓动国内的民族主义情绪,以此证明原告是恶意诉讼。这让法庭上的任晓红一度颇为被动。被告律师甚至用威胁的口吻向法官直言,如果败诉,法国的博物馆将会被搬空。辩方律师的说法最终得到了法官的认同,法官因此做出了驳回禁拍请求的裁决。

(三)西方法律像一堵防火墙

这次追讨过程暴露了中国人不理解和不善于利用西方法律和文化环境的问题。事实上,按照目前西方的游戏规则就无法要回文物。因为 1995 年订立的国际公约表面上看来是帮助受害国追讨文物,但它实际上筑起了一道防火墙,因为根据公约第一条第三款规定:任何关于返还文物的请求,应自请求者知道该文物所在地及该文物拥有者的身份之时起,在 3 年期限内提出。或在任何情况下,自文物被盗时起 50 年以内提出,即超过 50 年就没有追溯力了。同时公约仅在缔约国之间生效,缔约国之间可以追讨,目前英国和美国还没有加入,法国加入但国民议会一直没有批准。因此,从公约中可以得出结论,100多年来国际公约所制定的一切游戏规则都是由西方人主导的,为了维护他们的利益。在这样的国际规则中要回文物是不可能的。这就是中国政府不便作为原告出现的原因。公约本身对我们不利,政府本身就不具有作为原告的权利。中国现在只能声明保留永久诉讼的权利,但这只是一个立场而已,并不解决问题。

(四)国家不宜提出起诉追索的缘由

据中国文物学会统计,从1840年鸦片战争以来,因战争、不正当贸易等原因,超过1000万件中国文物流失到欧美、日本和东南亚等国家及地区,其中国家一、二级文物达100余万件。联合国教科文组织的统计则是,47个国家的200多家博物馆中有中国文物164万件,而民间藏中国文物是馆藏数量的10倍之多。这些文物我们当然应尽力追回,但其中也牵涉国际公法、国际私法等诸多法律问题,还关涉我国的外交大局以及历史政策的延续问题,所以应保持清醒头脑,对相关问题有明确认识。

我国政府是海外历史文化财产的唯一所有者。律师团以相关政府部门不愿做文物追索的原告为由,找到所谓"爱新觉罗宗亲会"出面作为原告而进行诉讼,"因为当年的圆明园是皇家园林,国宝铜兽首当年属于皇家所有"。虽然文物原属皇家所有,但是中华人民共和国成立后对封建贵族以及官僚资产阶级的财产依法进行了国有化和征收,包括已经流失海外所有的原属封建贵族的财产已经完全属于中华人民共和国所有。这种国有化的法令不仅在中华人民共和国境内有效,依照国际法和国际惯例在外国也具有法律效力。原国民党政府被推翻后,其在海外的使馆、领馆等财产自动归中华人民共和国政府所有就是这个道理。也正是从这个角度,法国法院判决认为目前追讨文物的原告主体不适合。所以,如果国家有意通过诉讼追回流失海外的文化财产,原告只能是中华人民共和国政府,其他均为非法。

然而,我国政府不宜提起类似诉讼。第一,法律障碍很大,胜诉可能性很小。对于文物原属国来说,索回文物的法律依据主要是国际公约和文物拍卖国的法律。就国际公约而言,涉及文化财产保护的国际公约虽有10余个,却不完善,整个规则体系只是框架性的,缺乏有限的约束机制,而通过拍卖国法律进行追索，则面临国际私法上的诉讼时效等诸多难以逾越的障碍。目前国际上所有有关文化财产返还的案例中，仅有一起意大利政府诉美国收藏者的案例获得胜诉。考虑到我国政府进行这种跨国诉讼的精力与能力，以诉讼的方式进行追索，得不偿失。第二，我国政府主动提起诉讼有可能引起国外对我们的恶意诉讼。我国政府采取绝对豁免的立场，即中国政府以及代表中国政府行事的人以及财产完全免除外国法院的管辖，否则即为对我国主权的严重侵犯。但国际法中有一条普遍的准则，即享有豁免权的国家如果主动起诉或应诉将不再享有主权豁免。倘若我国政府主动提起诉讼，即意味着豁免权的丧失，会给国家造成不必要的麻烦。第三，跨国诉讼费用高昂，程序复杂，牵涉问题敏感。西方国家一般诉讼费用、律师费用都极其高昂，诉讼难免聘请外国律师，也难免告知其我国相关立场，甚至国家秘密等情况，风险很大。

所以，关于海外流失文物的追索，只有采取外交与法律相结合的手段。在法律上，有关的文化财产流入国，必须承认我国国有化法令的有效性以及我国政府是这些文化财产所有权的唯一合法主体。这是我国主权的必然体现，也是国际法的基本准则。在外交上，一些文物流出国，如中南美洲国家、意大利以及柬埔寨等国已经与美国、瑞士等文物流入国签订了双边协定，以限制和禁止该国文物向美国和瑞士出口，并且在市场上进行交易。一旦文化财产失去市场价值，采取合理补偿的方式就相对容易将已流失的文物收回。

（五）守住文物是我们的责任

从尊重国际公约精神和文物返还原属国的国际共识角度，我国政府以及大批爱国人士、对外友好人士对追索鼠首和兔首铜像做了大量努力。就这件事本身而言，对中国人民的文化权益和民族感情的损害是毋庸置疑的，然而我们也有需要思考的地方。

圆明园文物拍卖之所以受到中外舆论关注，在于它是"风向标"，包括中国在内的各国大量流失文物能否"依约"回归，法律、文物流失国、文物持有者、拍卖各方在此角力。佳士得圆明园文物拍卖结果，严重折射了流失文物追索的法律困境。有约难依，国际公约是签约各国之间的"君子协定"，约束力不具备强制性。在"明火执仗者"面前，是秀才遇到兵有理说不清。在非缔约国面前,协定就是一纸空文。更何况,相关国际公约条款细节模糊,空隙大,漏洞多,可操作性差。

这些年来,国际社会依据国际公约依法追索流失文物先例的确有,但比起大量背井离乡的文物而言,不过沧海一粟。文物回乡之"路漫漫其修远兮",中国、意大利、希腊、埃及几大文明古国文物流失最严重,感觉尤为强烈。由于战争、盗卖等劫掠,这些国家丰富珍贵的历史遗存至今成批量地躺在他乡的柜匣里,有家难归,成为国际文博界的大观。

对于一个动辄用"法"说话的现代社会,把文物回归的希望寄托在某些人的道德觉醒上不过是幻象。在残酷的现实面前,除了坚决捍卫文化权益,继续"通过一切必要途径追索历史上被盗和非法出口的文物"之外,目前的当务之急是要把紧自己的国门,从源头上彻底截断正在不断流失的文物。

这不是危言耸听。有报道表明,在美国、欧洲等地文物交易市场里,中国非法出境文物成为交易的主要对象。可以说是国际走私组织的阴谋,但这个阴谋的实现主要依靠中国人的参与。盗卖、走私层出不穷,数量、手段骇人听闻,尽管国家严厉打击,但中国文物的非法出境现象依然不少。

在包括圆明园文物在内的文物追索中,不止一次地可以听到外国人"守住文物,是你们自己的责任"的论调,这是强盗逻辑,但反躬自省,守住文物难道不是我们自己的责任吗?我们果真守住了自己的文化遗存吗?明知文化遗产之于一个民族之利害,我们还怎能对不法之徒对文物的觊觎无动于衷?被战争劫掠的文物流失固然令人悲愤,盗掘、出卖、走私老祖宗的文化遗产更是耻辱。

今天,我们追回圆明园流失文物之路有多难,明天我们的子孙追回今天流失的文物就有多难。为了我们的子孙,守住今天的国门吧。

(六)"只拍不买"的"得"与"失"

2009年3月2日,中华抢救流失海外文物专项基金"国宝工程"在北京举行新闻发布会,首次披露阻止圆明园鼠首和兔首铜像拍卖的全过程。据介绍,为了阻止两件兽首被拍卖,在多方努力未果的情况下,中华抢救流失海外文物专项基金收藏顾问、厦门心和艺术公司总经理蔡铭超以电话委托方式拍下圆明园鼠首和兔首铜像。这位"神秘买家"亮相后,说明了"只拍不买"的缘由,宣称这是在"非常情况下的非常举措",一时间他成为大多数国人的支持者和赞扬者,大多数媒体都支持蔡铭超的行动。这也使对圆明园鼠首和兔首铜像拍卖报道达到一个新的高潮。但当国人冷静下来之后,我们也要思考这样的问题,如果没有蔡铭超在拍卖会上志在必得的竞拍,拍卖的价格就不会那么高;如果没有蔡铭超在拍卖会上"只拍不买"的严重影响,国际上拍卖的通行惯例需要修改。因此,用这种不文明与违背国际拍卖规则的做法来制止外流文物的拍卖,不是最好的选择。因为它的后果会影响中国人今后在国际拍卖会上的声誉与形象。

从我们掌握的情况分析,这次在巴黎佳士得拍卖公司拍卖的中国圆明园流失文物鼠首和兔首,在拍品的征集、鉴定、预展、拍卖等环节上均符合法国的相关法律。因此,在拍卖会上"只拍不买"的竞买人,也是按照国际拍卖通行惯例和规则中的买受人,要受到拍卖法和相关法律的制裁,除了没收拍卖的保证金外,还要赔偿拍卖规则中规定的其他损失。如果确定是"恶意"竞拍的,还要追究其刑事责任。由此看来,本次拍卖的"得"是在不文明的情况下激发了国人的情感,但本次拍卖的"失"是违反拍卖法及相关法规。从长远和信誉上来看,失要大于得。

来源:http://roll.sohu.com/20130426/n374177382.shtml

讨论与思考题

1.怎样理解文物市场政策法规的发展?
2.怎样理解艺术品市场政策法规的发展?
3.文物法中最主要的内容有哪些?
4.对下列案例进行分析并点评。

案 例

案例一:工艺大师作品被侵权案

黄某为泉州著名民间艺术家、国家级工艺美术大师,他创作的弥勒佛形象雕塑《皆大欢喜系列》等作品均具有独特的造型和手法。

2012年8月6日,泉州市版权局执法人员在被告黄某开办的台商投资区龙祥木雕工艺厂发现现场摆放的《皆大欢喜》《送宝》《祝福》等6件木雕产品,并予以扣押。经省版权局认定,该6件木雕产品在外观造型、人物神情等方面,与原告黄某享有著作权的作品完全一致,为原告黄某作品的复制品。泉州市版权局依法对被告黄某做出行政处罚。

原告黄某起诉到中院,要求被告黄某赔偿损失。法院认为,被告黄某未经原告黄某许可,擅自生产、销售与他美术作品相似的产品,侵犯了原告黄某的著作权,依法应承担相应的民事责任。法院判决被告黄某立即停止侵权,赔偿原告黄某经济损失30万元。

来源:http://news.66163.com/2014-04-26888429.shtml

案例二:艺术品"份额化"交易违法案例

2014年9月,深圳市某投资服务有限责任公司在某宾馆挂牌"HXGJ文化艺术品产权交易所",自称是中国文化艺术品产权交易所的推介代理商,公开对外发售文化艺术品"股票"。

经广东证监局调查,该交易所和中国文交所分别于2011年7月、2013年12月在香港注册成立,但其网站ICP备案号均为粤ICP备11078*号,通讯地址分别在广东省深圳市福田区和广州市番禺区。中国文交所主要采取集中竞价、T+0等方式从事各类文化艺术品权益份额的交易;HXGJ为中国文交所的推介代理商,主要从事艺术品权益份额的发售活动;HXGJ和某公司的出资人和法人代表均为陈某。

HXGJ发售艺术品份额运作方式如下:首先,由香港文交公司(中国文交所的交易商)将陈某持有的艺术品"设计"为所谓的"资产包",由HXGJ向内地投资者公开推销发售文化艺术品份额(即所称"股票"),并向投资者出具由其盖章签发的艺术品《权益份额证书》,之后,投资者可将所持"权益份额"在中国文交所以集中竞价、T+0方式进行交易。

2014年9月以来,HXGJ通过公司网站、路演宣传和举办培训班等公开方式招揽投资者,先后发售了"平安五福""晶簇华夏"艺术品权益份额,发售金额近百万元,涉及人数上百人。目前相关负责人涉嫌经济犯罪被警方刑拘,相关非法经营场所被依法取缔。

来源:http://www.csrc.gov.cn/pub/shanxidong/ztzl/djffzqhd/201507/t20150716_281073.htm

案例三:陶瓷大师王某名誉维权索赔1元案

陶瓷界大师王某以侵犯姓名权、名誉权为由,将某(北京)文化艺术中心、江西省某发展基金会和北京某拍卖有限公司诉至法院,要求判令三被告连续10天在指定媒体刊登声明,赔礼道歉,消除影响,并要求判令三被告索回涉案瓷瓶并销毁,同时赔偿自己损失1元。海淀法院受理了此案。

原告王某诉称,其12岁即学绘瓷画,至今从艺逾80载。德艺双馨,声名远扬,1979年被国家授予第一批中国工艺美术大师称号,1992年起享受国务院"政府特殊津贴",被誉为"瓷界泰斗"。

2015年6月初,已故国画大师刘某先生的家属致函王某,指出"瓷珍善行"拍卖《笑入胡姬酒肆中》瓷瓶,该瓷瓶上的原作是刘某原创的,但该瓶上有署名"王某"以及王某"锡"字红印。

刘老家属认为,王某的行为侵犯了刘老的著作权,并准备付诸诉讼,但先致函征求和解意向。王某获悉此事后拟写了一份声明,说他从未复制过刘老的任何画作,涉案瓷瓶上的提款、印章均系冒用,他从未将涉案瓷瓶送交拍卖。对于上述拍卖活动,四家国家级大网站都有过相关报道,并先后强调,涉案瓷瓶《笑入胡姬酒肆中》是王某创作。

王某认为,根据相关报道,拍卖方在拍卖活动中说王某心系山区,主动拿出佳作义拍,并对拍卖活动大为称赞,这完全是子虚乌有,空穴来风。拍卖方不去求证瓷瓶出处,却编造事实,无非是让社会公众坚信瓷瓶是王某本人提供并亲自创作的,绝非赝品,以便促成拍卖成功,将拍卖款收入囊中。

拍卖方将一件并非王某创作的瓷瓶宣传为其本人创作,严重侵犯了王某的姓名权,同时也导致社会公众合理地怀疑王某为侵犯刘某先生著作权的违法者,侵犯了王某的名誉权。

被告方的行为违反了拍卖法规定的诚信原则,违反了民法通则和侵权责任法的相关规定,给王某造成了巨大的精神伤害。王某将与拍卖活动相关的三家单位诉至法院,并提出上述诉求。

来源:http://www.bjnews.com.cn/news/2015/08/12/374018.html

第九章　文化遗产政策法规与典型案例

　　世界各国政府都重视对文化遗产保护的问题。我国成为《保护世界文化和自然遗产公约》的缔约国以来，积极制定了文化遗产保护的相关政策与法规，促进了文化遗产保护工作的发展。

第一节　文化遗产政策法规概述

　　1959 年，埃及和苏丹联合向联合国教科文组织提交了一份紧急报告，请求帮助保护努比亚遗址和有关文物。因修建阿斯旺水坝，努比亚遗址正受到将形成的人工湖淹没的威胁。这是 1945 年联合国教科文组织成立以来，第一次收到这样的请求。

　　1960 年 3 月 8 日，联合国教科文组织的总干事比托里诺·韦罗内塞呼吁各国政府、组织、公共和私立的基金会及一切有美好愿望的个人为保护努比亚遗址提供技术和财政支持。法国文化大臣安德鲁·马尔罗也参加了这次呼吁行动的典礼仪式。他说，这次行动是人类和死亡分离行动。保护努比亚文化遗址的行动从此展开，这也表明了联合国教科文组织在对待文化遗产方面有了一个全新的概念。

　　在 20 世纪 60 年代以前，人们普遍认为在一个国家疆界内的文化遗址完全是该国的国内事务，该国需对文化遗址的保护工作负责。然而努比亚行动开创了一个新的概念：这些文化遗址应该被视为全人类的文化遗产，因此应当受到整个国际社会和联合国教科文组织的关注。

　　于是，从 20 世纪 50 年代到 70 年代末期，国际社会逐渐接纳了保护文化遗产的主要国际公约和宪章及决议，这其中包括：1954 年的《关于在武装冲突情况下保护文化财产的海牙公约》，1964 年的《保存和修复纪念物考古现场的国际宪章》,1964 年 12 月 16 日第 21 届联合国大会第 2200A 号决议通过的《经济、社会、文化权利国际公约》,1970 年的《联合国教科文组织关于采取措施禁止和防止非法进出口文化财产和所有权非法转让的公约》,1972 年 11 月 16 日教科文组织第 17 届会议在巴黎通过的最著名的《保护世界文化和自然遗产的公约》,简称《世界遗产公约》,以及 2003 年 10 月 17 日联合国教科文组织第 32 届会议在巴黎通过的《保护非物质文化遗产公约》。上述这些公约、宪章以及决议是人类保护文化遗产的重要政策与法规,对促进多国保护文化遗产起了极其重要的作用。

特别是在《世界遗产公约》中,首先界定了"文化遗产"的内涵:包括文物、建筑群、遗址。文物是指从历史和艺术或科学角度看,具有突出的普遍价值的建筑物、碑雕、碑画、具有考古性质成分或结构、铭文、窟洞以及联合体。建筑群是指从历史和审美以及人种学或人类学角度看,具有突出价值的人类工程或自然与人联合工程以及考古地址等地方。"自然遗产"是指从审美或科学角度看具有突出价值的由物质和生物结构或这类结构群组成的自然面貌,从科学或保护角度看具有突出价值的地址和自然地理结构以及明确划为受威胁的动物和植物生境区,从科学和保护或自然美角度看具有突出价值的天然名胜或明确划分的自然区域。

《世界遗产公约》对保护世界范围内的文化遗产起了不可替代的作用。在所有的国际公约中,《世界遗产公约》获得了最大的成功,它不仅引起了公众的关注,而且赢得了国际社会的认可。目前,联合国和教科文组织中85％以上的成员国已经加入此公约。中国于 1985 年加入了该公约。

从《保护非物质文化遗产公约》来看,由于受现代化进程的冲击,再加上人们观念上对非物质文化遗产的保护意识不及有形遗产,非物质文化遗产的保护和继承处于脆弱的境地。2003 年 11 月 3 日,第 32 届联合国教科文组织大会通过了《保护非物质文化遗产公约》。我国于 2004 年 12 月 2 日向联合国教科文组织递交了由中国国家主席胡锦涛签署的《保护非物质文化遗产公约》批准书。

"非物质文化遗产",即人类口头和非物质遗产,包括被各群体、团体或个人视为其文化遗产的各种实践、表演、表现形式、知识和技能及其相关的工具、实物、工艺品和文化场所。主要有五类。

(1)口头传说和表述,包括作为非物质文化遗产媒介的语言。

(2)表演艺术,民间音乐、舞蹈、戏曲、曲艺、皮影等。

(3)社会风俗、礼仪、节庆。

(4)有关自然界和宇宙的知识和实践。

(5)传统的手工艺技能,如剪纸、雕刻、刺绣、印染等。

虽然国际公约同样具有法律效力,但是为了尊重各国不同情况,该公约并未明确非物质文化遗产的具体认定标准和保护工作的衡量标准。所以,如何执行公约内容就显得格外重要。

为了加强对世界文化遗产的保护和管理,2006年11月14日,国家文化部部务会议审议通过《世界文化遗产保护管理办法》,这是履行对《保护世界文化与自然遗产公约》的责任和义务,将对传承人类文明起重要的作用。《世界文化遗产保护管理办法》指出,世界文化遗产工作贯彻保护为主、抢救第一、合理利用、加强管理的方针,确保世界文化遗产的真实性和完整性。

2008年5月,文化部审议通过《国家级非物质文化遗产项目代表性传承人认定与管理暂行办法》,有效保护和传承国家级非物质文化遗产,鼓励和支持国家级非物质文化遗产项目代表性传承人开展传习活动。

为了继承和弘扬中华民族优秀传统文化,促进社会主义精神文明建设,加强非物质文化遗产保护、保存工作,国家制定了《非遗法》,自2011年6月1日起施行。这是继《文物保护法》颁布近30年后又一部文化产业领域的重要法律,对我国非物质文化遗产法规乃至文化产业法规的建设都具有奠基性的意义,也标志着我国非物质文化遗产保护事业进入依法保护的规范阶段,是我国在文化自觉和文化自信方面的重大推进。

时任文化部部长的蔡武对此进行了专门解读:《非遗法》是完善中国特色社会主义法律体系,加强文化立法的重要步骤。文化领域的法律法规是中国特色社会主义法律体系的重要组成部分,是全面实施"依法治国"的具体体现,在文化建设中具有基础性和全局性的作用。改革开放30多年来,我国文化立法取得了很大进展,初步形成了覆盖文化遗产保护、知识产权保护、公共文化服务、文化市场管理等全方位的法规体系。但总体上看,文化建设的法律层级还较低,体系还很不完善。《非遗法》是继《文物保护法》颁布近30年来文化领域的又一部重要法律,不仅提升了文化立法的层次和水平,而且丰富了我国法律体系的内容,在文化建设立法中具有里程碑的意义。

《非遗法》的出台将为加强非物质文化遗产保护工作提供坚实保障。随着非物质文化遗产保护工作的逐步深入,社会各界都认识到,保护非物质文化遗产是一项长期而艰巨的任务,需要法律、科技、行政和财政各项措施环环相扣,持续不断。随着工作实践的深入,各地颁布了一些地方性保护法规,但在整个国家层面的立法仍是空白。《非遗法》的出台,将党中央关于文化遗产保护的方针政策上升为国家意志,将非物质文化遗产保护的有效经验上升为法律制度,将各级政府部门保护非物质文化遗产的职责上升为法律责任,为非物质文化遗产保护政策的长期实施和有效运行提供了坚实保障。

《非遗法》的出台还是我国履行国际公约义务的重要体现。我国是制定《保护非物质文化遗产公约》的重要发起国,并两次当选保护非物质文化遗产政府间委员会委员国。以法律的形式保护本国非物质文化遗产,是《保护非物质文化遗产公约》赋予缔约国的重要职责和我国全面履行国际公约义务的体现,是为促进世界非物质文化遗产保护、维护人类文化多样性做出的积极贡献。

《非遗法》明确了继承和弘扬中华民族优秀传统文化"一个目标":"继承和弘扬中华民族优秀传统文化,促进社会主义精神文明建设,加强非物质文化遗产保护、保存工作。"这一目标过去主要体现在党和国家的政策文件中,现在以法律的形式得到确认。为了进一步体现这一目标,《非遗法》从不同角度进行了制度设计:一是在调整范围上,对保护对象进行了明确界定;二是在法律性质上,定位于行政保护为主;三是在保护措施上,实行区别保护,确认国家采取认定、记录、建档等措施保存各类非物质文化遗产,采取传承、传播等方式保护具有历史、文学、艺术、科学价值的非物质文化遗产。

《非遗法》提出了指导非物质文化遗产保护工作的两大原则:一是保护非物质文化遗产,应当注重其真实性、整体性和传承性;二是保护非物质文化遗产应当有利于增强中华民族的文化认同,有利于维护国家统一和民族团结,有利于促进社会和谐和可持续发展。这两大原则是我国在保护实践中遵循非物质文化遗产传承、衍变规律,处理好有关民族、宗教问题以及传统文化中的精华与糟粕等问题的重要指针。

　　《非遗法》规定了非物质文化遗产保护的三项制度,分别是调查制度、代表性项目名录制度、传承与传播制度。非物质文化遗产调查是保护工作的基础;建立非物质文化遗产代表性项目名录是为了集中有限的资源,对体现中华民族优秀传统文化,具有历史、文学、艺术、科学价值的非物质文化遗产项目制定保护规划,进行重点保护;非物质文化遗产的传承与传播,既包括对代表性传承人的认定和扶持,也包括各级人民政府、有关部门及学校、新闻媒体、公共文化机构等在非物质文化遗产宣传、教育、传播方面的重要责任。

　　《非遗法》还包括以下几个问题。

　　一是关于非物质文化遗产的保护和保存。《非遗法》立法过程中,专家对非物质文化遗产保护和保存的内涵和关系进行了广泛的探讨甚至是激烈的争论。目前出台的《非遗法》分为"保存"和"保护"两个层面,是考虑到在我国语境中,"保护"更具有积极的意义,不能完全照搬联合国教科文组织的提法。同时,我国非物质文化遗产种类繁多、性质各异,有的民俗和民间信仰活动或多或少含有一些与时代发展不相符合的因素,需要在认真甄别的基础上,针对不同的情况采取相应措施。

　　《非遗法》将"保护"与"保存"区别开来。对于《非遗法》界定范围的所有非物质文化遗产,采取认定、记录、建档等措施,把影像资料、书面资料作为历史的记忆保存下来,以便研究和展示;而对那些体现中华民族优秀传统文化,具有历史、文学、艺术、科学价值的非物质文化遗产,采取积极有效的措施,包括将其列入名录、建立传承传播机制进行保护和弘扬。

　　二是关于如何看待非物质文化遗产整体性保护。《非遗法》明确提出了对非物质文化遗产项目集中、特色鲜明、形式和内涵保持完整的特定区域,实行区域性整体保护。自 2007 年以来,国家通过对非物质文化遗产区域性整体保护的探索和实践,并根据国家"十一五"文化发展纲要的要求,相继设立了 11 个国家级文化生态保护实验区,总结出文化生态保护的工作原则和措施。

　　但区域性整体保护方式是我国开展非物质文化遗产保护工作的一种探索和创新,可借鉴的国内外经验较少,文化生态保护区的保护内容、保护方式、管理模式以及非物质文化遗产保护同区内各项建设事业的相互关系等问题还需要做深入探索。

三是关于如何对待使用非物质文化遗产涉及的知识产权保护。《非遗法》是一部行政法,主要规范行政部门的行为,而知识产权属于民事范畴,不是这部法律所能完全涵盖的。同时,非物质文化遗产保护涉及的知识产权问题非常复杂,特别是许多非物质文化遗产的原创权属关系不是很明确,权利主体有时难以确定,这些问题具有相当的复杂性,学术界对此也有不同看法。考虑到非物质文化遗产使用会涉及知识产权问题,《非遗法》对此做了衔接性规定,使用非物质文化遗产涉及知识产权的,适用有关法律、行政法规的规定。

第二节 文化遗产政策法规主要内容

我国制定的《世界文化遗产保护管理办法》共有 22 条,在制定的依据、范围、方针等方面都有明确的规定。

一、关于世界文化遗产的范围和方针及要求

世界文化遗产,是指列入联合国教科文组织《世界遗产名录》的世界文化遗产和文化与自然混合遗产中的文化遗产部分。世界文化遗产工作贯彻保护为主、抢救第一、合理利用、加强管理的方针,确保世界文化遗产的真实性和完整性。

国家文物局协调和解决世界文化遗产保护和管理中的重大问题,监督和检查世界文化遗产所在地的世界文化遗产工作。县级以上地方人民政府及其文物主管部门依照规定,制定管理制度,落实工作措施,负责本行政区域内的世界文化遗产工作。

县级以上地方人民政府应当将世界文化遗产保护和管理所需的经费纳入本级财政预算。公民和法人以及其他组织可以通过捐赠等方式设立世界文化遗产保护基金,专门用于世界文化遗产保护。世界文化遗产保护基金的募集、使用和管理,依照国家有关法律和行政法规及部门规章的规定执行。

国家对世界文化遗产保护的重大事项实行专家咨询制度,由国家文物局建立专家咨询机制开展相关工作。

二、关于世界文化遗产保护规划与管理

世界文化遗产保护规划由省级人民政府组织编制。承担世界文化遗产保护规划编制任务的机构,应当取得国家文物局颁发的资格证书。世界文化遗产保护规划应当明确世界文化遗产保护的标准和重点,分类确定保护措施,符合联合国教科文组织有关世界文化遗产的保护要求。尚未编制保护规划,或者保护规划内容不符合《世界文化遗产保护管理办法》要求的世界文化遗产,应当自《世界文化遗产保护管理办法》施行之日起一年内编制、修改保护规划。

世界文化遗产保护规划由省级文物主管部门报国家文物局审定。经国家文物局审定的世界文化遗产保护规划,由省级人民政府公布并组织实施。世界文化遗产保护规划的要求,应当纳入县级以上地方人民政府的国民经济和社会发展规划,土地利用总体规划和城乡规划。

世界文化遗产中的不可移动文物,应当根据其历史、艺术和科学价值依法核定为文物保护单位。尚未核定公布为文物保护单位的不可移动文物,由县级文物主管部门予以登记并公布。世界文化遗产中的不可移动文物,按照《文物保护法》和《中华人民共和国文物保护法实施条例》的有关规定实施保护和管理。

世界文化遗产中的文物保护单位,应当根据世界文化遗产保护的需要依法划定保护范围和建设控制地带并予以公布。保护范围和控制地带的划定,应当符合世界文化遗产核心区和缓冲区的保护管理。省级人民政府应当为世界文化遗产做出标志说明。

省级人民政府应当为世界文化遗产确定保护机构。保护机构应当对世界文化遗产进行日常维护和监测,并建立日志。发现世界文化遗产存在安全隐患的,保护机构应当采取控制措施,并及时向县级以上地方人民政府和省级文物主管部门报告。

三、关于世界文化遗产的参观与保护

世界文化遗产辟为参观游览区,应当充分发挥文化遗产的宣传教育作用,并制定完善的参观游览服务管理办法。

世界文化遗产保护机构应当将参观游览服务管理办法报省级文物主

管部门备案。省级文物主管部门应当对世界文化遗产的参观游览服务管理工作进行监督检查。

在参观游览区内设置服务项目,应当符合世界文化遗产保护规划的管理要求,并与世界文化遗产的历史与文化属性相协调。服务项目由世界文化遗产保护机构负责具体实施。实施服务项目,应当遵循公开、公平、公正和公共利益优先的原则,并维护当地居民的权益。

各级文物主管部门和世界文化遗产保护机构应当组织开展文化旅游的调查和研究工作,发掘并展示世界文化遗产的历史和文化价值,保护并利用世界文化遗产工作中积累的知识产权。

四、关于世界文化遗产保护措施与法律责任

在发生或可能发生危及世界文化遗产安全的突发事件时,保护机构应当采取必要的控制措施,并同时向县级以上地方人民政府和省级文物主管部门报告。省级文物主管部门应当在接到报告2小时内,向省级人民政府和国家文物局报告。

国家对世界文化遗产保护实行监测巡视制度,由国家文物局建立监测巡视机制开展相关工作。因保护和管理不善,致使真实性和完整性受到损害的世界文化遗产,由国家文物局列入《中国世界文化遗产警示名单》予以公布。列入《中国世界文化遗产警示名单》的世界文化遗产所在地省级人民政府,应当对保护和管理工作中存在的问题提出整改措施,限期改进保护管理工作。

对违反《世界文化遗产保护管理办法》规定,造成世界文化遗产损害的,依据有关规定追究责任人的法律责任。

五、关于非物质文化遗产的法规

(一)非物质文化遗产界定

非物质文化遗产,是指各族人民世代相传并视为其文化遗产组成部分的各种传统文化表现形式,以及与传统文化表现形式相关的实物和场所。包括六个部分:

(1)传统口头文学以及作为其载体的语言。

（2）传统美术、书法、音乐、舞蹈、戏剧、曲艺和杂技。

（3）传统技艺、医药和历法。

（4）传统礼仪、节庆等民俗。

（5）传统体育和游艺。

（6）其他非物质文化遗产。

属于非物质文化遗产组成部分的实物和场所，凡属文物的，适用《中华人民共和国文物保护法》的有关规定。

（二）保护措施

国家对非物质文化遗产采取认定、记录、建档等措施予以保存，对体现中华民族优秀传统文化，具有历史、文学、艺术、科学价值的非物质文化遗产采取传承、传播等措施予以保护。

（三）保护单位

县级以上地方人民政府应当将非物质文化遗产保护、保存工作纳入本级国民经济和社会发展规划，并将保护、保存经费列入本级财政预算。

国家扶持民族地区、边远地区、贫困地区的非物质文化遗产保护、保存工作。

国务院文化主管部门负责全国非物质文化遗产的保护、保存工作；县级以上地方人民政府文化主管部门负责本行政区域内非物质文化遗产的保护、保存工作。县级以上地方人民政府其他有关部门在各自职责范围内，负责有关非物质文化遗产的保护、保存工作。

（四）非物质文化遗产的调查

县级以上地方人民政府根据非物质文化遗产保护、保存工作需要，组织非物质文化遗产调查。非物质文化遗产调查由文化主管部门负责进行。县级以上人民政府其他有关部门可以对其工作领域内的非物质文化遗产进行调查。

文化主管部门和其他有关部门进行非物质文化遗产调查，应当对非物质文化遗产予以认定、记录、建档，建立健全调查信息共享机制。文化主管部门和其他有关部门进行非物质文化遗产调查，应当收集属于非物质文化遗产组成部分的代表性实物，整理调查工作中取得的资料，并妥善保存，防止损毁、流失。其他有关部门取得的实物图片、资料复制件，应当汇交给同级文化主管部门。

文化主管部门应当全面了解非物质文化遗产有关情况,建立非物质文化遗产档案及相关数据库。除依法应当保密的外,非物质文化遗产档案及相关数据信息应当公开,便于公众查阅。

境外组织或者个人在中华人民共和国境内进行非物质文化遗产调查,应当报经省、自治区、直辖市人民政府文化主管部门批准;调查在两个以上省、自治区、直辖市行政区域进行的,应当报经国务院文化主管部门批准;调查结束后,应当向批准调查的文化主管部门提交调查报告和调查中取得的实物图片、资料复制件。境外组织在中华人民共和国境内进行非物质文化遗产调查,应当与境内非物质文化遗产学术研究机构合作进行。

(五)非物质文化遗产代表性项目名录

国务院建立国家级非物质文化遗产代表性项目名录,将体现中华民族优秀传统文化,具有重大历史、文学、艺术、科学价值的非物质文化遗产项目列入名录予以保护。

省、自治区、直辖市人民政府建立地方非物质文化遗产代表性项目名录,将本行政区域内体现中华民族优秀传统文化,具有历史、文学、艺术、科学价值的非物质文化遗产项目列入名录予以保护。省、自治区、直辖市人民政府可以从本省、自治区、直辖市非物质文化遗产代表性项目名录中向国务院文化主管部门推荐列入国家级非物质文化遗产代表性项目名录的项目。推荐时应当提交下列材料:

(1)项目介绍,包括项目的名称、历史、现状和价值。

(2)传承情况介绍,包括传承范围、传承谱系、传承人的技艺水平、传承活动的社会影响。

(3)保护要求,包括保护应当达到的目标和应当采取的措施、步骤、管理制度。

(4)有助于说明项目的视听资料等材料。

(六)非物质文化遗产的传承与传播

国家鼓励和支持开展非物质文化遗产代表性项目的传承、传播。

国务院文化主管部门和省、自治区、直辖市人民政府文化主管部门对本级人民政府批准公布的非物质文化遗产代表性项目,可以认定代表性传承人。

非物质文化遗产代表性项目的代表性传承人条件：熟练掌握其传承的非物质文化遗产；在特定领域内具有代表性，并在一定区域内具有较大影响；积极开展传承活动。

认定非物质文化遗产代表性项目的代表性传承人，应当参照执行有关非物质文化遗产代表性项目评审的规定，并将所认定的代表性传承人名单予以公布。

（七）非物质文化遗产工作中的法律责任

文化主管部门和其他有关部门的工作人员在非物质文化遗产保护、保存工作中玩忽职守、滥用职权、徇私舞弊的，依法给予处分。

文化主管部门和其他有关部门的工作人员进行非物质文化遗产调查时侵犯调查对象风俗习惯，造成严重后果的，依法给予处分。

违反规定，破坏属于非物质文化遗产组成部分的实物和场所的，依法承担民事责任；构成违反治安管理行为的，依法给予治安管理处罚。

境外个人或组织违反规定的，由文化主管部门责令改正，给予警告，没收违法所得及调查中取得的实物、资料；情节严重的，个人处 1 万元以上 5 万元以下的罚款，组织处 10 万元以上 50 万元以下的罚款。违反规定构成犯罪的，依法追究刑事责任。

第三节　文化遗产政策法规典型案例

为了帮助大家认识和理解文化遗产政策法规的问题，我们选择了几个典型的案例，供分析和研究。

一、盗掘古文化遗址古墓葬案

▌案情简介

2014 年以来，辽宁省朝阳市某红山文化遗址保护区连续发生多起盗掘案件，一批古文化遗址、古墓葬、积石冢群文物本体和原历史风貌遭到严重破坏和损毁,大量文物被盗,严重扰乱了文物管理秩序。

2015 年 5 月 26 日,在公安部直接组织指挥下,辽宁某公安机关会同河北、内蒙古、山西等 6 省份公安机关同步开展集中行动,一举破获公安部督办的盗掘古文化遗址古墓葬案,打掉盗掘犯罪团伙 10 个,抓获犯罪嫌疑人 175 名,追回涉案文物 1168 件,收缴一大批作案车辆、手机、银行卡。据了解,此案是中华人民共和国成立以来单案抓获犯罪嫌疑人数和追缴被盗文物数量最多的案件,追回的被盗文物中,一级文物 125 件,二级文物 86 件,三级文物 200 件,一般文物 757 件,价值逾 5 亿元。

2016 年 4 月 14 日,辽宁省某市中级人民法院对公安部部督 2015 一号特大盗掘古文化遗址、古墓葬系列案件主犯姚某等人做出一审判决。

因犯盗掘古文化遗址、古墓葬罪,抢劫罪,倒卖文物罪,头号主犯姚某数罪并罚被判处死刑,缓期 2 年执行。以盗掘古文化遗址、古墓葬罪判处 3 名被告人无期徒刑,判处多名被告人有期徒刑 3 至 15 年不等,并处罚金。

▌案情评析

盗掘古文化遗址、古墓葬罪(《刑法》第三百二十八条第一款),是指盗掘具有历史、艺术、文化、科学价值的古文化遗址、古墓葬以及具有科学价值的古人类化石和古脊椎动物化石的行为。盗掘古文化遗址、古墓葬不仅仅破坏了古文化遗址和古墓葬原有风貌,更造成诸多的文物在盗掘过程中被破坏从而丧失了其原有的艺术、历史、科学方面的价值。此案中,该团体盗掘古文化遗址古墓葬,涉及文物高达 1168 件,其总价值高达 5 亿元,可谓是中华人民共和国成立以来的盗墓罪第一案。此案中的头号主犯被判处死刑,其他罪犯也得到了相应的处罚,体现了我国政府对盗掘古墓严惩的态度。此外《文物保护法》和相关的条例使得文物保护有其相应的法律体系的支撑,并且其后续维权也有具体的法律细则支持。

来源:http://news.xinhuanet.com/legal/2015-05/26/c_127844671.htm

二、陕西省西安市西安城墙永宁门保护范围内违法建设案

▌案情简介

　　西安城墙是 1961 年被国务院公布的第一批全国重点文物保护单位，由西安 CQ 文化投资发展有限公司管理使用。2014 年 7 月，媒体曝光西安城墙永宁门月城内修建室外观光电梯。西安市文物局立即赴现场调查，责令停工，并立案查处。经查，西安 CQ 文化投资发展有限公司违反《文物保护法》第十七条有关规定，未经审批擅自在永宁门保护范围内建设两座钢架结构电梯，钢架结构距离城墙 8 米，上端以钢轨与城墙相连，连接处拆毁宽 1.5 米城垛。

　　2014 年 7 月 18 日，西安市文物局根据《文物保护法》第六十六条规定，做出给予西安 CQ 文化投资发展有限公司责令改正违法行为，并处罚款 30 万元的行政处罚决定。西安 CQ 文化投资发展有限公司连夜拆除了违建电梯，修复城垛，恢复了永宁门原貌。11 月，罚款执行到位。西安 CQ 景区管委会对西安 CQ 文化投资发展有限公司以及负有管理责任的西安城 CQ 区安全办通报批评，对 3 名责任人分别给予了诫勉谈话、撤职等处分。

▌案情评析

　　2016 年国家文物局发布了"2014—2015 年文物行政执法十大指导性案例"，西安文物局对西安城墙建设电梯事件及时处置被列入其中，一方面体现了西安文物局对文物保护的重视，对破坏文物事件处置的及时合理；但是另一方面也体现了文物管理仍然存在漏洞。当前很多地方都出现擅自更改文物管理权，导致管理权和经营权不是属于相关的文物部门而是转移到了企业手中的情况，虽然在保护文物的基础上更多地发挥其所有的传播文化的价值是值得提倡的，但是企业自身的营利性决定了其在公共服务和利润追逐之间对利润的明显倾向，因此不可避免地会出现破坏文物的事件。西安作为著名古都，其不可移动的文物数不胜数，而西安城墙更是其中的典型代表，此次事件更是反映了文物管理的漏洞。而其他的文物行政

执法事件也体现了文物管理各个方面存在的不同的漏洞。国家文物局发布 2014—2015 十大文物行政执法事件，一方面体现了其对文物保护的重视，另一方面更是提供了其他破坏文物违法事件如何处置的相应规范，使得文物破坏处置有据可依。

来源：http://culture.people.com.cn/nl/2016/0204/c87423-28111554.html

▌讨论与思考题

1.怎样理解文化遗产政策法规的发展？
2.世界文化遗产保护措施与法律责任有哪些？
3.对以下案例进行分析并点评。

▌案　例

案例一：安顺地戏案（2011 年）

S 市文化体育局起诉《千里走单骑》导演张某等三被告侵犯民间文学艺术作品署名权一案，被北京市第一中级人民法院正式受理。S 市文化体育局一审起诉称，电影《千里走单骑》在拍摄时，安顺市 Z 屯的八位地戏演员应被告的邀请前往丽江，表演了"安顺地戏"传统剧目中的《战潼关》和《千里走单骑》。这些表演被剪辑到《千里走单骑》影片中。但该影片却称之为"云南面具戏"。被告将特殊地域性、表现唯一性的安顺地戏误导成云南面具戏，歪曲了安顺地戏这一非物质文化遗产和民间文学艺术，侵犯了原告的署名权，而且使得观众被误导，前往云南寻找这一传统艺术形式。

2011 年 5 月 24 日，一审法院做出判决，认为涉案影片《千里走单骑》使用"安顺地戏"进行一定程度创作虚构，并不违反《著作权法》的规定，S 市文化体育局的诉讼请求应予驳回。

S 市文化体育局不服一审判决，向北京市第一中级人民法院提起上诉，认为《千里走单骑》使用了安顺地戏却不标注名称，说明被上诉人主观上存在过错。S 市文化体育局还提交了日本摄影艺术家拍摄的专题片，证明受影片影响该摄影家前往丽江寻找面具戏结果辗转找到了 S 市，说明影片已经造成了误导的实际后果。

安顺地戏告张某二审在北京市第一中级人民法院开审。法院二审判决认为,安顺地戏属于剧种,不属于作品,不受《著作权法》保护。因此终审驳回上诉,维持原判。

来源:http://old.chinacourt.org/html/article/201108/17/461658.shtml

案例二:"黄梅挑花"案

HM工艺有限公司因侵犯"黄梅挑花"民间传承人的著作权被查处,这是全国首起非物质文化遗产盗版侵权案件。"黄梅挑花"是广泛流传于湖北省某县的汉族民间艺术,是第一批国家级非物质文化遗产,有关部门采取一系列措施,对其主要流传地、代表性传承人和经典作品等进行了重点保护。

2007年11月22日,湖北省版权局接到国家版权局反盗版举报中心"关于湖北省HM工艺有限公司侵权情况汇总"的举报协查材料。24日,某市版权局调查取证后查明,该公司生产的"黄梅挑花"有300多个品种,其中"必胜宝宝""平安宝宝"等14种图案,严重侵犯了"黄梅挑花"民间传承人的著作权。该公司负责人承认,相关图案均未得到权利人的使用许可,也从未支付过报酬。省版权局公布了行政处罚结果,责令该公司立即停止侵权,没收复制品,罚款6万元。

本案为全国反盗版举报中心成立以来结案的首起侵权案件,也是全国加强非物质文化遗产保护活动开展以来的首起行政处罚案件。

来源:http://news.cnhubei.com/hbrb/hbrbsglk/hbrb05/200801/t199203.shtml

第十章　会展产业政策法规与典型案例

在我国,会展产业是近十几年来迅速发展起来的一个产业。虽然时间不长,但已形成了一定的规模,在国民经济建设中发挥了极其重要的作用。因此,国家有关部门已先后制定出相关的政策法规,有力地促进了我国会展产业的发展。

第一节　会展产业政策法规概述

会展是会议和展览的总称,它包括了所有类型的会议及展览项目。随着时代的发展,一方面会展的概念已超出了原来的含义,涵盖了当前各种大型的策划活动及公关推广与新产品的推介活动;另一方面会议和展览的形式与内容也在不断发生变化,旅游、休闲等活动也在会展业中发挥着积极的作用。因此,会展既有狭义的会议会展,又有广义的会展经济与会展产业的意义。

《国际展览会公约》指出,展览会是一种展示,无论名称如何,其宗旨均在于教育大众。它可以展示人类所掌握的满足文明需要的手段,展现人类在某一个或多个领域经过奋斗所取得的进步,或展望发展前景。《中华人民共和国商业行业标准 SB/T 10358—2002 专业性展览会等级的划分及评定》中对专业性展览会的概念进行了界定,即在固定或规定的地点,规定的日期和期限内,由主办者组织、若干参展商参与的通过展示促进产品、服务的推广和信息,技术交流的社会活动。

为使我国会展业朝着健康有序的方向发展,逐步走上法制化的轨道,国务院及其有关部门陆续制定了一系列相应的政策法规。例如,1993 年对外贸易经济合作部下发了《关于印发〈关于赴港澳地区举办经贸活动的审批管理办法〉的通知》；1995年国务院办公厅下发了《关于对出国(境)招商活动加强管理的通知》以及对外贸易经济合作部下发了《关于对出国(境)举办招商和办展等经贸活动的管理办法》；1996年对外贸易经济合作部制定了《各类商品和技术交流活动管理实行办法》；1997年国务院办公厅下发了《关于对在我国境内举办对外经济技术展览会加强管理的通知》；1998年对外贸易经济合作部下发了《关于审核境内举办对外经济技术展览会主办单位资格的通知》《对外贸易经济合作部关于在境内举办对外经济展览会管理暂行办法》《在祖国大陆举办对台湾经济技术展览会暂行管理办法》，以及国家工商行政管理局制定的《商品展销会管理办法》(2010年废止)；2001年国务院办公厅下发了《关于出国举办经济贸易展览会审批管理工作有关问题的函》，以及同年国家贸促会和外经贸部制定的《出国举办经济贸易展览会审批管理办法》；2001年底对外贸易经济合作部下发了《关于审核出国(境)举办经济贸易展览会组办单位资格的通知》；2003年6月贸促会、外交部、商务部、公安部、海关总署联合下发了《关于进一步加强出国举办经济贸易展览会管理工作有关问题的通知》；2004年海关总署和商务部下发了《关于在我国境内举办对外技术展览会有关管理事宜的通知》等。这些政策与法规的制定，对我国会展业的早期发展具有重要的意义。

近年来，我国会展业快速发展，已经成为构建现代市场体系和开放型经济体系的重要平台，在我国经济社会发展中的作用日益凸显。同时，也存在着结构不合理、政策不完善、国际竞争力不强等问题。

2006年1月，商务部、国家工商行政管理总局、国家版权局、国家知识产权局审议通过《展会知识产权保护办法》。

2014年8月，由国家会议中心起草的国家标准《会议分类与术语》(GB/T 30520—2014)正式发布。作为首部指导会议产业运行的国家标准，《会议分类与术语》为会议产业标准体系的建立开创了良好开端，为政策法律及理论研究的开展提供了科学依据。

2015年4月，国务院印发《关于进一步促进展览业改革发展的若干意见》，这是国务院首次全面系统地提出展览业发展的战略目标和主要任务，并对促进展览业改革发展做出全面部署，提出四个方面的措施要求。

一是改革管理体制。加快简政放权，建立部际联席会议制度，统筹协调,加强事中事后监管。推进展览业市场化进程,严格规范各级政府办展行为,逐步加大政府向社会购买服务的力度。发挥中介组织作用,提高行业自律水平。

二是推动创新发展。加快信息化进程,提升组织化水平,健全展览产业链,形成行业配套、产业联动、运行高效的展览业服务体系。完善展馆管理运营机制,制订公开透明和非歧视的场馆使用规则。深化国际交流合作,与国际展览业组织、行业协会、展览企业等建立合作机制。

三是优化市场环境。完善行业标准体系和诚信体系,打击侵权和假冒伪劣。加强展会知识产权保护,提升对展会知识产权的创造、运用和保护水平。

四是强化政策引导。优化展览业布局,推动建设一批具有世界影响力的国际展览城市和展览场馆,培育一批品牌展会。落实财税政策,改善金融保险服务,提高参展办展便利化水平。健全行业统计制度,建立和完善展览业统计指标和监测分析体系。加强人才体系建设,全面提升从业人员整体水平。

第二节　会展产业政策法规主要内容

从我国发展会展产业的情况来看,先后制定了许多鼓励和发展会展产业的政策法规。主要有以下几个方面的内容。

一、关于会展举办单位的资格问题

(一)《商品展销会管理办法》废止

我国自 1997 年起对商品展销会的管理都是根据《商品展销会管理办法》进行的,2010 年 7 月国务院公布《国务院关于第五批取消和下放管理层级行政审批项目的决定》后,工商行政管理部门停止审批商品展销会登记;2010 年 11 月国家工商行政管理总局第 52 号令废止了《商品展销会管理办法》,体现了国家对商品展销会的支持态度。

（二）对境内举办对外经济技术展览会的主办单位资格的规定

根据《关于审核境内举办对外经济技术展览会主办单位资格的通知》，举办对外经济技术展览会的境内主办单位应具有以下资格：

（1）举办对外经济技术展览会的境内主办单位，必须具有商务部审核批准的主办资格。

（2）除省级、副省级市人民政府或省级外经贸主管部门以及国务院部门以外的境内主办单位，应具备以下条件：

①具有组织招商招展能力和承担举办展览的民事责任能力；

②设有专门从事办展的部门或机构，并有相应的展览专业（包括策划、设计、组织、管理及外语）人员，具有完善的办展规章制度；

③曾参与承办或协办 5 个以上较大规模的国际性展览会。

（三）对出国（境）举办经贸展览会组办单位资格的规定

《关于出国（境）举办经贸展览会组办单位资格的通知》对出国（境）举办经济贸易展览会组办单位资格做了明确的规定。

（1）各省、自治区、直辖市和计划单列市外经贸主管部门，各省、自治区、直辖市和计划单列市贸促分会、各行业贸促分会，全国性进出口商会、中国外商投资企业协会均可出国（境）办展。此外，其他出国（境）办展单位必须具有商务部审核批准的出国（境）办展组办单位资格。

（2）凡具备以下条件的单位均可申请出国（境）办展组办单位资格：

企业：①具有独立的企业法人资格，具备承担举办展览的民事责任能力和组织招商招展能力；②设有专门从事办展的部门或机构，并有相应的展览专业（包括策划、设计、组织、管理及外语）人员，具有完善的办展规章制度；③具有境内举办对外经济技术展览会主办单位资格；④具有因公临时出国（境）任务审批权；⑤获得流通领域进出口经营权 5 年以上，且上一年进出口额达 1 亿美元以上。

事业单位和社会团体：①成立 3 年以上，具有独立的事业法人或社团法人资格，具备承担举办展览的民事责任能力和组织招商招展能力；②设有专门从事办展的部门或机构，并有相应的展览专业（包括策划、设计、组织、管理及外语）人员，具有完善的办展规章制度；③开办经费或注册资金不少于 300 万元人民币；④具有行业代表性；⑤具有境内举办对外经济技术展览会主办单位资格;⑥事业单位或社会团体本身或其上级主管部门具有因公临时出国(境)任务审批权。

(3)各省、自治区、直辖市和计划单列市对外经贸主管部门可指定或设立一至两家展览机构,专门组织本地区内的企业出国(境)办展。该机构须具有独立的法人资格,具备承担举办展览的民事责任能力和组织招商招展能力,有相应的展览专业(包括策划、设计、组织、管理及外语)人员,具有完善的办展规章制度。

(四)对国外来华经济技术展览会组办单位资格的规定

对国外单位来华举办经济技术展览会的组办单位资格进行了界定:国外单位来华举办经济技术展览会,由各级国际贸易促进委员会及其所属展览公司(中心)及其授权单位批准有举办国外来华举办经济技术展览会经营范围的公司主办。各类学会、协会,无外贸经营权的企业、事业单位,均不得自行举办国外来华经济技术展览会。国家级双边经济技术展览会原则上由中国国家展览中心主办。

(五)对台经济技术展览会组办单位资格的规定

《在祖国大陆举办对台湾经济技术展览会暂行管理办法》中,强调了对台经贸展览会组办单位的特殊要求,其具体内容包括:

(1)对台湾地区经济技术展览会的举办单位(包括主办单位和承办单位)的责任、资格和展览行为按照商务部的有关规定执行。

(2)台湾地区民间机构在祖国大陆举办对台湾地区经济技术展览会,须联合或委托大陆具有主办资格的单位举办。在大陆的招商招展由大陆主办单位负责。

(3)台湾地区的主办单位,应是具有相当规模和办展实力、信誉良好的展览机构、大型公司、经济团体或组织(包括经济贸易促进机构、同业公会、行业协会等)。

二、关于会展举办的审批程序

不同类型的展会由于其性质和内容及其涉及的地域、部门等都有所不同,因此其审批的主管部门、内容及程序也不同,需要分别加以说明。

（一）关于国内普通商品展销会的审批

《各类商品和技术交流活动管理试行办法》在展销及交流活动的审批程序问题上做了如下规定：

（1）各申办单位在每年11月底提出下年度举办展销交流活动的计划，说明办展理由、条件、名称、内容、规模、时间、地点等，属专业性的展销交流活动报专业主管司局初审，汇总后于12月底前送综合计划司；属综合性的展销交流活动，直接报综合计划司审批。

（2）综合计划司对各单位的申报计划，进行汇总和复审，并适时组织有关专业司召开协调会议，统筹安排全年的展销交流活动计划。计划报经部领导批准后，向申办单位发出审批通知。

（3）各申办单位接到审批通知后方可进行筹展工作，在办展前3个月将整个展销交流活动的具体实施方案连同《各类商品技术展销交流活动审批表》报有关司局审核后，送综合计划司统一办理批复文件。主办单位凭批复文件，办理工商、税务等有关手续。

（二）关于来华经济技术展览会的审批

由中国国际展览中心举办的国外来华经济技术展览会报中国国际贸易促进委员会批准，并报商务部备案。各省、自治区、直辖市、计划单列市国际贸易促进委员会及所属展览公司，以及有举办国外来华经济技术展览会经营权的企业、事业单位举办展览会，报各省、自治区、直辖市、计划单列市人民政府或其授权单位批准，并报商务部备案。

（三）关于在我国境内举办对外经济技术展览会的审批

1. 审批部门

《国务院办公厅关于在我国境内举办对外经济技术展览会加强管理的通知》规定：对展览面积在1000平方米以上的对外经济技术展览会，实行分级审批管理。即对于不同类型、级别的展览会归口到不同部门进行审批和管理。为此，国务院做出如下安排：

（1）确需以国务院部门或省级人民政府名义主办的国际展览会、博览会等，须报国务院批准。对国务院已批准的以国务院部门或省级人民政府名义主办的对外经济技术展览会，如需要再次举办，由商务部受理申请，对符合国家产业政策及当地产业特点，达到一定办展规模和办展水平，企业

反映良好且取得较好社会经济效益的,由商务部直接审批,并报国务院
备案。

(2)国务院部门所属单位主办的,以及境外机构主办的对外经济技术
展览会,报商务部审批。对在北京以外地区举办的,主办单位须事先征得
举办地外贸主管部门同意。

(3)对省级外经贸主管部门主办的和各省(自治区、直辖市)联合主办
的对外经济贸易洽谈会和出口商品交易会,由商务部审批。地方其他单位
主办的对外经济技术展览会,由所在省、自治区、直辖市外经贸主管部门审
批,并报商务部备案。

(4)以科研、技术交流、研讨为内容的展览会,由国家科学技术委员会
负责审批。

(5)中国国际贸易促进委员会系统举办的对外经济技术展览会,由中
国国际贸易促进委员会审批并报商务部备案。对其在北京以外地区举办
的,主办单位应事先征得举办地外经贸主管部门同意。

(6)对外经济技术展览会凡涉及台湾地区厂商或机构参展的,应报商
务部审批,报国务院台湾事务办公室备案。海峡两岸的经济技术展览会,
由商务部会同国务院台湾事务办公室审批。

(7)具有对外经济技术展览会主办资格的单位,可自行举办面积在
1000平方米以下的对外经济技术展览会,但应报有关主管单位备案。

2.审批程序

审批程序主要有如下几个方面:

(1)举办展览面积在1000平方米(指展位总面积)以上的对外经济技
术展览会必须经批准,并实行分级审批。

(2)举办对外经济技术展览会由主办单位申请报批。属于两个或两个以
上单位联合主办的,由承担办展民事责任的主办单位申请报批。境外机构联
合或委托境内有主办资格的单位举办国际展览会,由境内单位申请报批。

(3)审批对外经济技术展览会需审查的主要内容:①主办单位和承办
单位资格。境外机构主办或与境内单位联合主办的,需审查境外机构资信
及有关情况。②展览会名称、内容、规模、时间、地点,组织招商招展的方案
和计划,办展的可行性报告,主办单位与承办单位的协议。两个或两个以
上单位联合主办的,需审查联合主办的协议。境外机构联合或委托境内单

位举办的,需审查其联合或委托办展协议。③国务院部门所属单位及贸促会系统单位在北京以外地区主办的,需审查是否征得当地外经贸主管部门的同意。

(4)申请报批的单位按审批对外经济技术展览会需审查的内容和要求,向审批部门申报并提交有关文件和资料。申请报批时间原则上应提前12个月。

(5)对外经济技术展览会批准文件的主要内容:①展览会名称。②主办单位(主办单位如有境外机构应注明国别或地区)。③展览会的主要业务内容、规模、举办地点、时间。④其他需要批准或备注事项。以上内容变更,应办理批准手续。

(6)批准文件抄送办展地外经贸主管部门和海关。

(四)关于出国举办经济贸易展览会的审批管理

1.项目申请

2001年国家贸促会、经贸部联合下发了《出国举办经济贸易展览会审批管理办法》(2006年修订)的通知。出国办展须经中国国际贸易促进委员会审批(会签商务部)。组展单位应当向中国国际贸易促进委员会提出出国办展项目申请,项目经批准后方可组织实施。贸促会负责协调、监督、检查组展单位实施经批准的项目,制止企业和其他组织未经批准开展出国办展活动,并提请有关行政管理部门依法查处。商务部负责对出国办展进行宏观管理和监督检查。

2.组展单位条件

出国举办经济贸易展览会的组展单位必须具备以下条件:

(1)依法登记注册的企业、事业单位、社会团体、基金会、民办非企业单位法人,注册3年以上,具有与组办出国办展活动相适应的经营(业务)范围。

(2)具有相应的经营能力,净资产不低于300万元人民币,资产负债率不高于50%。

(3)具有向参展企业发出因公临时出国任务通知书的条件。

(4)法律、法规规定的其他条件。

3.项目申请部门

以地方人民政府名义出国办展,由有关省、自治区、直辖市、计划单列

市、副省级市、经济特区人民政府商务主管部门提出项目申请。除非友好
省州、友好城市庆祝活动所必需,同一地方商务主管部门申请的项目一年
内不应超过 2 个。以商务部名义出国办展,由受商务部委托的组展单位或
商务部委派的机构提出项目申请。

4.项目审批依据

根据我国外交、外经贸工作需要,赴展国政治、经济情况,我国驻赴展
国使领馆商务机构意见,赴某一国家、城市、展览会项目集中程度,展览会
实际效果,组展单位上年度项目实施情况,对规定的遵守情况以及组展单
位的资质等来进行项目审批。

(五)关于对台经济技术展览会的审批

对外贸易经济合作部于 1998 年 12 月发布的《在祖国大陆举办对台湾
经济技术展览会暂行管理办法》,对涉及台湾地区经济技术展览会的审批
事宜进行了严格规定。

1.对台地区展会的审批部门

对台地区展会的审批部门主要是商务部和国务院台湾事务办公室。
举办海峡两岸的经济技术展览会,由商务部会同国务院台湾事务办公室审
批。除此之外,举办其他对台湾地区经济技术展览会,由商务部负责审批,
报国务院台湾事务办公室备案。

2.审批的主要内容

举办对台湾地区经济技术展览会主要有以下审批内容:

(1)政治内容。举办对台湾地区经济技术展览会,不得出现"台湾独
立""两个中国""一中一台"等政治问题。台湾地区厂商参展的宣传品、杂
志、电子出版物等资料中不得有代表"中华民国"的字样、图片、音乐等。

(2)展览会名称、展品内容、展出面积、时间、地点、筹组方案和计划等。
祖国大陆与台湾地区联合举办的经济技术展览会,应冠以"海峡两岸"的名
称;各省(自治区、直辖市)与台湾地区联合举办的经济技术展览会,则应分
别冠以该省(自治区、直辖市)与台湾地区之名。展品应符合国家知识产权
保护法和国家产业政策,具有先进水平,有利于扩大海峡两岸经贸交流与
合作。

3.申报单位应提交的资料

邀请台湾地区厂商参展的国际性及全国性展览会、博览会,应提交有

关主管单位的批件、参展台湾地区厂商的名单（中文）、展品内容、展出面积等详细清单，并提前一个月申请报批；举办海峡两岸的经济技术展览会、对台湾地区出口商品贸易会、台湾地区商品展览会，应提交展览会的筹组计划和方案，可行性研究报告，参展企业及其展品的有关情况等，并提前6个月申请报批。

三、关于违反会展产业政策法规的法律责任

为促进我国会展业持续健康的发展，国家各级部门在各项会展的政策法规上对破坏社会主义市场经济秩序，扰乱会展市场发展的各种不良组展及参展行为或活动制定了相应的惩罚措施，并追究其法律责任。

（一）对在境内举办对外经济展览会违反法规行为的处理

1998年对外贸易经济合作部《关于在境内举办对外经济展览会管理暂行办法》（以下简称《暂行办法》）规定，对违反本《暂行办法》举办对外经济技术展览会以及在办展过程中有乱摊派、损害参展单位合法权益等违反法律法规行为的，由商务部依据《国务院办公厅关于对在我国境内举办对外经济技术展览会加强管理的通知》有关规定，取消其主办资格，并由有关部门依法查处。

对不具备主办或承办对外经济技术展览会资格而擅自办展的，盗用其他单位名称办展的，或转让、转卖展览批准文件的，由各级外经贸主管部门和工商行政管理机关依法查处。对违反海关规定的，由海关依法处理。

（二）对出国举办经济贸易展览会违反法规行为的处理

根据《出国举办经济贸易展览会审批管理办法》规定，出国举办经济贸易展览会违反法规的应承担法律责任。

（1）组展单位有如下行为之一的，贸促会予以警告，同时，提请有关行政管理部门依法查处。

①涂改、倒卖、出租、出借批件，或者以其他形式转让批件的；

②违反《出国举办经济贸易展览会审批管理办法》第十八条、第十九条规定，或者未严格执行保护知识产权工作方案和国外突发事件应急处理预案，在外造成严重影响的；

③隐瞒有关情况、提供虚假材料或者拒绝提供反映其活动情况的真实

材料的；

④其他违反本《出国举办经济贸易展览会审批管理办法》的行为。

（2）组展单位有提供虚假材料，涂改、倒卖、出租、出借或以其他形式转让批件，或者严重违反《出国举办经济贸易展览会审批管理办法》规定的行为，一经发现，贸促会可撤销批件。

（3）组展单位工作人员在出国办展中构成犯罪的，由有关部门依法追究刑事责任。主管或经办出国办展审批和管理的工作人员未履行法律、法规、规章规定义务的，依法给予行政处分；构成犯罪的，由有关部门依法追究刑事责任。

第三节　会展产业政策法规典型案例

为了帮助大家加深对我国会展产业有关政策法规的认识和理解，我们选择了几个相关的典型案例，供大家分析和研究。

一、上海某饭店非法张贴上海世博会宣传画侵权案

▌案情简介

上海申博成功后，李某等三人合资设立了一家上海某饭店有限责任公司，并在规划的上海世博会园区边上经营一家"上海世博园饭店"。该饭店在室外的霓虹灯上打着"看世界博览会，博览世界美食"的灯箱广告，饭店内布置了一些上海世界博览会的宣传画。另外，该饭店窗帘布上的图案非常特别而少见，上面印着上海世博会会徽。

据调查，上海某饭店有限责任公司是一家依法注册的公司，饭店内张贴的上海世博会的宣传画是合法印刷出版的，而印有2010年上海世博会会徽的窗帘布则是该饭店从上海某轻纺市场购买的。据工商行政管理机关查实，销售印有上海世博会会徽的窗帘布的店主谢某无法提供该批窗帘布的来源。

案情评析

1.《世界博览会标志保护条例》(以下简称《世标条例》)第五条第(六)项规定:"以营利为目的""将世界博览会标志作为字号申请企业名称登记,可能造成市场误认、混淆的",属于"为商业目的使用"世界博览会标志的行为;未经权利人许可而使用,属于侵害世界博览会标志权利的行为。李某等人能否以"上海世博园"为名注册上海某饭店有限责任公司,关键在于"上海世博园"这个企业的字号是否属于《世标条例》保护的世界博览会标志,并且是否造成了市场的误认和混淆。

"上海世博园"是否属于《世标条例》保护的世界博览会标志呢?从目前备案的情况来看,"上海世博会"是世界博览会标志,而"上海世博园"则不是。那么,关键问题在于世界博览会标志的保护是否只能以与备案标志相同的标志为限,而不能扩大到与备案标志近似的标志呢?

仅仅从《世标条例》的条文中并不能找到相关答案,但是,如果从保护世界博览会标志的目的出发,我们可能将寻找到正确的答案。由于世界博览会的影响特别重大,世界博览会标志是一种具有特殊商业价值的标志,保护世界博览会标志的目的就在于禁止他人未经许可的商业利用,即种种假冒上海世博会名义、搭上海世博会的便车,造成市场误认和混淆的行为。判断是否侵害了世界博览会标志的关键在于世界博览会标志某种形式的利用是否造成了公众的混淆。而不管是使用与备案标志相同的标志,还是使用与备案标志相似的标志,都有可能造成市场上的混淆。《商标法》第五十一条虽然规定"注册商标的专用权,以核准注册的商标为限",但是在侵权判断中却禁止他人使用"相同或者近似的商标"。虽然《世标条例》没有和《商标法》一样明文规定"相同或者近似的商标"的使用的禁止,但是从《世标条例》第五条第(七)项的规定以及从立法的本意出发,应该做出与《商标法》相同的解释,世界博览会标志的保护不仅以与备案标志相同的标志为限,而应该扩大到与备案标志近似的标志。

"上海世博园"虽然与备案的世界博览会标志并不完全相同,但是上海世界博览会园区边上的"上海世博园"显然可以让人自然地联想到上海世博会园区的意思,与上海世博会有着直接的关联,会造成该饭店是上海世博会组织开设的饭店的误认,因此这种使用应予以制止。

2.《世标条例》第五条第（三）项规定："以营利为目的""将世界博览会标志用于广告宣传、商业展览、营业性演出以及其他商业活动中""为商业目的使用"世界博览会标志的行为，未经权利人许可而使用，属于侵害世界博览会标志权利的行为。

该饭店将"世界博览会"与自己的经营项目——"世界美食"联系在一起做广告标牌，显然有利用世博会名声的目的，对消费者形成了一定的误导，应构成对世界博览会名称的侵权。

但是，对世界博览会名称的一般的叙述性表达，则不一定会构成侵权。比如在经营场所悬挂"热烈祝贺上海世博会召开"的横幅、标语等。

3.合法印刷出版的上海世博会的宣传画，如果宣传画上含有受《世标条例》保护的世界博览会标志，如果其本身的印刷、销售是经过权利人合法许可的，购买者使用该宣传画就不必再经过许可。因为权利人印刷出版该宣传画的目的就是向公众宣传上海世界博览会，营造热烈的世界博览会氛围。而且任何经营者使用这种宣传画，都不至于造成公众的误解和混淆。

从法律上讲，含有世界博览会标志权利客体的产品或者复制品，只要其制造、复制、销售是经过权利人合法授权的，那么以后的再销售或者使用都不应该构成侵权。这就是知识产权法律中的"权利一次用尽"原则在世界博览会标志权利保护中的体现，是对世界博览会标志权利的一种限制。

4.《世标条例》第五条第（二）项规定："以营利为目的""将世界博览会标志用于服务业中""为商业目的使用"世界博览会标志的行为，未经权利人许可而使用，属于侵害世界博览会标志权利的行为。

那么，如何解释"将世界博览会标志用于服务业中"呢？仅仅是指将世界博览会标志作为服务业的标志使用，还是在该服务的所有场所内只要出现了世界博览会标志，就可以认为是"将世界博览会标志用于服务业中"呢？

对于将世界博览会标志作为服务业的标志使用，显然是可以确认为在服务业中的使用的；但是对于后者，应该区分不同的情形做出处理。如果服务场所内出现的世界博览会标志产品，是合法制造、销售的产品，根据"权利用尽"的原理，服务单位的使用不构成侵权；如果服务场所内出现的世界博览会标志产品，是非法制造、销售的产品，并且服务单位使用可能误导消费者的，应承担停止使用的责任；如果服务场所内出现的世界博览会标志产品,服务单位明知是非法制造、销售的产品,仍然使用该产品,应承担停止侵权、赔偿损失的责任。

饭店使用印有上海世博会会徽的窗帘布,该窗帘布是非法制造、销售的,而且这种使用与饭店字号、广告联系起来明显对消费者形成误导,应停止使用。

5.《世标条例》第五条第(四)项规定:"以营利为目的""销售、进口、出口含有世界博览会标志的商品","为商业目的使用"世界博览会标志的行为,未经权利人许可而使用,属于侵害世界博览会标志权利的行为。

该窗帘布使用了上海世博会会徽的图案,其制造显然是非法的。销售该窗帘布的谢某不能证明该商品是自己合法取得并说明提供者,应承担停止销售、赔偿损失的责任。

来源:党文俊:《Shibo(世博)网能沿网博会的光吗? 上海律师呼吁加强世博会域名保护》,《上海法治报》,2006 年 4 月 14 日

二、某组织出国展览后回国时将个人物品与展品混装被海关扣留案

▌案情简介

某组织出国展览的单位,在展览品复运进口时,因为盛装展览品的器具空间很大,单位领导决定将本单位所有人员的个人物品与展览品装在一起,以减轻大家负担。在国外展出期间单位购买、接受的物品、样品、礼品和其他资料,单位领导要求单位成员以自己的名义分别保管,回国后统一上交单位。该单位在回国入境时,海关要求申报其在国外展出期间购买、接受的物品、样品、礼品和其他资料,该单位领导提交了其上级单位的批准文件。海关工作人员在对该单位的展览品进行查验并开拆外包装时,要求该单位回避。该海关工作人员在查验展览品的过程中发现违法情况,遂扣留展览品、扣押该单位全体人员协助调查。在海关扣留展览品、扣押该单位全体人员协助调查的过程中,该海关工作人员认为此次入境标志着境外展览已经结束,对此次境外展览做出审核销案。

案情评析

1.该组织出国展览的单位违反了海关规定的相关义务。在展览品运出或者复运进口时,不准在装展览品的容器内装入个人物品,或者其他非展览物品。本案中该组织出国展览的单位将本单位所有人员的个人物品与展览品装在一起,此为违反规定之一。在国外展出期间单位购买、接受的物品、样品、礼品和其他资料,应当另行包装并开列清单,向入境地海关申报,并向海关交验商务部的批准文件(除供工作人员在国外集体使用的食宿用具外)。本案中该单位领导要求单位成员以自己的名义分别保管,并在入境申报时提交了其上级单位的批准文件。此为违反规定之二。

2.展览品复运进口,海关应当进行必要的查验;海关查验上述物品的时候,组织出国展览的单位应当在场,并且根据海关的要求开拆包装。本案中海关工作人员要求组织出国展览的单位回避,其独自查验并开拆展览品的外包装,此为违反规定之一。在查验放行展览品中,如果发现有违法事情,可以将有关物品扣留。本案中海关工作人员扣押该单位全体人员协助调查,此种越权行为为违反规定之二。对境外展览的审核销案工作应当在彻底查清案件事实的基础上做出,本案中海关工作人员在海关扣留展览品、扣押该单位全体人员协助调查的过程中做出,此为违反规定之三。

来源:http://www.docin.com/p-891504078.html

讨论与思考题

1.怎样理解会展产业政策法规的发展?

2.违反会展产业的法律责任有哪些?

3.请对以下案例进行分析并点评。

案 例

案例一:上海世博会法国馆"高架立体建筑物"发明专利案

(2010年中国法院知识产权司法保护十大案件之一)

原告王某以被告上海世博会法国馆、中国建筑第八工程局有限公司建造的上海世博会法国馆建筑物侵犯其"高架立体建筑物"发明专利权为由，向上海市第一中级人民法院起诉，请求判令两被告停止侵权行为、赔偿损失、消除影响。

一审法院认为，法国馆建筑物内的房间均设置在坡道的表面，而未延伸至坡道的四周空间，这与原告专利权利要求1中记载的技术特征之一——"空间支架四周空间及表面设置有若干房屋单元"既不相同，也不等同。根据专利说明书的记载，本发明的有益效果即在于扩张单位建设用地面积上的建筑面积，改善居住的交流性和舒适度，而实现上述发明目的和效果的技术手段就是"将房屋布置在空间支架的四周空间"。而法国馆建筑物恰恰仅在坡道表面设置有房间，该建造方式不足以实现原告在专利文件中所描述的拓展建筑空间的功能和效果。故两被告建造、使用法国馆建筑物的行为不构成对原告专利权的侵犯。遂判决驳回王某的诉讼请求。一审判决后，王某提起上诉。上海市高级人民法院二审认为一审法院有关侵权定性的认定正确，遂判决驳回上诉、维持原判。

本案是上海世博会期间涉世博的专利侵权案件，受到社会的广泛关注。审理法院经现场勘验法国馆的被诉侵权技术特征，依法准确解释专利权利要求，做出了法国馆未构成专利侵权的判决。本案判决体现了人民法院依法平等保护当事人权益的司法原则，维护了上海世博会的正常运行秩序。

来源：上海市高级人民法院民事判决书〔2010〕沪民三（知）终字第83号

案例二：知名展会虚构案

2013年9月，公安机关接到某公司来信报案称，该公司工作人员与一自称"2013年上海国际家具展"官方展览服务商的H展览服务公司签订合同，参加上海国际家具展，并支付给H公司14.85万元作为展览场地费。但之后该公司被告知不能参展，而H公司也并非其所声称的展会官方展览服务商。

公安机关立案调查后发现，另有10余家企业也遭遇了类似的骗局。这些企业大都通过电话、传真等方式收到H公司的邀请，称其可为参展商联系参加在上海新国际博览中心举办的"2013年上海国际家具展"。由于H公司所称的展览时间、地点均与每年在上海举办的"上海国际家具展"相吻合,只是在名称上略有不同,一些中小企业难以分辨其中的差异。出于对展会规模的预期,这些企业便与H公司签订了参展申请表。

然而企业支付了全部或部分展位费后,H公司并未积极为它们筹措参展事宜,企业索要参展手册、展位表等资料这样的基本要求,也因种种理由遭到拒绝。在与H公司沟通时,一些参展商发现展览会的地点并非上海新国际博览中心,而回过头来查看签约文本时才发现,参展申请表中根本就没有列明展览的地址。气愤的参展商纷纷向H公司表示要求退款。可对方却不断拖延、搪塞,只退还了部分费用,甚至还在临近"展期"时单方面宣布展会无限期推迟。

公安机关侦查结果指向H公司经营负责人陈某有重大犯罪嫌疑,遂通知陈某接受调查。

陈某到案后交代,H公司是其于2011年11月借用他人的身份信息成立的公司。2012年下半年,陈某计划筹办一个家具展,于是向上海市科学会堂预定了总面积800平方米的会议厅,并支付了1万元预付款。此后,其又通过关系找到北京的中国商业企业管理协作会作为主办方,并拿到批复。

次年1月,陈某以举办"2013年上海国际家具展"的名义向家具公司招商参展,大约与20多家客户以传真的方式签订参展合同,并收取了客户汇来的展位费。但陈某称其从未借用"第十九届上海国际家具展"的承办商名义及展览地址为浦东龙阳路的上海新国际展览中心的名义进行宣传。而之所以延期举办展览,是因为在临近展会预定日期时,参展的企业数量没有达到计划招录的40多家,故无法如期举行。

此外,陈某还提出,其在客户知悉展会延期举办而提出退款时,也与客户协商退款事宜,因此认为自己主观上并不具有非法占有他人财物的故意,不构成合同诈骗罪。

法院经审理认为,虽被告人陈某以有场地租赁合同和取得主办单位批复为由进行辩解,否认以办会展收取展位费的方法来诈骗财物,但上述行为只是为了为自己的非法活动穿上合法外衣,本案证据已经足以认定陈某构成合同诈骗罪。

首先,陈某未积极筹办展会。被告人陈某无展览业从业经验,H公司成立后不招聘专业人员,且根据陈某的供述,其预期招满一定数量参展企业才举办展会,而已收取展位费的参展商所涉及参展面积远远超出了其在上海科学会堂所预定的展厅面积。在展览临近届期前,陈某无故单方面宣布无限期推迟,除了租赁场地付了1万元外,陈某无法提供任何其为了展览顺利召开而进行筹备的证据,而从H公司的银行流水来看,也基本找不出明确指向展会筹备的支出。

其次,陈某有混淆参展商的故意。根据10余家被害单位的指控,可以一致地证实陈某存在编造展览规模、展览地点的行为,使它们误信参加的是在上海新国际博览中心举办的"上海国际家具展"。陈某向参展商所提供的展位确认图也是根据知名展会的地点制作,而不是根据其所预定的展会地点进行确认,这也是为了进一步混淆参展商。

最后,在陈某已经通知参展商展览无法进行且已经出现退款的情况下,其继续收取其他公司的展位费,且事后不予退还。

此外,H公司的银行账户明细能够证实H公司除了向参展单位收取展位费外,并无其他合法经营收入,骗取的钱款大部分被陈某提取,可以认定H公司成立以后系以实施犯罪为主要活动,本案不属于单位犯罪,应以陈某个人犯罪论处。

最终,法院判处陈某有期徒刑8年,罚金人民币8万元,并责令其退赔违法所得,发还各被害单位及被害人。承办本案的法官指出,每年在上海有多个国际性展会,一些不法分子往往采用"傍名牌"的方式,以同时期在上海召开的知名展会为名,利用参展商对展会全称的误解诱使参展商签订协议。企业若稍有不慎,便会落入不法分子精心设计的圈套。

来源:http://www.cnena.com/news/bencandy.php?fid=62&id=67952

第十一章 互联网文化产业政策法规与典型案例

互联网文化产业是互联网与文化产品的有机结合,文化产品利用互联网平台,去实现其社会和商业价值,是一个新兴的具有极大社会影响和经济潜力的领域。随着我国经济的快速发展,互联网文化产业将成为国民经济中的支柱产业,发挥着极其重要的作用。

第一节 互联网文化产业政策法规概述

中国第一个互联网络是建成于 1989 年的中国科学技术网(CNNET),1994 年 4 月中国科学技术网第一次实现了与国际互联网的全连接,成为我国第一个与国际互联网连接的网络,这也标志着中国成了世界网络大家庭的一员。

互联网自出现以后,对世界政治、军事、科技、文化、社会等领域产生了深刻的影响,它使我国经济与国际经济的联系更为便捷,相互影响更为直接,突出表现为网上媒体,网上教育,网络银行、网上交易、网上营销等电子商务的蓬勃发展。信息网络化直接导致了军事领域的革命性变革,空前地提高着国家的信息战、网络战能力,数字化部队建设已成为发达国家军队建设的重点。信息网络化还为各种思想文化的传播提供了更为便捷的渠道,大量的信息通过网络介入社会的各个角落,成为当今文化传播的一个重要手段。

为保护计算机信息系统的安全,促进计算机的应用和发展,国务院1994 年 2 月 18 日颁布了《计算机信息系统安全保护条例》,这是我国第一个关于信息系统安全方面的政策与法规。1996 年 1 月 23 日,国务院颁布施行了《计算机网络国际联网管理暂行规定》,这是我国首部网络政策与法规,体现了国家对国际联网实行统筹规划、统一标准、分级管理、促进发展的原则。同年原邮电部发布了《中国公用计算机互联网国际联网管理办法》《计算机信息网络国际联网出入口信道管理办法》,加强了中国公用计算机互联网国际联网和计算机信息网络国际联网出入口的管理。

为加强我国互联网域名系统的管理,1997年5月30日,国务院发布了《中国互联网域名注册暂行管理办法》,同年6月3日又发布了《中国互联网域名注册实施细则》,对域名的申请、注册、注销、变更等事宜进行了具体规定。此后《中华人民共和国计算机信息网络国际联网暂行规定实施办法》《计算机信息系统安全专用产品检测和销售许可证管理办法》先后发布并施行。

为了加强国际联网的保密管理,确保国家秘密的安全,公安部于1997年12月30日开始施行《计算机信息网络国际联网安全保护管理办法》,2000年1月1日国家保密局开始施行《计算机信息系统国际联网保密管理规定》,从加强计算机信息网络国际联网的安全保护、维护公共秩序和社会稳定等角度出发做出了相应规定。

为规范互联网信息服务活动,促进互联网信息服务健康有序发展,2000年9月25日国务院公布施行了《互联网信息服务管理办法》,这是我国首次规范互联网信息服务活动,作为电子商务重要内容的信息服务从此有了相应的管理法规,首次提出了互联网出版的概念,明确了新闻出版总署对全国互联网出版单位进行资格审核,对互联网出版内容和活动进行监管的职责,标志着我国互联网出版包括互联网游戏出版进入有法可依、依法管理的轨道,有力地促进了互联网信息服务活动的有序发展。

为了促进新闻网站电子公告服务的健康发展,规范新闻网站电子公告服务业务,2000年10月8日信息产业部发布《互联网电子公告服务管理规定》。11月6日国务院新闻办公室、信息产业部联合发布了《互联网站从事登载新闻业务管理暂行规定》,在维护互联网新闻的真实性、准确性、合法性,规范互联网站登载新闻的业务,促进我国互联网新闻传播事业的发展方面起了重要的推动作用。

为了打击互联网犯罪,保障互联网的运行安全和信息安全,2000年12月28日,全国人大通过了《维护互联网安全的决定》,不断完善了互联网的政策与法规。

互联网出版是继图书、报纸、期刊、音像制品和电子出版物后出现的又一种出版形态，随着内容资源在互联网发展中的作用越来越突出，网络出版活动将成为互联网上的重要行为之一。在当前从事在线出版业务的网站中，存在着经营主体资格不明确、规章制度不健全、编辑人员素质不高等现象，为了积极鼓励互联网出版的发展，规范互联网出版行为，加强监督管理，促进其健康、有序的发展，2002 年 6 月 27 日，新闻出版总署和信息产业部联合颁布了《互联网出版管理暂行规定》，对包括互联网游戏出版在内的互联网出版活动提出了全面、具体的管理原则和办法。紧接着《互联网上网服务营业场所管理条例》《文化部关于加强互联网上网服务营业场所连锁经营管理的通知》等法规相继出台。

2003 年 4 月 22 日，文化部印发了《关于加强互联网上网服务营业场所管理条例连锁经营管理的通知》，对于促进市场整合，引导互联网上网服务营业场所规模化、连锁化、主题化、品牌化方向发展有着积极意义。同年 6 月 5 日文化部发布通告，批准中国联通等四家单位从事互联网上网服务营业场所连锁经营业务。

2003 年 5 月 10 日，《互联网文化管理暂行规定》颁布，这是我国互联网文化事业发展历程中的一件大事，打破了部门保护和所有制壁垒，允许国内各种所有制形式企业合法地进入网络文化市场，标志着国家对互联网文化管理政策与法规建设的新起点，实现了互联网文化发展有章可循，互联网文化管理有法可依，对网络文化市场的规范和管理起到了重要作用。

为引导消费者特别是广大青少年合法、科学地使用游戏出版物，2003 年 8 月，新闻出版总署发布了《关于在游戏出版物中登载〈健康游戏忠告〉的通知》。同年 12 月 18 日，新闻出版总署、信息产业部、国家版权局、全国"扫黄""打非"工作小组办公室联合发出了《关于发展对"私服""外挂"专项治理的通知》。通知中明确了"私服""外挂"这种违法行为是指未经许可或授权，私自架设服务器卡，运营或挂接运营合法出版他人享有著作权的互联网游戏作品，属于非法互联网出版活动，应依法予以严厉打击。

依据行政许可法和国务院发布的保留的行政审批项目的决定，2004 年 7 月 1 日，文化部公布了《文化部关于修订〈文化部涉及文化艺术表演及展览管理规定〉〈音像制品批发、零售、出租管理办法〉〈互联网文化管理暂行规定〉等规章的决定》，对 2003 年颁布的《互联网文化管理暂行规定》进行了一次较大的修改,包括:互联网文化产品的定义,行政许可期限,非经营性互联网文化单位的备案程序,经营性互联网文化单位的审批增加提交文件,完善进口互联网文化产品的内容审查程序和文件,实施对国内互联网文化产品的备案制度以及相应的法则,进一步加大了对含有淫秽、色情等违法内容的网络文化产品的处罚力度。

2005 年 3 月 20 日,信息产业部施行了《非营业性互联网信息服务备案管理办法》,进一步强化了非营业性互联网站的备案制度,凡未合法备案的非营业性互联网站将会受到严肃处罚。

2008 年 1 月 31 日,国家广电总局和信息产业部颁布的《互联网视听节目服务管理规定》开始实施,明确了从事互联网视听服务必须由主管部门颁发许可证,提出了申请许可证的条件以及相关的政策法规,进一步完善了从事互联网视听服务业务的措施,保证这项业务的健康发展。

2009 年 4 月,国家广电总局出台了《关于加强互联网视听节目内容管理的通知》,提出了互联网视听节目服务单位必须取得广播影视行政部门颁发的"电影公映许可证""电视剧发行许可证"或"电视动画片发行许可证",否则一律不得在互联网上传播,加强了对版权保护的力度。这个"许可证"与 2008 年的"许可证"有所不同,也是一个飞跃。

2011 年 4 月,文化部实施新修订的《互联网文化管理暂行规定》,加强对互联网文化的管理,保障互联网文化单位的合法权益,促进我国互联网文化健康、有序的发展。新《互联网文化管理暂行规定》明确了网络文化发展的原则和方向。从网络文化市场发展的实际出发,兼顾了市场繁荣和秩序规范两方面,其突出特点表现在:一是将适用范围进行了修改,既做到对网络文化的全链条管理,不遗漏、不缺位,同时严格按照行政许可法等法规的要求依法行政;二是将互联网文化经营单位的审批权限和综合执法权限的管理层级下放,强化了文化部对网络文化的宏观管理,也更好地发挥基层文化行政部门的管理优势和力量;三是为适应新情况的需要,对互联网文化单位的主体准入、内容管理、经营规范及违法处罚等做出了具体规定。

2012 年 6 月,国务院发布《关于大力推进信息化发展和切实保障信息安全的若干意见》,旨在大力推进信息化发展,切实保障信息安全。《关于大力推进信息化发展和切实保障信息安全的若干意见》确定了六项重点工作:实施"宽带中国"工程,推动信息化和工业化深度融合,加快社会领域信息化,推进农业农村信息化,健全安全防护和管理,加快安全能力建设。强调要"建立健全信息安全保障体系",明确提出要"完善信息安全认证认可体系,加强信息安全产品认证工作"。

2014年8月,为有效应对日益严峻复杂的网络安全威胁和挑战,切实加强和改进网络安全工作,进一步提高电信和互联网行业网络安全保障能力和水平,工业和信息化部出台《关于加强电信和互联网行业网络安全工作的指导意见》,明确深化网络基础设施和业务系统安全防护,提升突发网络安全事件应急响应能力,维护公共互联网网络安全环境,推进安全可控关键软硬件应用,强化网络数据和用户个人信息保护,加强移动应用商店和应用程序安全管理,加强新技术新业务网络安全管理,强化网络安全技术能力和手段建设等八大工作重点。

第二节　互联网文化产业政策法规主要内容

我国在互联网文化产业方面已先后制定了《互联网文化管理暂行规定》《互联网信息服务管理办法》等政策法规,对互联网文化产业的发展起了积极的促进作用。主要内容有四个方面。

一、关于互联网文化产业的概念

根据有关规定,首先要认识互联网文化产业的相关问题。

(一)互联网文化产品的含义

互联网文化产品是指通过互联网生产、传播和流通的文化产品。主要包括两部分:

(1)专门为互联网而生产的网络音乐娱乐、网络游戏、网络演出剧(节)目、网络表演、网络艺术品、网络动漫等互联网文化产品。

(2)将音乐娱乐、游戏、演出剧(节)目、表演、艺术品、动漫等文化产品以一定的技术手段制作、复制到互联网上传播的互联网文化产品。

互联网文化产品涵盖的范围不仅包括了原来的音像制品、游戏产品、演出剧(节)目、艺术品、动画,还有漫画。漫画原本就是艺术品的一种类别,这次扩展是适应互联网与动漫画结合比较紧密的市场现状,特别是动漫画已经在国内外形成了一个庞大的产业。

（二）互联网文化活动的含义

互联网文化活动是指提供互联网文化产品及其服务的活动。主要包括三个方面：

（1）互联网文化产品的制作、复制、进口、发行、播放等活动。

（2）将文化产品登载在互联网上,或者通过互联网、移动通信网等信息网络发送到计算机、固定电话机、移动电话机、电视机、游戏机等用户端以及网吧等互联网上网服务营业场所,供用户浏览、欣赏、使用或者下载的在线传播行为。

（3）互联网文化产品的展览、比赛等活动。

互联网文化活动分为经营性和非经营性两类。经营性互联网文化活动是指以营利为目的,通过向上网用户收费或者以电子商务、广告、赞助等方式获取利益,提供互联网文化产品及其服务的活动。非经营性互联网文化活动是指不以营利为目的向上网用户提供互联网文化产品及其服务的活动。

（三）互联网文化单位的含义

互联网文化单位是指经文化行政部门和电信管理机构批准或者备案,从事互联网文化活动的互联网信息服务提供者。

二、关于互联网文化单位的设立与审批

（一）互联网文化单位的管理

文化部负责制定互联网文化发展与管理的方针、政策和规划,监督管理全国互联网文化活动。

省、自治区、直辖市人民政府文化行政部门对申请从事经营性互联网文化活动的单位进行审批,对从事非经营性互联网文化活动的单位进行备案。

县级以上人民政府文化行政部门负责本行政区域内互联网文化活动的监督管理工作。县级以上人民政府文化行政部门或者文化市场综合执法机构对从事互联网文化活动违反国家有关法规的行为实施处罚。

(二)申请条件

申请设立经营性互联网文化单位,应当符合《互联网信息服务管理办法》的有关规定,并具备以下条件:

(1)单位的名称、住所、组织机构和章程。

(2)确定的互联网文化活动范围。

(3)适应互联网文化活动需要并取得相应从业资格的8名以上业务管理人员和专业技术人员。

(4)适应互联网文化活动需要的设备、工作场所以及相应的经营管理技术措施。

(5)不低于100万元的注册资金,其中申请从事网络游戏经营活动的应当具备不低于1000万元的注册资金。

(6)符合法律、行政法规和国家有关规定的条件。

审批设立经营性互联网文化单位,除依照前款所列条件外,还应当符合互联网文化单位总量、结构和布局的规划。

(三)申请与审批

申请设立经营性互联网文化单位,应当向所在地省、自治区、直辖市人民政府文化行政部门提出申请,由省、自治区、直辖市人民政府文化行政部门审核批准。

1.申请设立经营性互联网文化单位提交文件

(1)申请书。

(2)企业名称预先核准通知书或者营业执照和章程。

(3)资金来源、数额及其信用证明文件。

(4)法定代表人、主要负责人及主要经营管理人员、专业技术人员的资格证明和身份证明文件。

(5)工作场所使用权证明文件。

(6)业务发展报告。

(7)依法需要提交的其他文件。

对申请设立经营性互联网文化单位的,省、自治区、直辖市人民政府文化行政部门应当自受理申请之日起20日内做出批准或者不批准的决定。批准的,核发"网络文化经营许可证",并向社会公告;不批准的,应当书面通知申请人并说明理由。"网络文化经营许可证"有效期为3年。有效期届满,需继续从事经营的,应当于有效期届满30日前申请续办。

2.申请非经营性互联网文化单位

非经营性互联网文化单位,应当自设立之日起60日内向所在地省、自治区、直辖市人民政府文化行政部门备案,并提交下列文件:

(1)备案报告书。

(2)章程。

(3)资金来源、数额及其信用证明文件。

(4)法定代表人或者主要负责人、主要经营管理人员、专业技术人员的资格证明和身份证明文件。

(5)工作场所使用权证明文件。

(6)需要提交的其他文件。

三、关于互联网文化产品审查制度与禁载内容

(一)禁载内容

互联网文化单位不得提供载有以下内容的文化产品:

(1)反对宪法确定的基本原则的。

(2)危害国家统一、主权和领土完整的。

(3)泄露国家秘密、危害国家安全或者损害国家荣誉和利益的。

(4)煽动民族仇恨、民族歧视,破坏民族团结,或者侵害民族风俗、习惯的。

(5)宣扬邪教、迷信的。

(6)散布谣言,扰乱社会秩序,破坏社会稳定的。

(7)宣扬淫秽、赌博、暴力或者教唆犯罪的。

(8)侮辱或者诽谤他人,侵害他人合法权益的。

(9)危害社会公德或者民族优秀文化传统的。

(10)有法律、行政法规和国家规定禁止的其他内容的。

(二)审查与备份

互联网文化单位应当建立自审制度,明确专门部门,配备专业人员负责互联网文化产品内容和活动的自查与管理,保障互联网文化产品内容和

活动的合法性。

互联网文化单位发现所提供的互联网文化产品含有禁载内容的,应当立即停止提供,保存有关记录,向所在地省、自治区、直辖市人民政府文化行政部门报告并抄报文化部。

互联网文化单位应当记录备份所提供的文化产品内容及其时间、互联网地址或者域名;记录备份应当保存60日,并在国家有关部门依法查询时予以提供。

四、关于互联网文化产业的法律责任问题

(一)刑事法律责任

1997年3月15日全国人民代表大会通过的《刑法》对计算机犯罪做出了具体规定,2000年12月28日第九届全国人民代表大会常务委员会通过的《关于维护互联网安全的决定》中也有互联网安全方面的刑事法律责任的内容,此外《互联网上网服务营业场所管理条例》《最高人民法院、最高人民检察院关于办理利用互联网、移动通信终端、声讯台制作、复制、出版、贩卖、传播淫秽电子信息刑事案件具体应用法律若干问题的解释》都对计算机犯罪所要承担的刑事法律责任有具体规定。计算机犯罪主要有10种类型:

(1)互联网文化单位或互联网上网服务营业场所经营单位及上网消费者利用营业场所制作、下载、复制、发布、传播或以其他方式使用含有禁止内容信息,构成犯罪的,依法追究刑事责任。

①利用互联网造谣、诽谤,或发表、传播其他有害信息,煽动颠覆国家政权、推翻社会主义制度,或煽动分裂国家、破坏国家统一;

②通过互联网窃取、泄露国家秘密、情报或军事秘密;

③利用互联网煽动民族仇恨、民族歧视,破坏民族团结;

④利用互联网组织邪教组织、联络邪教组织成员,破坏国家法律、行政法规实施;

⑤在互联网上建立淫秽网站、网页,提供淫秽站点链接服务或传播淫秽书刊、影片、音像、图片;明知他人实施制作、复制、出版、贩卖、传播淫秽电子信息犯罪,为其提供互联网接入、服务器托管、网络存储空间、通讯传输通道、费用结算等帮助的,对直接负责的主管人员和其他直接负责人员,

以共同犯罪论处;利用互联网、移动通信终端、声讯台贩卖、传播淫秽书刊、影片、录像带、录音带等以实物为载体的淫秽物品的,依照《最高人民法院关于审理非法出版物刑事案件具体应用法律若干问题的解释》的有关规定定罪处罚。

(2)侵入国家事务、国防建设、尖端科学技术领域的计算机信息系统的,处3年以下有期徒刑或拘役。

(3)对计算机信息系统功能进行删除、修改、增加、干扰,造成计算机信息系统不能正常运行,后果严重的,或对计算机信息系统中存储、处理或传输的数据和应用程序进行删除、修改、增加的操作或故意制作、传播计算机病毒等破坏性程序,影响计算机系统正常运行,后果严重的,处5年以下有期徒刑或拘役;后果特别严重的,处5年以上有期徒刑。

(4)利用互联网销售伪劣产品或对商品、服务做虚假宣传,损害他人商业信誉和商品声誉,侵犯他人知识产权,编造并传播影响证券、期货交易或其他扰乱金融秩序的虚假信息,构成犯罪的,依照刑法的有关规定,追究刑事责任。

(5)非法截获、篡改、删除他人电子邮件或其他数据资料,侵犯公民通信自由和通信秘密,利用互联网进行诈骗、敲诈勒索,构成犯罪的,依照刑法有关规定追究刑事责任。

(6)利用计算机实施金融诈骗、盗窃、贪污、挪用公款、窃取国家秘密或其他犯罪的,依照有关规定定罪处罚。

(7)文化行政部门、公安机关、工商行政管理部门或其他有关保密及其工作人员,利用职务上的便利收受他人财物或其他好处,违法批准不符合法定设立条件的互联网上网服务营业场所经营单位,或不依法履行监督职责,或发现违法行为不予查处,触犯刑律的,对直接负责的主管人员和其他直接责任人员依照刑法关于受贿罪、滥用职权罪、玩忽职守罪或其他罪的规定,依法追究刑事责任。

(8)擅自设立互联网上网服务营业场所,或擅自从事互联网上网服务经营活动,触犯刑律的,依照刑法关于非法经营罪的规定,追究刑事责任。

(9)互联网上网服务营业场所经营单位涂改、出租、出借或以其他方式转让"网络文化经营许可证",触犯刑律的,依照刑法关于伪造、变造、买卖国家机关公文、证件、印章罪的规定,追究刑事责任。

(10)违反国家有关信息网络安全、治安管理、消防管理、工商行政管理、电信管理等规定,触犯刑律的,依法追究刑事责任。

(二)行政法律责任

(1)非经营性互联网文化单位逾期未办理备案手续的,由县级以上人民政府文化行政部门或者文化市场综合执法机构责令限期改正;拒不改正的,责令停止互联网文化活动,并处 1000 元以下罚款。非经营性互联网文化单位未办理变更手续的,由县级以上人民政府文化行政部门或者文化市场综合执法机构责令限期改正;拒不改正的,责令停止互联网文化活动,并处 1000 元以下罚款。

经营性互联网文化单位未办理变更手续的,由县级以上人民政府文化行政部门或者文化市场综合执法机构责令改正,没收违法所得,并处 1 万元以上 3 万元以下罚款;情节严重的,责令停业整顿直至吊销"网络文化经营许可证";构成犯罪的,依法追究刑事责任。

(2)经营进口互联网文化产品未在其显著位置标明文化部批准文号、经营国产互联网文化产品未在其显著位置标明文化部备案编号的,由县级以上人民政府文化行政部门或者文化市场综合执法机构责令改正,并可根据情节轻重处 1 万元以下罚款。

(3)擅自变更进口互联网文化产品的名称或者增删内容的,由县级以上人民政府文化行政部门或者文化市场综合执法机构责令停止提供,没收违法所得,并处 1 万元以上 3 万元以下罚款;情节严重的,责令停业整顿直至吊销"网络文化经营许可证";构成犯罪的,依法追究刑事责任。

经营国产互联网文化产品逾期未报文化行政部门备案的,由县级以上人民政府文化行政部门或者文化市场综合执法机构责令改正,并可根据情节轻重处 2 万元以下罚款。

(4)经营性互联网文化单位提供含有禁止内容的互联网文化产品,或者提供未经文化部批准进口的互联网文化产品的,由县级以上人民政府文化行政部门或者文化市场综合执法机构责令停止提供,没收违法所得,并处 1 万元以上 3 万元以下罚款;情节严重的,责令停业整顿直至吊销"网络文化经营许可证";构成犯罪的,依法追究刑事责任。

非经营性互联网文化单位,提供含有禁止内容的互联网文化产品,或者提供未经文化部批准进口的互联网文化产品的,由县级以上人民政府文化行政部门或者文化市场综合执法机构责令停止提供,处 1000 元以下罚款;构成犯罪的,依法追究刑事责任。

(5)经营性互联网文化单位未建立自查制度的,由县级以上人民政府文化行政部门或者文化市场综合执法机构责令改正,并可根据情节轻重处 2 万元以下罚款。

经营性互联网文化单位未停止提供含有禁止内容的文化产品的,由县级以上人民政府文化行政部门或者文化市场综合执法机构予以警告,责令限期改正,并处 1 万元以下罚款。

互联网文化单位未记录备份的,由省、自治区、直辖市电信管理机构责令改正;情节严重的,由省、自治区、直辖市电信管理机构责令停业整顿或者责令暂时关闭网站。

(6)文化行政部门或者文化市场综合执法机构查处违法经营活动,依照实施违法经营行为的企业注册地或者企业实际经营地进行管辖;企业注册地和实际经营地无法确定的,由从事违法经营活动网站的信息服务许可地或者备案地进行管辖;没有许可或者备案的,由该网站服务器所在地管辖;网站服务器设置在境外的,由违法行为发生地进行管辖。

第三节　互联网文化产业政策法规典型案例

为了帮助大家认识和理解互联网文化产业的相关政策法规,我们选择了几个典型的案例,供分析和研究,这对于提高执行互联网文化产业政策法规的自觉性将起到积极作用。

一、某反腐大剧全集遭泄露,泄露者、销售者、网络平台或涉罪

案情简介

某反腐大剧一经播出,便引发全民观剧热潮。但此剧播出不到 30 集时,全部 55 集的"送审样片"却被提前泄露上网,疑似遭遇盗版侵权。该剧

总监制、总发行人李学政表示，"送审样片"遭遇泄露，背后的内幕一定比该剧还要精彩。

针对未播剧集被泄露一事，2017年4月13日，该剧制作方最高人民检察院影视中心、某卫视等部门通过某卫视官方微博发布联合声明，称有不法分子通过非法手段盗取该剧全集，并通过多个网络渠道进行传播、售卖，此行为是严重侵犯版权方著作权的行为，并涉嫌犯罪。在声明中，某卫视等该片的制作方称已经报案。

▌案情评析

此举是否涉嫌违法犯罪？某大学知识产权学院院长刘教授分析说，未经权利人允许，将他人作品通过网络擅自流传，这是典型的侵权行为。"这一行为或给权利人带去重大影响，侵犯了著作人身权和著作财产权，又因传播面广，对权利人造成的损失也会很大。"刘教授建议公安机关刑侦部门受理报案，可以考虑利用刑事手段进行制裁。在刘教授看来，面对泛滥的网络侵权行为，民事的补救措施尚缺威慑力，应该加大刑事打击力度。比如，接到侵权举报后，一经核实即可实施刑事手段并公之于众，"让大家知道，凡是此类侵权行为就是犯罪，哪怕是行政拘留，也能起到一定的威慑作用，对于犯罪情节恶劣，给当事人造成巨大财产损失的，就要用刑事手段加以制裁"。

北京某律师事务所知识产权事务部律师张某认为，通过网络传播方式泄露电视作品的行为符合侵犯著作权罪的客观要件。而《最高人民法院、最高人民检察院关于办理侵犯知识产权刑事案件具体应用法律若干问题的解释》（以下简称《解释》）规定，违法所得数额必须达到3万元以上才构成犯罪；《最高人民法院、最高人民检察院、公安部关于办理侵犯知识产权刑事案件适用法律若干问题的意见》第十三条规定，如果违法所得不及3万元或者无法查明的，传播他人作品的实际被点击数达到5万次以上的也可追究刑事责任。

张某认为，如果被泄露的该反腐剧全集被点击次数超过5万次，只要片源泄露者存在营利目的，就已经涉嫌犯罪。对于通过网络售卖被泄露的该剧全集者，张某说，销售金额达到10万元的才会被追究刑事责任。根据

《解释》第六条的规定,违法所得额 10 万元以上的属于销售侵权复制品罪规定的数额巨大,应当以销售侵权复制品罪判处 3 年以下有期徒刑或者拘役,并处或者单处罚金。

此次泄露的电视剧主要通过百度网盘、微信、微博等渠道传播,这些网络服务商是否面临刑事责任风险?张某介绍,《意见》第十五条规定,明知他人实施侵犯知识产权犯罪,而为其提供互联网接入、服务器托管、网络存储空间、通讯传输通道、代收费、费用结算等服务的,以侵犯知识产权犯罪的共犯论处。

此外,4 月 14 日,国家版权局将该反腐剧列入 2017 年第四批重点作品版权保护预警名单,要求相关网络服务商对该部剧采取不得提供、禁止上传、删除侵权内容、断开链接等保护措施。张某认为,在国家主管部门已经明示的情况下,如果相关网络服务商继续为该盗版作品的传播提供便利则可能涉嫌侵犯著作权罪。

来源:http://www.thepaper.cn/newsDetail_forward_1663766

二、网络与传统媒体之间的著作权纠纷

▌案情简介

2011 年 7 月 13 日,北京市第一中级人民法院对一起涉及抄袭 DZ 网点评内容的不正当竞争案件做出终审判决:被告 A 科技有限公司因构成不正当竞争,被判在其网站刊登声明消除影响,并赔偿 50 万元;DZ 网因虚假宣传,被判在其网站刊登声明消除影响,并赔偿 A 公司 2.1 万元。

DZ 网是一家知名的餐饮点评类网站,基于部分网民的口碑相传,为更多网民提供消费指引。经营该网站的上海 H 信息咨询有限公司将竞争对手 A 科技有限公司诉至法院,认为 A 公司经营的某网通过大量复制 DZ 网站内容,获取不当的浏览量和竞争优势,虚假宣传"A 网已成为中国最大的本地生活搜索服务提供商,也是最大、最全的生活信息网上平台",上述行为均构成不正当竞争,索赔人民币 900 万元。A 公司认为,其作为搜索引擎提供商使用搜索结果中的摘要内容,不

构成不正当竞争。该公司并未复制网站内容,其经营模式是生活搜索服务行业的通用模式。A公司还当庭提出反诉,称H公司宣称"DZ网是中国最大的城市消费指南网站,国内最大的生活指南网站""DZ网的美食信息和餐馆搜索引擎是业内公认最专业、最高质量的"系虚假宣传,是对A公司的不正当竞争行为,索赔10万元。

案情评析

此案厘定了不正当竞争与技术创新之间的界限。首先,北京第一中级人民法院终审认为,双方举证均不足以证明上述两网站为行业内"最大、最全""最专业、最高质量"的服务网站,根据民事诉讼证据规则,可以认定双方均构成虚假宣传。

其次,A公司作为提供搜索、链接服务的网络服务商,应遵守法律规定和相关行业规范,对于特定行业网站的信息的利用,须控制在合理的范围内。但A网对DZ网点评内容的使用,已达到了网络用户无须进入DZ网即可获得足够信息的程度,超过了适当引用的合理限度,事实上造成A网向网络用户提供的涉案点评内容对DZ网的相应内容的市场替代,对H公司的利益产生实质性损害。其行为是有竞争目的的市场竞争行为,违背了公认的商业道德,扰乱了网络环境下的经济秩序,对市场竞争产生了损害,已构成反不正当竞争法所禁止的不正当竞争行为。据此法院做出了上述终审判决。

来源:http://www.caijing.com.cn/2011-07-13/110773713.html

讨论与思考题

1. 怎样理解互联网产业政策法规的发展?
2. 互联网文化产品审查制度有哪些?
3. 对以下案例进行分析并点评。

案　例

案例一：BD文库事件

BD文库侵权事件是指自2009年11月12日到2011年3月BD公司旗下BD文库未经著作权持有人许可情况下擅自使用其著作的侵权事件，维权人士为韩某、慕容某、张某、王某、刘某、贾某等，被告为BD公司。

2011年3月15日，贾某、韩某、慕容某、王某、刘某等50位作家在消费者权益保障日公开发布《中国作家声讨BD书》，控诉BD文库的侵权行径。《中国作家声讨BD书》写道：

"我们也是人，同样活在这个尘世，同样有衣食住行之需。我们和所有的手艺人一样，收集篾条，编织篮子；我们和所有的农民一样，埋下种子，期待粮食。我们和你们一样，辛苦工作，然后坐下来吃饭。现在，有个叫'BD'的小偷闯进我们的家，偷走了我们的粮食，来换取它的股价上涨……"

2011年3月中旬，网友在网络上指出BD的"七宗罪"：模仿抄袭、竞价排名、流氓软件、侵犯版权、技术落后、冒充民族企业、同行恶意竞争，尤其是抄袭谷歌搜索引擎。

2011年3月24日，作家们与BD公司人员进行谈判，但是BD公司不承认侵权和赔偿，使得谈判破裂。随后，作家们发表了联合声明：

1.我们未从本次谈判中看到BD高层对本次谈判及对解决问题的充分诚意，谈判代表的级别一变再变，最后只是几个产品负责人级别代表BD来进行谈判。但我们仍然抱着巨大的诚意与对方进行了长达4个半小时的谈判，我们希望BD高层能够充分意识到版权保护的重要性，不能以儿戏待之。

2.我方认为BD现已成为中国最大的互联网出版平台，应该也必须遵循著作权保护中的"先授权，后使用"原则，基于此，提出了4点基本诉求：BD文库应公开道歉、赔偿损失；BD文库必须立即停止侵权；爱国者BK电子书严重侵害了著作权人的合法权益，BD文库应立即停止向爱国者BK电子书提供内容；BD文库在今后的经营中应切实保障著作权人的合法权益；建立经谈判双方认可的"先审核，后发布"的运营模式。此4条诉求全部被 BD 方驳回,至此,谈判破裂。

3.BD 方面所提出的解决方案,根本不是为了解决本次问题而设计的,而是自 2010 年以来精心谋划的朱光模式,我们将其称为"朱光保护费"模式,其核心是用户必须将版权作品名录或全文上传至 BD 服务器,BD 方依托"技术比对系统"保护其版权,这是对权利人的绑架,我们坚决不能接受。

4.我们想提醒媒体和公众注意,BD 方从未对其侵权盗版行为表示过任何反思和道歉,本次亦然。

5.由于 BD 方版权意识的淡薄,解决 BD 侵权问题任重道远。

6.在本次谈判中,我们已尽了最大努力,但依然未取得任何成果,特此向出版界、作家群体及信任我们的朋友们致歉。

2011 年 3 月 25 日,韩某在新浪博客上发表文章《为了食油,声讨 BD》来控诉 BD 文库的侵权行为,文章中提到:"BD 很有钱很有门路,据说很多法院他们都能搞得定。BD 的公关又很强大,据说很多媒体他们也都搞得定。""BD 赶上了一个正确的年代,因为只有在这个年代里,你可以肆意地对作家、音乐家、影视工作者侵权。"

2011 年 3 月 26 日,韩某在其博客上又发布文章《给李某的一封信》,文章中说:"您派来几个高傲的中层,始终不承认 BD 文库有任何的侵权行为。你们不认为那包含了几乎全中国所有最新最旧图书的 279 万份文档是侵权,而是网民自己上传给大家共享的。您这里只是一个平台。我觉得其实我们不用讨论平台不平台,侵权不侵权这个问题了,您其实什么都心知肚明。您在美国有那么长时间的生活经历,现在您的妻子和女儿也都在美国,您一定知道如果 BD 开了一个叫美国版的搜索引擎,然后把全美国所有作家的书和所有音乐人的音乐都放在美国版的搜索引擎上面免费共享会是什么样的一个结果。您不会这么做,您也不会和美国人去谈什么这只是一个平台,和我没关系,都是网民自己干的,互联网的精神是共享。因为……您也知道谁能欺负,谁不能欺负,您看,您就没有做一个 BD 影剧院,让大家共享共享最新的电影电视剧。"

李某在 2011 中国深圳 IT 领袖峰会说:"关于这件事,我已经要求下面的员工去加强管理,我的态度也很明确:管得好就管,管不好就干脆关掉。"对此,慕容某、张某、王某等人认为 BD 不能光说不练假把式,没有实际行动。

针对李某"关闭 BD 文库"的说法,各界反应均为负面言论。

安徽某出版集团党委书记、总裁王某说:"如有这样的决心,就应该首先主动拿出实际方案去和版权方、作者商量解决问题。反盗版除涉及法律外,道德是个基本要素,不讲道德,不讲规矩,是不会有好结果的。有决心,就要有行动!"

著名作家慕容某说:"如果李先生表达的是这样的意思——如果 BD 文库不能避免侵权,就关掉,这是一个负责任的态度,我本人表示赞赏和欢迎。当然,BD 不能仅有口头上的诚意,更应有实际的行动。""从去年开始,我和沈某、王某几人开始谈论 BD 侵权的事,现在过去了 3 个多月,我们的行动已经有了初步的成果。如果 BD 确有诚意解决问题,我愿意就此收手。"

中国文字著作权协会常务副总干事张某说:"李某并非真的要关闭 BD 文库,而仅仅是一种矫揉造作的姿态。"作家沈某说:"仔细分析目前 BD 的各种发言,都没有涉及'改变现有侵权盗版模式'这一核心话题。没有理由可以高兴得太早。看来还是要继续努力。挺累的,但需要有人扛住。"广州媒体人周某说:"李某这招够狠!这等于是挟持网友,一关闭自然引起大量网友不满,于是把作家推到网友对立面。我在 BD 文库中搜索过我的文章,但作者署名竟不是我。BD 文库把上传者作为作者,还能获得积分,这不是鼓励抄袭剽窃吗?"

面对作家群体的集体声讨和舆论的强大压力,48 个小时的公关无效之后,BD 公司二度回应,3 天内清理完所有作品。

来源:http://caijing.com.cn/2011-03-26/110675957.html

案例二:某浏览器不正当竞争案

A 公司经营某网站,主要向用户提供视频播放服务,其中,主营业务模式为"广告＋免费视频",即用户通过观看视频广告,可以免费观看视频,该公司从广告商处获取收益弥补版权费等经营成本。

B 公司开发经营某浏览器软件,该浏览器可过滤上述网站视频广告。A 公司主张某浏览器过滤视频广告的功能系通过修改并诱导用户修改该

网站参数来实现,对该网站构成不正当竞争,主张 B 公司赔偿其经济损失
及合理开支 500 万元等。

B 公司否认不正当竞争的理由主要有 3 项:一是其与 A 公司不存在竞
争关系;二是浏览器仅向用户提供工具,该软件具有技术中立性;三是该网
站广告不可关闭,属于恶意广告,浏览器过滤视频广告属于行业惯例。

法院审理认为,B 公司提供过滤该网站视频广告的浏览器,影响 A 公
司的交易机会和广告收益,使两个原本可以在各自领域并行不悖发展的企
业存在现实的竞争利益,二者存在竞争关系。根据本案证据,浏览器过滤
该网站视频广告不具备价值中立性。虽然 B 公司提交证据证明 360 安全
浏览器、搜狗浏览器、傲游浏览器等浏览器具有广告过滤功能,但无法展示
相关浏览器均能实现视频广告过滤效果,而网络广告与本案涉及的视频广
告并非相同概念,无法证明实际存在视频广告过滤的行业惯例,更不能否
认 B 公司行为的不正当性,法院据此判决 B 公司承担消除影响、赔偿经济
损失及合理开支共计 30 万元的责任。

本案是我国首例浏览器过滤视频广告不正当竞争纠纷案,代表了互联
网行业内容服务提供者与技术服务提供者的生存边界之争。国外也存在
类似的纠纷,但未形成生效判决。本案裁判不仅法律意义重大,为此后全
国法院受理的多起类似案件提供了规则参考,同时也广受互联网行业关
注,社会影响巨大。

本案对互联网领域反不正当竞争法的基本问题进行了创新性探讨,
确立了工具类软件经营者不得以破坏他人正当商业模式方式竞争获得
不当利益的标准。本案获评 2014 年北京市十大知识产权案例、全国 50
件典型知识产权案例、2014 年中国十大最具研究价值知识产权裁判案
例等。

来源:北京市第一中级人民法院〔2014〕一中民终字第 3283 号民事判
决书

后　记

　　本书是对林日葵老师所著《中国文化产业政策法规与典型案例分析》一书的修订。林老师于 2009 年出版此书,当时同类书并不多见,许多高校以此书为"文化产业政策与法规"一课的教材,并获得了很好的评价和反馈。2009 年,国务院通过《文化产业振兴规划》,我国文化产业快速崛起,不断涌现出文化产业的新兴业态,相关政策和法规也发生了显著的变化,文化政策体系持续完善并向着法律化的方向推进。因此,对原版书进行必要的修订,是实践和教学的双重需要。本书的修订工作主要围绕以下三个方面展开:第一,对 2009 年以来国家层面的重大文化产业政策进行补充;第二,对 2009 年以来国家层面的重大文化产业立法进行补充,包括《中华人民共和国电影产业促进法》《中华人民共和国公共文化服务保障法》等;第三,更新相应章节的前沿案例,但继续保留第一版中的若干典型案例。本书在修订过程中,得到了林日葵老师的持续关注和指导。浙江工商大学文化产业管理系章军杰博士为本书的修订提供了有价值的参考意见,文管1301 班郑燕霞、张珊、林哲伊、陈艺、陈翾、管偲琪、王嘉琳、郑凯方、曹彦、林菁菁、张鑫缪等同学进行了案例检索,文管 1401 班喻康同学设计了封面,浙江工商大学出版社任晓燕编辑、王耀编辑也付出了辛勤的汗水,在此一并致谢。由于文化产业的政策法规内容广泛,案例丰富,疏漏之处不可避免,欢迎业界同仁批评指正。

于小涵

2017 年 10 月 18 日